Die Wertegesellschaft

John Erpenbeck • Werner Sauter

Die Wertegesellschaft

Formen – Folgerungen – Fragen

John Erpenbeck
Steinbeis Universität Berlin
Herrenberg, Deutschland

Werner Sauter
Blended Solutions
Neu-Ulm, Deutschland

ISBN 978-3-662-61555-3   ISBN 978-3-662-61556-0 (eBook)
https://doi.org/10.1007/978-3-662-61556-0

Die Deutsche Nationalbibliothek verzeichnet diese Publikation in der Deutschen Nationalbibliografie; detaillierte bibliografische Daten sind im Internet über http://dnb.d-nb.de abrufbar.

Springer
© Springer-Verlag GmbH Deutschland, ein Teil von Springer Nature 2020
Das Werk einschließlich aller seiner Teile ist urheberrechtlich geschützt. Jede Verwertung, die nicht ausdrücklich vom Urheberrechtsgesetz zugelassen ist, bedarf der vorherigen Zustimmung des Verlags. Das gilt insbesondere für Vervielfältigungen, Bearbeitungen, Übersetzungen, Mikroverfilmungen und die Einspeicherung und Verarbeitung in elektronischen Systemen.
Die Wiedergabe von allgemein beschreibenden Bezeichnungen, Marken, Unternehmensnamen etc. in diesem Werk bedeutet nicht, dass diese frei durch jedermann benutzt werden dürfen. Die Berechtigung zur Benutzung unterliegt, auch ohne gesonderten Hinweis hierzu, den Regeln des Markenrechts. Die Rechte des jeweiligen Zeicheninhabers sind zu beachten.
Der Verlag, die Autoren und die Herausgeber gehen davon aus, dass die Angaben und Informationen in diesem Werk zum Zeitpunkt der Veröffentlichung vollständig und korrekt sind. Weder der Verlag, noch die Autoren oder die Herausgeber übernehmen, ausdrücklich oder implizit, Gewähr für den Inhalt des Werkes, etwaige Fehler oder Äußerungen. Der Verlag bleibt im Hinblick auf geografische Zuordnungen und Gebietsbezeichnungen in veröffentlichten Karten und Institutionsadressen neutral.

Einbandabbildung: deblik, Berlin

Springer ist ein Imprint der eingetragenen Gesellschaft Springer-Verlag GmbH, DE und ist ein Teil von Springer Nature.
Die Anschrift der Gesellschaft ist: Heidelberger Platz 3, 14197 Berlin, Germany

Vorwort

Wir leben in einer Wertegesellschaft!
Wir erleben mit Erstaunen und manchmal mit Entsetzen, wie die Wertegesellschaft die Wissensgesellschaft – geprägt von durchgreifender Digitalisierung, Wissensexplosion und Bildungsexpansion – aushebelt, überrollt, dominiert und zuweilen ins Absurde abdrängt. Nationalistisch begründete Werteurteile bremsen massiv den Welthandel. Illiberale Werteorientierungen ruinieren demokratische Grundsätze. Kriegsbegeisterung, Hass und Identitäres feiern Urständ. Subjektivistische Wertehaltungen erzeugen Kriegsgefahr. Gleichzeitig entwickeln sich aber auch neue, positive Werteeinstellungen in Bereichen wie Ökonomie, Ökologie, Politik und Menschenrechte …

All unser rasend zunehmendes Wissen, alle erfolgreich wachsenden Wissenschaften können keine Antworten darauf geben, wie unsere Zukunft aussehen wird. Es gibt keinen Wertekompass zur Zukunft. Über je mehr Wissen wir verfügen, desto wichtiger werden Werte, um in dieser Überfülle Fakten zu finden und Entscheidungen zu treffen. Wir leben dabei nicht in einer Welt von Fakten, die Werte einschließt, sondern in einer Welt von Werten, die Fakten einschließt.

Werte erfahren aktuell aufgrund der Corona-Pandemie, der ökologischen Krise, aber auch technologischer Innovationen und der damit verbundenen Entfaltung menschlicher Fähigkeiten einen enormen Bedeutungszuwachs. Die Wertegesellschaft ist dabei von größerer Mächtigkeit als die Wissensgesellschaft. Die Wissensgesellschaft diskutiert und initiiert neue Werte, die Wertegesellschaft realisiert sie, lässt sie zur Wirklichkeit werden. Ohne Werte könnten wir nicht kompetent handeln, wären Menschen nur wissensgesteuerte Automaten.

Wir beschreiben Werte als Kerne von Kompetenzen, als Ordner, die selbstorganisiertes Handeln von Einzelnen oder Gruppen von Menschen bestimmen oder zumindest stark beeinflussen. Diese Sicht auf Werte erlaubt es uns, die Geschichte aller bisherigen Gesellschaften als Geschichte von Werteauseinandersetzungen zwischen Klassen, Völkern, Nationen und ihren Traditionen, Kulturen, Weltanschauungen oder Religionen zu begreifen.

Werteentwicklung findet in der Wertegesellschaft überall, in großem Umfang und zeitlich unbegrenzt statt. Die echte emotionale Verinnerlichung (Interiorisation) von Werten durch Personen und Persönlichkeiten ist der Kernprozess der Wertegesellschaft; nicht interiorisierte Werte sind wertlos. Die wichtigsten Formen der Werteaneignung in der Wertegesellschaft – Erfahrung, Erleben und Verstehen – führen zu einem ganz neuen Blick auf diese Welt und auf uns selbst.

Wir leben in einer Wertegesellschaft. Warum das zu begreifen für alle und jeden so wichtig ist, versuchen die *Einführung* und die *Hinführung* mit ein paar aktuellen Beispielen zu belegen.

Dass wir in einer Wertegesellschaft leben, haben Philosophen und Soziologen im 19. Jahrhundert entdeckt. Diese spannende Entdeckungsgeschichte, die wertvolle Rückschlüsse auf die heutige Wertegesellschaft zulässt, können

Sie im Kapitel *Rückführung* verfolgen. Es ist so geschrieben, dass es alle lesen können, dass es jeder verstehen kann, auch ohne Philosoph oder Soziologe zu sein.

Wer sich in Kürze mit der Basis der Wertegesellschaft, den Werten, ihren Strukturen und Entwicklungen vertraut machen will, findet im Kapitel *Durchführung* eine präzise systematische Zusammenfassung.

Wie weit die Mächtigkeit der Wertegesellschaft in das Leben jedes Einzelnen hineinwirken kann, machen im Kapitel *Ausführung – Personen und Persönlichkeiten* Negativbeispiele wie die Kriegsbegeisterung 1914–1918 und die Gefolgschaft hinterm Hakenkreuz oder das Aufflammen sozialer Gewalt und Hassorgien im Netz ganz deutlich. Sie weisen aber auch auf Möglichkeiten und Mittel hin, solchen Fehlentwicklungen nicht mit hohlem Gerede, sondern mit tief greifenden Werteentwicklungen zu begegnen.

Wie sehr wirtschaftliche Akteure die Wertegesellschaft profilieren, aber auch von ihr profitieren, wird im Kapitel *Ausführung – Unternehmen und Organisationen* klar. Man kann Werte und Kulturen nicht „vermitteln". Man kann aber viel für die Werte- und Kulturentwicklung tun, sie ermöglichen, fördern, antreiben, verstegen. Werteerfassung und Werteentwicklung gehören deshalb heute zum Kerngeschäft der Unternehmen und Organisationen.

Dies ist ein Buch für alle und jeden, weil alle von den Tages- und den Nachtansichten der Wertegesellschaft betroffen sind, weil jeder und jede,[1] ob gewollt oder ungewollt und hineingeworfen, sich in dieser Wertegesellschaft zurechtfinden muss, auch wir, die Autoren. Wir wollen niemanden belehren, sondern mit unseren Leserinnen und

---

[1] Wir haben uns hier Friedrich Nietzsches abgewandelte Zarathustra-Widmung „Ein Buch für alle und keinen" ausgeliehen, wollten aber aus Jedermann nicht Jedefrau machen. Wir verwenden im gesamten folgenden Text die männliche Sprachform, er ist aber ebenso an alle Personen nicht männlichen oder diversen Geschlechts gerichtet.

Lesern lernen, die *Wissensgesellschaft und die Wertegesellschaft* neu zu erschließen.

Berlin, Deutschland　　　　　　　　　　　　　John Erpenbeck
Dezember 2020　　　　　　　　　　　　　　　Werner Sauter

Inhaltsverzeichnis

Die Wertegesellschaft: Einführung   1

Die Wertegesellschaft: Hinführung   7
   Werte als Kerne von Kompetenzen   7
   Wissens- und Wertegesellschaft   10
   Werte als Ordner selbstorganisierten Handelns   12
   Basiswerte und Werteverinnerlichung   14
   Wertewandel   15
   Schmerzhafte Veränderungsprozesse   17

Die Wertegesellschaft: Rückführung   19
   Wissensgesellschaft kontra Wertegesellschaft?   19
   Ein fatales Grundgefühl   24
   Ein historischer Tauchgang   27
   Eine Wissensexplosion   29
   Auferstehung   31
   Der Schlagabtausch Habermas–Luhmann   33
   Themenkreise der Wertegesellschaft   38
   Die südwestdeutsche Wertesicht   42
   Impressionen vom Wertebruch   45

Im Rückblick 51
Max Weber und die Entzauberung der Welt 55
Kulturwissenschaften und Naturwissenschaften 58
Wertefreiheit 62
Die Entzauberung der Welt 66
Max Weber – Resümee 70
Karl Marx, Friedrich Engels und die Wertegesellschaft 72
Heinrich John Rickert und sein Bild der Wertegesellschaft 83
Rickerts Wertesicht, Gewinne und Probleme 87
Rickerts System und die Ordner der Selbstorganisation 97
Rickerts Gedanken zur Geltung von Werten 101
Heinrich-Rickert-Resümee 105

Die Wertegesellschaft: Durchführung 109
Wertedefinition: Was „sind" Werte? 111
Wertestruktur: Was ist die Struktur von Werten? 115
Werteadäquatheit: Was ist die Wahrheit von Werten? 120
Werteunvergleichbarkeit: Was macht die Unvergleichbarkeit von Werten aus? 122
Werteverstehen: Wie werden Werte erfahren, erlebt und verstanden? 124
Werteverinnerlichung: Wie werden Werte individuell angeeignet? 128
Werteentwicklung: Wie lassen sich individuelle Werte gezielt entwickeln? 132

Die Wertegesellschaft – Ausführung Personen und Persönlichkeiten 137
Der Platz von Fakten in einer Welt von Werten 138

Personen und Persönlichkeiten: Individuelle Werte, die Elementarteilchen der Wertegesellschaft 139
Personen und Persönlichkeiten: Die Wertepfanne und ein heißes Bad 142
Personen und Persönlichkeiten: Der Mensch kann tun, was er will, aber nicht wollen, was er will 149
Personen und Persönlichkeiten: Kriegsbegeisterung 1914 und Gefolgschaft hinterm Hakenkreuz 156
Personen und Persönlichkeiten: Selbstorganisation und Gewalt 168
Personen und Persönlichkeiten: Werteentwicklung im Netz 177
Personen und Persönlichkeiten: Mörderischer Hass im Netz und in der Wertegesellschaft 185
Personen und Persönlichkeiten: Die Doppelbödigkeit der Identität – Lokalisten und Globalisten 208

Die Wertegesellschaft: Ausführung Unternehmen und Organisationen 227

Unternehmen und Organisationen: Glieder der Wertegesellschaft 229
Unternehmen und Organisationen: profilieren die Wertegesellschaft und profitieren von ihr 232
Unternehmen und Organisationen: Arbeit in der Wertegesellschaft 238
Unternehmen und Organisationen: Trends 241
Unternehmen und Organisationen: Problematische Beiträge zur Wertegesellschaft 256
Unternehmen und Organisationen: Ihre Kulturen in der Wertegesellschaft 260

Unternehmen und Organisationen:
Nachhaltigkeit als Schlüsselwert der
Wertegesellschaft 267
Unternehmen und Organisationen: Gezieltes
Werte- und Kulturmanagement 275
Unternehmen und Organisationen: Fazit 288

Literatur 289

Über die Autoren

Prof. Dr. John Erpenbeck studierte Physik mit der Spezialisierung Biophysik und wurde zum Dr. rer. nat. promoviert. Er arbeitete zunächst als Experimentalphysiker am Institut für Biophysik der Akademie der Wissenschaften zu Berlin. Danach war er wissenschaftlicher Mitarbeiter im Ministerium für Wissenschaft und Technik im Bereich Kernforschung/Kosmosforschung. Fast zwei Jahrzehnte war er dann wissenschaftlicher Mitarbeiter am Zentralinstitut für Philosophie der Akademie der Wissenschaften der DDR mit den Schwerpunkten philosophische, historische und wissenschaftstheoretische Probleme der Psychologie kognitiver, emotional-motivationaler und volitiver Prozesse. 1978 Habilitation zum Dr. sc. phil. mit der Arbeit „Erkenntnistheorie und Psychophysik kognitiver Prozesse". 1984 wurde er zum Professor ernannt.

Ab 1991 war er an der Förderungsgesellschaft wissenschaftlicher Neuvorhaben mbH der Max-Planck-Gesellschaft mit dem Forschungsschwerpunkt Wissenschaftsgeschichte und Wissenschaftstheorie tätig. 1993 bis 1994 ging er als Research Professor an das Center for Philosophy of Science in

Pittsburgh, danach war er Professor an der Universität Potsdam, Arbeitsgruppe Wissenschaftskommunikation. Von 1998 bis 2007 war er im Projekt Lernkultur Kompetenzentwicklung (ABWF/QUEM) wissenschaftlich und leitend aktiv.

Seit 2007 hat er den Lehrstuhl Wissens- und Kompetenzmanagement an der SIBE (School of International Business and Entrepreneurship) im Verbund der Steinbeis-Hochschule Berlin inne. Gemeinsam mit Prof. Dr. Volker Heyse hat er die Kompetenzmesssysteme KODE® und KODE®X entwickelt, zusammen mit Roman Sauter sowie Prof. Dr. Werner Sauter das Wertemesssystem KODE®W. Er hat viele literarische und wissenschaftliche Werke veröffentlicht.

Prof. Dr. Werner Sauter ist Bankkaufmann und Dipl.-Volkswirt. Er wurde in Pädagogischer Psychologie zum Thema „Vom Vorgesetzten zum Coach der Mitarbeiter" promoviert und sammelte als Berufsschullehrer, Personalentwicklungsleiter einer Landesbank, als Fachleiter an einer Dualen Hochschule sowie als Führungskraft und Berater umfangreiche Erfahrungen im Bildungsbereich. Er war Gründer und Vorstand eines E-Learning-Unternehmens im Klett-Verbund.

An der Steinbeis-Hochschule gründete und leitete er von 2001 bis 2008 das Institut eBusiness und Management. 2008 gründete er die Blendend Solutions GmbH in Berlin, die strategische Lernkonzeptionen, innovative Lernarrangements und -systeme sowie zukunftsorientierte Geschäftsmodelle für Bildungsanbieter zusammen mit ihren Kunden entwickelte.

Er berät und begleitet Organisationen bei der Konzipierung, Entwicklung, Umsetzung und Implementierung von Werte- und Kompetenzmanagementsystemen, von der Entwicklung innovativer Geschäftsmodelle des Corporate

Learning, der Werte- und Kompetenzerfassung, über die Gestaltung von agilen Werte- und Kompetenzentwicklungsarrangements bis zur Kompetenzentwicklung von Learning Professionals und Führungskräften. Gemeinsam mit John Erpenbeck und Roman Sauter hat er das Werteerfassungs-System KODE®W entwickelt; ausserdem hat er die Konzeption des integrierten Werte- und Kompetenzerfassungs-Systems KOWEX® erarbeitet.

Er ist Autor einer Vielzahl von Fachbüchern und -artikeln zu innovativen Lernformen, insbesondere im Bereich des Werte- und Kompetenzmanagements. Regelmäßig stellt er seine Überlegungen und Erfahrungen im Werte- und Kompetenzmanagement in seinem Blog (www.blended-solutions.de) zur Diskussion.

Die Wertegesellschaft: Einführung

Die Menschen brauchen Anker, Haltegriffe, Ruhepunkte in dem Höllenritt der Zukunft, warnte schon Friedrich Nietzsche in zur Jahren des Weltenumbruchs 1870–1880. Der Höllenritt der Zukunft wird heute durch mindestens vier schwer zu bewältigende gesellschaftliche Herausforderungen geprägt, die sich zudem auch noch gegenseitig verstärken:

- durch die Alterung der Gesellschaften Europas, die von der jungen Generation als weitgehend unbeweglich, ignorant und existenzbedrohend empfunden werden,
- durch die digitale Revolution, die das Leben der meisten Menschen fundamental verändert hat und in dynamischer Weise weiter verändern wird,
- durch die Besessenheit vom quantitativen ökonomischen Wachstum, die sich immer mehr als Irrweg erweist,
- durch den Klimawandel, der die demografischen, digitalen und ökonomischen Herausforderungen zur globalen

Herausforderung, zum heutigen Weltenumbruch bündelt.

Wo finden wir heute Anker, Haltegriffe, Ruhepunkte, welche Werte könnten uns heute zur Zukunft helfen?

Mit Erstaunen, Befremden, ja mit Angst beobachten wir bei der Suche nach Antworten darauf eine Erscheinung, die man vielleicht als *Wissensverdrängung durch Werteverengung* beschreiben könnte. Trotz bereits reichlich vorhandenen Wissens wird dieses verdrängt durch Meinungen, Überzeugungen, Glaubensmaximen – kurz durch Werteorientierungen, die das Gewusste verengen und verdrängen, um wider besseres Wissen zu handeln.

Man kann sich das gut am Klimawandel bewusst machen.

Seit wenigen Jahren wird verstärkt über den Klimawandel geredet, viel mehr als in all den Jahren zuvor, obwohl viele der Prozesse und Gefahren seit mehr als dreißig Jahren bekannt sind. Nicht nur wegen Greta Thunberg und Fridays for Future. Nicht nur wegen der erschreckenden Sonderberichte des Weltklimarats IPCC zum 1,5-Grad-Szenario, zu den Landsystemen und zu den Ozeanen oder wegen des Berichts des Weltbiodiversitätsrats zum Artensterben. Die Folgen weltweit missratener Umweltpolitik lassen sich einfach nicht mehr völlig verdrängen, sie werden für alle Menschen, mehr oder weniger, spürbar. Das Klima hat sich mit einem Grad Celsius in den letzten hundertfünfzig Jahren bereits deutlich erwärmt und erzeugt zunehmend katastrophalere Stürme, Starkregen, Dürren oder Hitze in Verbindung mit riesigen Waldbränden. Die Prognosen sehen bis 2050 weitere Steigerungen von bis zu drei Prozent, verbunden mit einem höheren Meeresspiegel von bis zu einem halben Meter, lang anhaltende Dürreperioden mit tödlicher Hitze oder Nahrungsmittelknappheit. Der Klimawandel beginnt nicht gerade erst, wir sind schon lange mittendrin.

Ein herausstechendes Merkmal der Debatten über den Klimawandel ist aber das Auseinanderklaffen von Reden, Werten und Handeln. Wer sich mit dem Klimawandel beschäftigt, wird rasch erkennen, dass sich unser ganz konkretes Alltagsleben radikal verändern müsste. Die Bereitschaft der Bevölkerung, Entscheidungen zum Klimaschutz mitzutragen, war zwar noch nie so groß wie heute. Das zeigen die Erfolge der Grünen in Europa. Es besteht eine breite gesellschaftliche Übereinstimmung darüber, dass die Zukunft unserer Zivilisation nur durch eine tief greifende Veränderung aller gesellschaftlichen Bereiche zugunsten eines veränderten Verhältnisses zwischen Mensch und Natur sowie eine grundlegende Veränderung der Konzepte von Entwicklung und Fortschritt möglich ist. Dies wird in unzähligen Reden und Veröffentlichungen von Wissenschaftlern, Managern und insbesondere Politikern immer wieder hervorgehoben. Reden allein bewirken aber nichts.

Angesichts des Scheiterns der internationalen Klimaverhandlungen ist das Vertrauen in die Gestaltungsmacht der Politik radikal infrage gestellt. Der Philosoph Peter Sloterdijk spricht von *Zukunftsatheismus*: „Wir wissen zwar um die Gefährdungen, sind aber nicht fähig, im politischen Handeln dieses Wissen ernst zu nehmen und Konsequenzen zu ziehen".[1] Das Wissen wird durch dumpfen Glauben, angstgeleitete Überzeugungen und „Es-wird-schon-nicht-so-schlimm-kommen"-Hoffnungen verdrängt und verengt.

„US-Präsident Donald Trump hatte ... die Warnung der US-Bundesbehörden vor schwerwiegenden wirtschaftlichen Folgen und zunehmenden Schäden in den Vereinigten Staaten durch die globale Erwärmung zurückgewiesen. ‚Ich glaube das nicht', sagte Trump ... im Weißen Haus über die Ergebnisse der neuen ‚Nationalen Klima-Bewertung' (‚National Climate As-

---

[1] http://www.goethe.de/ges/umw/prj/kuk/the/kul/de12082715.htm.

*sessment'). Jetzt hat der Präsident erklärt, wieso er den gesammelten Erkenntnissen von mehr als 300 Wissenschaftlern aus 13 Bundesbehörden nicht vertraut. Donald Trump hält die USA für so sauber wie noch nie: ‚Eines der Probleme, das viele Menschen wie ich haben, ist, dass wir ein sehr hohes Maß an Intelligenz haben, aber wir sind nicht unbedingt solche Gläubigen', sagte Trump der ‚Washington Post' in einem Interview im Oval Office auf die Frage, warum er den Report seiner eigenen Regierung infrage stellt. ‚Was die Frage betrifft, ob er von Menschen gemacht ist oder nicht und ob die Effekte, von denen Sie sprechen, da sind oder nicht: Ich sehe das nicht."*²

Auch Brasiliens Präsident ist mit den verheerenden Umweltschäden in seinem Land konfrontiert, wettert aber gegen eine angebliche „Umweltpsychose":

*„Brasiliens Präsident kennt diese Zahlen. Statt sich mit dem Problem zu befassen, bezeichnete er die Angaben des staatlichen INPE-Instituts in der vergangenen Woche schlicht als ‚Lüge'. ‚Falls die Zahlen der vergangenen zehn Jahre stimmen würden, gäbe es den Amazonas gar nicht', schlussfolgerte er. ‚Dann wäre er eine Wüste'. Also werde er die ‚Umweltpsychose' beenden, sagte Bolsonaro. Seine Zweifel sind nach Ansicht von Wissenschaftlern völlig abwegig, die Ergebnisse des INPE basieren auf ausgewerteten Satellitenbildern und gelten bei internationalen Organisationen als Goldstandard der Daten zur Amazonas-Abholzung. Trotzdem gibt es in der Regierung den Plan, das unliebsame Institut zu ersetzen."*³

Wirkliche Veränderungen müssen von unten, von einer Vielzahl unterschiedlicher Akteure kommen, aus der Zivilgesellschaft und ihrem kulturellen Wandel. Ein Wertewan-

---

[2] https://www.stern.de/politik/ausland/donald-trump-bezweifelt-klimawandel-wegen%2D%2Dhohen-masses-an-intelligenz%2D%2D8468042.html. Zugegriffen am 09.01.2020.
[3] https://www.n-tv.de/politik/Bolsonaro-fuehrt-Krieg-gegen-den-Amazonas-article21177227.html. Zugegriffen am 09.01.2020.

del, ein Kulturwandel in allen gesellschaftlichen Bereichen ist erforderlich, eine tief gehende Veränderung von Wirtschaft und Politik im Sinne der ökologischen Erfordernisse. „Die Klimakatastrophe gefährdet die Stabilität des Klimasystems und damit die Existenzgrundlagen künftiger Generationen. Die Transformation zur Klimaverträglichkeit ist daher moralisch ebenso geboten wie die Abschaffung der Sklaverei und die Ächtung der Kinderarbeit."[4] Auch sozialweltanschaulich ist sie geboten und unumgänglich.

Das Beispiel Ökologie verdeutlicht das Verhältnis von Wissensgesellschaft und Wertegesellschaft auf anschauliche Weise. Wissen gibt es in Fülle, Werte in Überfülle – und sie verdrängen manchmal bereits vorhandenes Wissen, verengen es auf praktikable, aber auch auf fragwürdige Entscheidungen.

> Die Wertegesellschaft hebelt die Wissensgesellschaft auf schicksalhafte Weise aus.

Wie sieht diese ominöse Wertegesellschaft aus? Wo zeigen sich ihre positiven, zukunftstauglichen Seiten, wo ihre Wissen verdrängenden, verengenden Aspekte? Warum brauchen wir trotz des exponenziell wachsenden Wissens weiterhin und zunehmend Werte, ob im Bereich von Unternehmen, in Gesellschaft, Kultur und Politik? Warum müssen wir trotz aller Unwägbarkeiten den bewussten Ausbau der Wissensgesellschaft fordern und fördern? Und welche Werte, welche Werteentwicklungsprozesse müssen wir dabei im Blick haben? Wie können Werte von Individuen, aber auch von Unternehmen und Organisationen gezielt entwickelt werden?

Zur Beantwortung dieser Fragen wollen wir mit unserem Buch einen Beitrag leisten.

---

[4] WBGU-Gutachten (2011).

Die Wertegesellschaft: Hinführung

Werte als Kerne von Kompetenzen

„Werte sind die Kerne von Kompetenzen."[1]

Der Satz besagt etwas zugleich Triviales und Umstürzendes. Wir können noch so viel Informationen und Sachwissen anhäufen, noch so viele Erfahrungen sammeln, für unser Handeln sind letztlich immer verinnerlichte Wertungen, Werte der persönlichen, menschlichen, sozialen, kulturellen, religiösen, politischen Situation entscheidend, in der wir handeln. Deshalb leben wir heute in einer Wertegesellschaft. Alle gegenwärtigen Auseinandersetzungen, die mit Wertedifferenzen, Wertestreitigkeiten, Wertekämpfen zusammenhängen – seien es indirekt um Genusswerte wie Kleidungs- oder Nahrungsvorschriften geführte, seien es

---

[1] Vgl. Fischer (2019).

kulturell oder religiös gesetzte, seien es politische um Demokratie oder Diktatur, Kapitalismus oder Sozialismus ausgetragene –, wirken direkt in unser alltägliches Handeln und damit in unsere Kompetenzen zurück. Um angesichts der digitalen Transformation zu bestehen, braucht es gewiss immer mehr Daten, Informationen, Wissen, Erfahrungen – vor allem aber akzeptierte Werte, Überzeugungen, unabhängiges Denken, Teamwork oder Mitgefühl, die in unsere Kompetenzen einfließen.

> Es bedarf einer Wertegesellschaft, die der Wissensgesellschaft zur Seite steht.

Werte sind nicht willkürlich, sie werden in sozialhistorischen sich selbst organisierenden Prozessen und Auseinandersetzungen entwickelt, werden schließlich akzeptiert und vielleicht irgendwann verworfen, sie sind in Geltung, wie man einst sagte, aber sie sind nie wahr oder falsch. Sie sind Handlungen und Situationen angemessen – oder auch nicht. Das lässt sich erst nach deren Wirksamwerden entscheiden. Wer behauptet, über wahre Werte zu verfügen, will sie durchsetzen oder betrügen.

Während in unseren bisherigen Publikationen vor allem die Werte selbst im Mittelpunkt standen – ihre Grundlagen, Maßstäbe und Strukturen, ihr Verständnis und ihre Messung,[2] ihre Rolle in Unternehmen und Organisationen[3] sowie die Möglichkeiten gezielter individueller Werteentwicklung[4] – interessiert uns in dieser Schrift

---

[2] Vgl. Erpenbeck, unter Mitarbeit von Sauter (2018).
[3] Vgl. Erpenbeck und Sauter (2018).
[4] Vgl. Erpenbeck und Sauter (2019).

etwas anderes, das wir mit dem Begriffspaar Wissensverengung – Wissensverdrängung angedeutet haben. Die Wissensentwicklung lässt sich nicht bremsen[5] und kaum lenken; die Bewertung, Nutzung, Speicherung, Verteilung und Entwicklung von Wissen wird seit zwei Jahrzehnten durch Ansätze des Wissensmanagements systematisiert.[6] Die sozialhistorische Werteentwicklung lässt sich ebenso wenig bremsen, sie lässt sich höchstens kurzzeitig fördern und lenken; sie wird durch ein sinnvolles Wertemanagement systematisiert. Wissensentwicklung und Werteentwicklung bedingen einander in widersprüchlicher, zuweilen kontroverser Weise, wie das Ökologiebeispiel zeigte: Ökologischer Wissenszuwachs kann auf dumpfe, abwertende Zurückweisung stoßen. Andererseits kann eine Wertegesinnung von Zukunftshoffnung, Neugier und Entdeckerfreude Wissens- und Wissenschaftsentwicklung außerordentlich fördern. Wir wollen jetzt versuchen, die tragischen wie die triumphalen Aspekte der Wertegesellschaft im Blick zu behalten. Zuvor haben wir eher Mechanismen und Formen der Werteentwicklung auf individueller und kollektiver Ebene betrachtet und nur selten die Werteentwicklung selbst bewertet.

---

[5] Die meisten Wissenschaftler gehen heute von der Sinnlosigkeit von Entwicklungsverboten der Wissenschaft, sogenannten Moratorien, aus. Ein Beispiel: „Manche Wissenschaftler fordern ein Moratorium, also eine freiwillige Selbstverpflichtung, keine Veränderung in der menschlichen Keimbahn vorzunehmen. ... Ich glaube nicht, dass ein solches Moratorium effektiv wäre. Dafür ist der Kreis an Wissenschaftlern, die die Technik einsetzen können, zu groß. Irgendwo auf der Welt wird sich immer jemand finden, der sich nicht an das Moratorium gebunden fühlt. Und überhaupt: Wer soll die Einhaltung kontrollieren?" (Interview mit Stefan Mundlos, Molekulargenetiker; Mundlos 2019, S. 7).
[6] Vgl. u. a. Probst et al. (2013).

Wissens- und Wertegesellschaft

Jetzt interessiert uns vor allem, welche Rolle das *Verhältnis von Wissensgesellschaft und Wertegesellschaft* im historischen Verlauf spielt. Da jeder Mensch zugleich Mitglied der Wissensgesellschaft wie der Wertegesellschaft ist, spielt dieses Verhältnis natürlich im Leben jedes Einzelnen eine zentrale Rolle.

Wir können uns gedanklich drei Modelle des historischen Verlaufs des Verhältnisses von Wissensgesellschaft und Wertegesellschaft ausmalen. Dabei interessiert uns nicht die absolute Größe des Wissenswachstums und des Wertewachstums. Unser Wissen vermehrt sich exponenziell, das ist ziemlich eindeutig und messbar. Unsere Wertungen, unsere Werte vermehren sich zumindest im gleichen Maße, da wir jedes Körnchen Wissen mit zumindest einer Wertung belegen können. Meist sind es jedoch mehrere, manchmal unendlich viele. Wir werden später zu zeigen versuchen, dass die Wertegesellschaft generell sogar von größerer Mächtigkeit ist als die Wissensgesellschaft. Stellen wir uns jetzt aber vereinfachend vor, wir könnten Dinge, Eigenschaften, Relationen, Prozesse quantitativ einigermaßen schlüssig der Wissensgesellschaft *oder* der Wertegesellschaft zuordnen. Dann resultieren drei Modelle daraus, die wir als Aufklärungsmodell, als Gleichgewichtsmodell und als Wertedominanzmodell bezeichnen.

Das *Aufklärungsmodell* geht von einer zunehmenden Dominanz der Wissensgesellschaft gegenüber der Wertegesellschaft aus. Immer mehr Dinge, Eigenschaften, Relationen und Prozesse der Realität werden wissensmäßig, wissenschaftlich erfasst, was kontroverser Bewertung, gar einem Kampf der Werte und Kulturen mehr und mehr den Boden entzieht (Abb. 1).

Die Wertegesellschaft: Hinführung 11

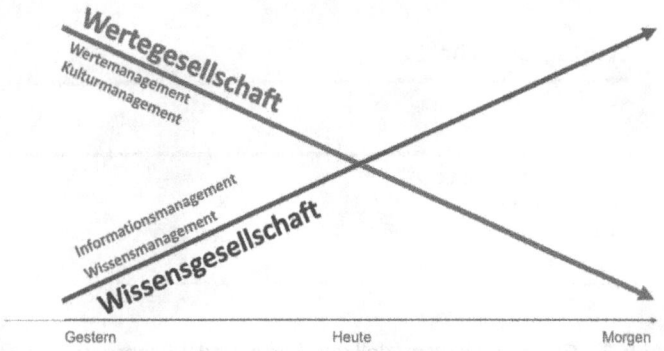

Abb. 1 Aufklärungsmodell zur Werte- und Wissensgesellschaft

Das *Gleichgewichtsmodell* geht davon aus, dass jedes neue Wissen neue, auch unterschiedliche Werte im Gefolge hat, deren Adäquatheit[7] oder Inadäquatheit sich aber eher früher als später im gesellschaftlichen Handeln erweist, sodass es nicht zu einem überbordenden Aufquellen der Wertegesellschaft gegenüber der Wissensgesellschaft, sondern eher zu einem dynamischen Gleichgewicht kommt (Abb. 2).

Das *Wertedominanzmodell* geht davon aus, dass gerade aufgrund des exponentiellen Wissenszuwachses der Umfang des nicht Gewussten, nicht Bedachten noch viel schneller zunimmt.[8] Es kommt nämlich hinzu, dass durch die dynamische Entwicklung von Disruptivität, Komplexität, Selbstorganisation und Chaos wissensbegründete Vorhersagen und deterministische Schlussfolgerungen zunehmend fragwürdig erscheinen; sie werden jedoch für

---

[7] Adäquatheit: Angemessenheit.
[8] „Im Anschluss an ein schon bei Pascal auftretendes Bild formuliert: Das (wissenschaftliche) Wissen ist eine Kugel, die im All des Nichtwissens schwimmt und beständig größer wird. Mit ihrem Wachsen vergrößert sich ihre Oberfläche und mit dieser vermehren sich auch ihre Berührungspunkte mit dem Nichtwissen … Das wachsende Wissen macht die Welt des noch nicht Gewussten, noch nicht Erforschten nicht kleiner, sondern größer." (Mittelstraß 1978, S. 8 f.)

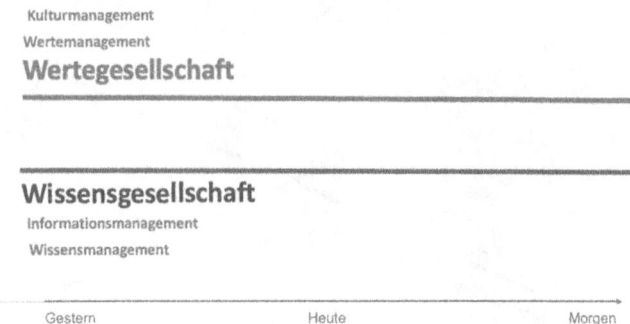

Abb. 2 Gleichgewichtsmodell der Werte- und Wissensgesellschaft

gesellschaftliche Entscheidungen und Handlungen unbedingt benötigt. Wo sie fehlen, werden sie durch Werteentscheidungen überbrückt. Die Wissensgesellschaft wird durch die Wertegesellschaft mehr und mehr eingehegt, ausgehebelt, überdeckt und dominiert (Abb. 3).

Wertemanagement und Kulturmanagement können nicht als deterministische Prozesse auf festliegende Werte- und Kulturziele hin behandelt werden, da Werte Ordner des selbstorganisierten geistigen und physischen Handelns sind. Deshalb erfordern sie dynamische und offene Entwicklungsprozesse.

Werte als Ordner selbstorganisierten Handelns

Einige Einsichten zu Werten sind für uns im Weiteren leitend. Wir werden sie in dieser Hinführung kurz skizzieren und später, im Kapitel *Durchführung*, systematisch zusammenstellen.

> Werte sind Ordner, die selbstorganisiertes Handeln von Einzelnen oder Gruppen von Menschen bestimmen oder zumindest stark beeinflussen.

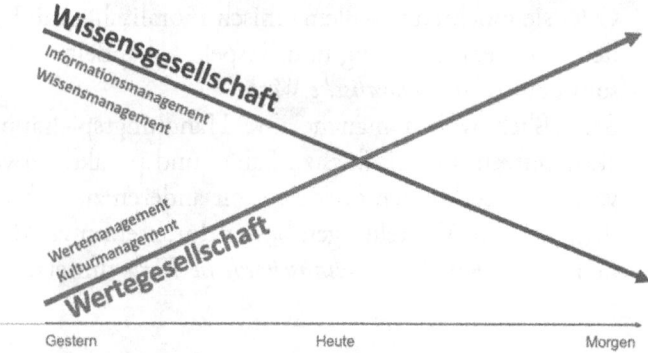

Abb. 3 Wertedominanzmodell der Werte- und Wissensgesellschaft

Sie sind immer das Resultat von Bewertungsprozessen. Sie durchdringen unser gesamtes Leben und Handeln. Wir handeln fast immer – bewusst oder unbewusst – wertend. Werte werden aber erst dann unser Handeln bestimmen, wenn wir sie emotional verinnerlicht – interiorisiert – haben. Deshalb muss beispielsweise ökologisches Wissen über eigene Erfahrungen emotional „imprägniert" werden, es muss von „Wissen an sich" zu „Wissen für uns" werden, wenn es tatsächlich unsere Entscheidungen und unser Handeln beeinflussen soll.

Werte sind in uns fest verankert. Unser Leben selbst ist ein Prozess, in dem wir ständig Werte entwickeln und verinnerlichen.

- Wir handeln, weil wir es beispielsweise als Genuss empfinden, uns mit Menschen zu umgeben, die uns anerkennen, akzeptieren und mit den wir uns wohlfühlen, wir streben *Genusswerte* an.
- Manche wollen aber auch vor allem, dass ihr Handeln ihnen selbst, anderen Menschen oder ihrem Team Nutzen erbringt, sie verfolgen also *Nutzenwerte*.

- Oder sie möchten vor allem ethisch-moralisch – mit hoher Eigenverantwortung und Respekt – handeln, zielen somit auf *ethisch-moralische Werte*.
- Schließlich wollen manche ihre Handlungsspielräume aktiv nutzen, um Einfluss zu haben und proaktiv etwas verändern zu können oder sich mit anderen zu verbünden, um ihre Vorstellungen besser durchsetzen zu können, sie wollen *sozial-weltanschauliche Werte* umsetzen.

Basiswerte und Werteverinnerlichung

Diese vier *Basiswerte – Genusswerte, Nutzenwerte, ethisch-moralische Werte, sozial-weltanschauliche Werte –* waren vermutlich, wenn auch in unterschiedlicher Ausprägung, schon immer vorhanden und haben sich in Kulturen, Bräuchen, Ritualen, Regeln, Normen,[9] Gesetzen und Glaubensvorstellungen stabilisiert und verfestigt. Angesichts der dramatischen Veränderungen, die wir in vielen Bereichen erfahren, bekommen Werte eine neue, wachsende Bedeutung.

Die Verinnerlichung, die Interiorisation von Werten, ihre Umwandlung in eigene Emotionen und Motivationen wird zum Zentrum jeder gezielter Werteentwicklung, ohne sie sind Werte wertlos. Werteerziehung durch „Belehrung" bewirkt deshalb keine Einstellungs- und Verhaltensänderung.

> Werte, die wir verinnerlicht haben, schließen die Lücke zwischen Wissen und Handeln. Ohne Werte können wir nicht kompetent handeln, wären die Menschen nur wissensgesteuerte Automaten.

---

[9]Normen: Vorgaben für Mitarbeiter, Teams oder Organisationen, wie sie sich in möglichst klar umrissenen Situationen zu verhalten haben.

Die Gesellschaft benötigt deshalb einen Prozess des Wertewandels, der vorhandene Potenziale aufgreift und sie neu zur Entfaltung bringt. Damit ist eine Abkehr von bekannten Mustern der Problemlösung in Politik, Wirtschaft und im privaten Konsum verbunden.

> Die Gesellschaft wandelt sich von einer Informations-, Wissens- und Kompetenzgesellschaft zu einer Wertegesellschaft.[10]

Die Potenziale für diesen gesellschaftlichen Wandel sind bereits vorhanden.[11] Wann sie gesellschaftlich wirksam werden, ist schwer prognostizierbar und kann kaum geplant werden. Trotzdem ist eine aktive politische und gesellschaftliche Gestaltung erforderlich, um auf radikale, sprunghafte Veränderungen vorbereitet zu sein. Wir müssen davon ausgehen, dass Zustände, die sich als unhaltbar erweisen, auf dramatische Weise zusammenbrechen. Dies kann sich etwa, um an das Klimabeispiel anzuknüpfen, in katastrophalen Überschwemmungen, Hitzeperioden oder Brandinfernos, aber auch weltweiten Pandemien zeigen.

Wertewandel

Das Ziel gesellschaftlichen Wertewandels besteht darin, neue Formen des Wirtschaftens und der gesellschaftlichen Ordnungsbildung zu ermöglichen. Dafür ist nur noch wenig Zeit, wie die aktuellen Daten ökologischer Forscher zeigen. Wissenschaftler fordern in Bezug auf die Ökologie Veränderungen vor allem auf sechs Gebieten: erneuerbare

---

[10] Vgl. Erpenbeck und Sauter (2. Aufl. 2019, S. 279 ff.).
[11] Vgl. WBGU-Gutachten (2011).

Energien, Reduzierung des Ausstoßes von Stoffen wie Methan und Ruß, Ökosysteme wie Moore und Korallenriffe mehr schützen, eine pflanzlich basierte Ernährung, eine nachhaltigere Wirtschaft in der ganzen Welt und ein geringeres Bevölkerungswachstum.[12]

Ein solcher Wandel wird nicht durch moralische oder politische Appelle gelingen, sondern nur durch eine grundlegende Veränderung von Werten. Solche Werte wie Gesundheit, Bildung, Lebensstandard, Gemeinwohl, Verantwortung, Respekt, Einfluss oder Norm und Gesetz werden an Bedeutung gewinnen.[13] Wir benötigen also nicht primär einen Verzicht, sondern deutlich höhere Ansprüche in Hinblick auf solche Werte, die wiederum veränderte Kompetenzen bedingen.

Die Gesellschaft benötigt einen tief gehenden Transformationsprozess im Sinne eines für politische, ökonomische, gesellschaftliche und ökologische Systeme verträglichen Übergangs zu nachhaltigerem Leben und Wirtschaften.[14] Wir können noch so viel Informationen und Sachwissen anhäufen, noch so viele Erfahrungen sammeln – für unser Handeln sind letztlich immer verinnerlichte Werte der persönlichen, menschlichen, sozialen, kulturellen, religiösen, politischen Situation entscheidend, in der wir handeln. Damit bestimmen vor allem unsere Erfahrungen, die wir zu eigenen Emotionen und Motivationen verinnerlicht, „interiorisiert" oder „internalisiert" haben, unsere Werte. Erfolgreiches Handeln setzt entsprechend interiorisierte Werte voraus.

> Werte „überbrücken" oft fehlendes Sachwissen und machen damit ein Handeln überhaupt erst möglich.

---

[12] https://www.swr.de/swraktuell/11,forscher-warnen-klimawandel-100.html.
[13] Vgl. KODE®W Wertemodell, in: Erpenbeck and Sauter (2020a, b).
[14] Vgl. Evangelische Akademie Tutzing (2012).

Diese Veränderungs- und Vernetzungsprozesse erfolgen dabei mit einer wachsenden Geschwindigkeit und Wucht, die viele Menschen an ihre Grenzen bringen. Die Big-Data-Überfülle erleichtert dabei den Menschen keineswegs das Werten und Entscheiden, sie erfordert vielmehr neue, gemeinsame Werte, um die heute noch unbekannten Herausforderungen der Zukunft bewältigen zu können.

Fasst man die Anforderungen an die aktuelle Transformation zur Wertegesellschaft zusammen, wird deutlich, dass die notwendigen Veränderungen weit über technologische und organisatorische Anpassungen hinausreichen. Die Sanierung unserer Erde braucht eine gesellschaftliche Mehrheit, die Lust auf Zukunft macht. Und die Dinge zusammenfügt, die tatsächlich zusammengehören. Ökologie und Ökonomie, Technik und Natur, Fortschritt und Schönheit. Die Gesellschaft muss sich zu einer Wertegesellschaft entwickeln, mit einer klimaverträglichen und nachhaltigen Ordnung, gegründet auf einer Kultur der Achtsamkeit aus ökologischer Verantwortung, in Verbindung mit einer Kultur der Teilhabe als demokratische Verantwortung sowie einer Kultur der Verpflichtung gegenüber zukünftigen Generationen.

Schmerzhafte Veränderungsprozesse

Dies erfordert schmerzhafte, tief gehende Veränderungsprozesse bei allen Menschen und Gruppen der Wertegesellschaft. „In einer Wertegesellschaft sind Werte immer in Gesellschaft, das heißt, sie kommen sich unentwegt ins Gehege und relativieren sich gegenseitig, sie kommunizieren und interagieren miteinander."[15] Wortgewaltige Appelle von Wissenschaftlern oder Politikern werden deshalb alleine nichts ausrichten.

---

[15] Vgl. Sommer (2018).

Wir leben in einer Wertegesellschaft, in der wir auch weiterleben wollen. Deshalb müssen wir sie begreifen, müssen verstehen, wie die Wertegesellschaft die Wissensgesellschaft oft aushebelt, überrollt und zuweilen ins Absurde abdrängt – zugleich aber für alle menschliche Zukunft die gesellschaftlich dominierende Kraft ist.

Dazu wollen wir mit unserem Buch einen Beitrag leisten.

Die Wertegesellschaft: Rückführung

Seit der zweiten Hälfte des 19. Jahrhunderts befassen sich Philosophen, Sozialwissenschaftler, Ökonomen und Politiker intensiv mit der Erforschung und dem Verständnis von Werten in ihrer Gesamtheit. Viele unserer Gedanken und Vorstellungen zu Wertungen, zu Werten gehen auf diese Forschungen zurück. Mehr noch: Wir behaupten, dass sich darin vieles findet, was sich neu zu durchdenken lohnt, ausgehend von unserem Ansatz, Werte als Ordner selbstorganisierten – geistigen und physischen – Handelns zu begreifen. Diese Rückführung soll und wird zugleich eine Weiterführung dieser großartigen Ansätze ins Heute und Morgen sein.

Wissensgesellschaft kontra Wertegesellschaft?

Wir leben in einer Wissensgesellschaft!

„Ganz allgemein ist damit die wachsende Bedeutung von Wissen in fast allen Lebensbereichen der modernen Gesellschaft gemeint, vor allem auch in der Wirtschaft. Besonders die Europäische Kommission verwendete das Konzept im Rahmen ihrer Strategie, die Europäische Union zum wettbewerbsfähigsten und dynamischsten wissensbasierten Wirtschaftsraum zu machen. Hierzu will sie besonders die Berufs- und Hochschulbildung fördern. Auch in den politisch sehr einflussreichen Ländervergleichen der OECD spielt Bildung für die Wissensgesellschaft eine Schlüsselrolle. Aus Sicht der Europäischen Union und der OECD sind jene Länder besser für die Herausforderungen der Wissensgesellschaft gerüstet, in denen größere Anteile der Jugendlichen eine Hochschulbildung beginnen und abschließen. Das Konzept Wissensgesellschaft enthält also die dringende Empfehlung an die Politik, mehr junge Menschen zum Abitur zu führen und ihnen Studienplätze zur Verfügung zu stellen. Steigende Abiturienten- und Studierendenzahlen gelten als Erfolgsindikatoren."[1]

Vollkommen plausibel. Oder?

Wir zweifeln daran. Denn über je mehr Informationen und Wissen die Menschen verfügen, desto wichtiger werden Werte, um sich in dieser Überfülle zurechtzufinden und Entscheidungen zu treffen. Ist es eine vernünftige Strategie, Wissen, Wissen und nochmals Wissen zu fördern, um die Europäische Union zum wettbewerbsfähigsten und dynamischsten Wirtschaftsraum zu machen? Ohne gezielte Werteentwicklung? Führt diese Überbetonung des Wissens gegenüber Kompetenzen und ihren Kernen, den Werten, nicht zu einer Bildungskatastrophe?[2]

Wir leben in einer Wertegesellschaft!

Ja, wir leben in einer Wertegesellschaft. Genusswerte, Nutzenwerte, ethisch-moralische und sozial-weltanschauliche

---

[1] Vgl. Poltermann (2013).
[2] Vgl. Erpenbeck und Sauter (2. Aufl. 2019).

Die Wertegesellschaft: Rückführung

Werte sind die wichtigsten Orientierungen und Treiber menschlichen Handelns.

> „Nicht Fakten oder die Parteizugehörigkeit, sondern tiefer liegende Werte bestimmen, wie Menschen die Welt sehen … Bildung hilft nicht gegen Polarisierung. Gerade Gebildete können selektiv Fakten sammeln … ‚Duelle' zwischen ‚alternativen' Fakten sind ein Phänomen, das bleiben wird." (Morgan und Barker (2019))

Mit diesen markigen Forschungsergebnissen stellen David Barker und Morgan Marietta unsere Vorstellungen vom Lauf der Geschichte fast auf den Kopf. Werte prägen nicht nur das, was Menschen sehen, sie strukturieren auch, wonach Menschen überhaupt suchen und wofür sie handeln.[3]

> Über je mehr Informationen und Wissen die Menschen verfügen, desto wichtiger werden Werte, um in dieser Überfülle Fakten zu finden und Entscheidungen zu treffen.

Natürlich leben wir auch in einer Dienstleistungsgesellschaft, Freizeitgesellschaft, Kommunikationsgesellschaft, Informationsgesellschaft, Mediengesellschaft, Risikogesellschaft, Überflussgesellschaft, Wegwerfgesellschaft, in einer Klassengesellschaft … Viele Menschen betreffende, allgemeine gesellschaftliche Trends unserer Zeit werden mit diesen Gesellschaftsbegriffen gekennzeichnet. Die Wertegesellschaft schließt solche Gesellschaftsbegriffe zusammen. Werte sind das Alpha und Omega unserer gesellschaftlichen Existenz.

Was müssen wir wissen? Wie müssen wir handeln? Was dürfen wir uns erhoffen? Wie wollen wir menschlich

---

[3] Vgl. Barker und Marietta (2019).

leben?[4] Alle explosionsartig wachsenden Informationen, all unser rasend wachsendes Wissen, alle erfolgreich wachsenden Wissenschaften können keine Antworten darauf geben, wie unsere Zukunft aussehen soll. Viele Menschen nehmen sogar das Ende der Erde, das Ende der Menschheit sehend in Kauf.[5]

Zukunftsziele können nur Propheten und die Menschen – selbstorganisiert – setzen. Ob sie angemessen sind, wird die Zukunft entscheiden. Was wir heute als angemessen bewerten, kann sich zukünftig als grauenhafter Irrtum herausstellen. Gegen das Virus dieses Irrtums gibt es keinen Virenschutz.

Wertungen, Werte gibt es seit Menschengedenken. Die Geschichte aller bisherigen Gesellschaft ist die Geschichte von Werteauseinandersetzungen zwischen Klassen, Völkern, Nationen und ihren Traditionen, Kulturen, Weltanschauungen, Religionen. Diese waren früher so fest verankert, dass sich die leitenden Werte nur langsam, Generationen überspannend, oder aber gewaltsam, in Revolutionen und Kriegen, änderten. Werte wurden die ganze Menschheitsgeschichte hindurch gründlich und kontrovers erörtert, ethische Werte, politische Werte, religiöse Werte, künstlerische Werte, doch nie der soziale Sinn und die Funktionen von Werten insgesamt, das System der Werte. Es gab keine Werteforschung, keine Wertephilosophie. So konnte auch die Wertegesellschaft nicht thematisiert werden.

Das änderte sich schlagartig in der zweiten Hälfte des 19. Jahrhunderts. Die „Umwertung aller Werte" wie es Friedrich Nietzsche prophetisch nannte, zerfraß die

---

[4] Vgl. Kant (1913, S. 425 ff.).
[5] „Umso paradoxer erscheint es, wenn sich viele heute eher den Untergang der Welt vorstellen können als ein Ende des Kapitalismus" (vgl. Gebauer 2016).

modernen – kapitalistischen – Gesellschaften.⁶ Der Wertehorizont verschob sich von der Vergangenheit auf die Zukunft.⁷ „Das haben wir immer so gemacht" galt nicht mehr. „Das werden wir in einer – liberalistischen, sozialistischen, kommunistischen, nationalbewussten, völkischen – Zukunft besser machen", war die Überzeugung aufkeimender „Ismen". Die Diskussion über „unsere" Werte begann und riss nicht mehr ab. Wie sehr alle menschlichen Handlungen – von den individuellen bis zu den in zwei Weltkriegen mündenden gesamtgesellschaftlichen – durch genussbetonte, nutzengerichtete, ethisch-moralische und sozialweltanschauliche Werteorientierungen getrieben waren, wurde offenbar.

Alle richtungsgebenden gesellschaftlichen Entscheidungen fielen nicht zuerst aufgrund von Fakten, sondern aufgrund von Wertungen, von Werten.

Die erstmals von Koselleck beschriebene, von Habermas wortmächtig weiter durchdachte Tatsache des *Wertebruchs* markiert aus unserer Sicht die wichtigste historische Zäsur der Neuzeit. Bedürfte es eines Belegs für den Wertebruch, reichte es, sich die unglaubliche Fülle von „Lebensreform-Entwürfen zur Neugestaltung von Leben und Kunst um 1900", vor Augen zu führen, eine selbstorganisierte soziale Kreativität, wie sie auch später wohl nie wieder erreicht wurde.⁸

Wir haben die Geschichte des Werteverständnisses und der Werteforschung in einer Tour d'Horizon, so Nicholas Rescher, umfassend, vielleicht sogar bisher am umfassendsten dargestellt.⁹ Das enthebt uns jetzt der Pflicht, die vielen Einzelschritte zwischen Wissen und Werten, Wissen und

---

⁶ Vgl. Nietzsche (1980).
⁷ Vgl. Kosellek (1979).
⁸ Vgl. Buchholz et al. (2001).
⁹ Vgl. Erpenbeck, unter Mitarbeit von Sauter (2018).

Glauben, Wissen und Fühlen zu verfolgen. Seit wir uns intensiv mit den Funktionen und Entwicklungen von Werten auf individueller Ebene, in Teams und Organisationen beschäftigen, lässt uns jedoch ein Grundgefühl nicht mehr los, das uns die letzten Jahre begleitete.

Ein fatales Grundgefühl

Als Natur- und Sozialwissenschaftler waren wir intensiv an der Produktion von Wissen mit beteiligt. Zudem hatten wir uns hingebungsvoll in Prozesse des seit den neunziger Jahren des vorigen Jahrhunderts entwickelte Formen des Wissensmanagements eingebracht, sowohl in der Lehrtätigkeit wie beratend in Unternehmen und Organisationen. Das Wissen innerhalb eines Unternehmens wird völlig zu Recht als Produktionsfaktor verstanden, der neben Kapital, Arbeit und Boden für die ökonomische Wertschöpfung zunehmend wichtig wird.[10] Gerade im modernen Digital Business ist Wissen der wichtigste Produktionsfaktor.[11] Und doch stand für uns, die wir uns vor allem mit Kompetenzen und Kompetenzentwicklung befassten, hinter allem die Mahnung: Wissen ist keine Kompetenz![12] Um in offenen, komplexen, sich schnell ändernden Problemsituationen kreativ und selbstorganisiert – also kompetent – handeln zu können, brauchen wir mehr und Anderes. Eben Werte. Überzeugungen. Orientierungen. Kulturelle Verankerungen.

Unser Grundgefühl war und ist, dass die Wertegesellschaft die Wissensgesellschaft immer dann und dort gleichsam aushebelt, überrollt, dominiert, verdrängt, wo es um

---

[10] Vgl. Kohl, Mertins et al. (2016).
[11] Vgl. Gates und Hemingway (1999); vgl. Kreutzer et al. (2016).
[12] Vgl. Arnold und Erpenbeck (2014).

wirklich wichtige und folgenreiche ethische, politische, soziale und kulturelle Entscheidungen geht. Dabei ging die sich formierende Wertegesellschaft anfangs recht plump vor, stellte Ergebnisse der Wissenschaften einfach in Frage, etwa die darwinsche Evolutionstheorie oder Einsteins Relativitätstheorie. Doch noch im 19. und konsequent im 20. Jahrhundert ging die Wertegesellschaft dazu über, alles einigermaßen bestätigte Wissen aufzusaugen, den eigenen Wertevorstellungen einzugliedern und es damit zu instrumentalisieren.

Wie konnte das geschehen?

Dies kann wohl jedermann nachfühlen, auch ohne philosophische Vorbildung. Wir haben in der Schule Physik, Chemie, Biologie gelernt, wir sind überall von Technik umgeben, die auf den Grundlagen von naturwissenschaftlichem Wissen funktioniert. Dieses Wissen – und den Prozess der Gewinnung von solchem Wissen – zweifeln wir nicht eine Sekunde an. Würde man sich sonst in ein Flugzeug setzen oder einer Impfung vertrauen? Die Natur- und Technikwissenschaften produzieren widerspruchsfreie Erkenntnisse. Tatsächlich gibt es nur sehr selten über längere Zeiträume konkurrierende naturwissenschaftliche Theorien zu vergleichbaren Sachverhalten.[13] Die Erkenntnisse werden dann umgesetzt und genutzt. Wir folgen, ohne es uns bewusst zu machen, einem gleichsam urwüchsigen, naiven *Naturalismus*, einer im 20. Jahrhundert immer weiter ausgebauten Position, „wonach verlässliche Erkenntnisse darüber, was existiert und wie die Welt beschaffen ist, nur auf naturwissenschaftlichem Wege zu gewinnen sind. Gründe für den Naturalismus sind die Erfolge der modernen Naturwissenschaften und ein Interesse an einem einheitlichen Weltbild."[14] Wir wünschen uns, dass

---

[13] Vgl. Vollmer (1998, S. 301 ff.).
[14] Metzlers Lexikon Philosophie (online 2019).

möglichst alle uns betreffenden Entscheidungen wissenschaftlich durchdacht, wissenschaftlich geprüft und wissenschaftlich umgesetzt werden. Wir misstrauen Visionen, Utopien, Weltbildentwürfen oder Glaubensüberzeugungen. Wir glauben an den letztendlichen Sieg der Vernunft. Die Wertegesellschaft ist uns unheimlich.

Das geht auch ausgebildeten Philosophen so. In einer breit gefächerten Umfrage des Center for Digital Philosophy haben immerhin 49,8 % der weltweit befragten Philosophen festgestellt, dass sie den Naturalismus akzeptieren oder ihm zuneigen. Nur 25,9 % akzeptieren oder neigen zu einem Nichtnaturalismus, 24,3 % nehmen Zwischenpositionen ein.

Noch deutlicher ist die Differenz, wenn nach der Haltung zum wissenschaftlichen *Realismus* gefragt wird – also zu der Überzeugung, dass unabhängig vom menschlichen Denken eine erkennbare Wirklichkeit existiert und dass man aufgrund der empirischen Bestätigung einer wissenschaftlichen Theorie annehmen kann, dass diese Wirklichkeit tatsächlich so aussieht, wie es die Theorie aussagt. 75,1 % der Befragten akzeptieren oder neigen zum wissenschaftlichen Realismus, 11,6 % akzeptieren oder neigen eher zu einem wissenschaftlichen Antirealismus.[15] Wie alle philosophischen Positionen weisen auch Naturalismus und Realismus beträchtliche systematische und erkenntnistheoretische Probleme auf.[16] Mehr als hundert Jahre lang hat philosophische Forschung diese Probleme aufgedeckt, untersucht und zu beseitigen versucht. Es kann nicht unsere Aufgabe sein, dieser Arbeit philosophisch Eigenes beizufügen. Es geht uns vielmehr darum, nacherlebbar zu machen, warum die Hoffnungen auf eine Wissensgesellschaft immer wieder aufflammen und nie ganz verglühen.

---

[15] Vgl. http://philpapers.org/surveys. Zugegriffen am 20.01.2020.
[16] Vgl. Vollmer (2013).

Ein historischer Tauchgang

Dazu tauchen wir, nicht allzu tief, in den Brunnen der Vergangenheit hinab, etwa bis zum Jahr 1800. Die *Aufklärung* hatte kurz zuvor den Funken für die Französische Revolution gezündet. Ihr Ziel war es, dass sich die Menschen, ja die Menschheit zur Vernunft, zum Verstand hinwenden. Fortschrittsglaube beherrschte die Jahre, dass man durch vernünftige, wissensgegründete Einsichten in sich selbst, in die Gesellschaft und durch die wissenschaftliche Erfassung der Natur zunehmend bessere gesellschaftliche Verhältnisse gestalten könne. Eine natürliche Vernunftreligion, die jedes übernatürliche Eingreifen Gottes in den Weltenlauf bestritt, aber religiöse Emotionen befriedigte, wurde von Robespierre im „Fest des Höchsten Wesens" am 8. Juni 1794 gefeiert. Sie beruhte unter anderem auf wissenschaftlichen Überlegungen Rousseaus und anderer französischer Aufklärer. „In der Tat können wir, wenn wir den gegenwärtigen Zustand unserer Erkenntnis ohne Vorurteil prüfen, nicht leugnen, dass die Philosophie unter uns bedeutende Fortschritte gemacht hat. Die Wissenschaft der Natur gewinnt von Tag zu Tag neuen Reichtum" so d'Alembert.[17] „Was ist Aufklärung", fragte 1784 in seinem Königsberger Domizil Immanuel Kant und antwortete sich selbst und den Interessierten seiner Zeit:

> *„Aufklärung ist der Ausgang des Menschen aus seiner selbstverschuldeten Unmündigkeit. Unmündigkeit ist das Unvermögen, sich seines Verstandes ohne Leitung eines anderen zu bedienen. Selbstverschuldet ist diese Unmündigkeit, wenn die Ursache derselben nicht am Mangel des Verstandes, sondern der Entschließung und des Mutes liegt, sich seiner ohne Leitung eines andern zu bedienen. Sapere aude!*[18] *– Habe Mut, dich*

---

[17] Vgl. d'Alembert und Mensching (2004).
[18] Aude ist die Befehlsform von audere (lat.: wagen, wollen); sapere (lat.: schmecken) bedeutet in übertragenem Sinne verstehen. Also etwa: Wage, zu verstehen.

deines eigenen Verstandes zu bedienen! – ist also der Wahlspruch der Aufklärung."[19]

Was ist Verstand? Was ist Vernunft? In seinen fundamentalen Werken „Kritik der reinen Vernunft" und „Kritik der praktischen Vernunft" versuchte Kant herauszuarbeiten, wie Erkenntnisprozesse, vor allem wissenschaftliche, stattfinden, wie Kategorien erzeugt und benutzt werden. Der Verstandesbegriff steht für den Gebrauch der Logik als Gegensatz zum Gefühl bzw. zum Glauben. Kant geht es zunächst darum, dass man überhaupt erst einmal selbst logisch denken soll und sich nicht von Wertehaltungen anderer beeinflussen lässt. Die Vernunft ist hingegen das höhere Vermögen und schließt Verstand und Sinnlichkeit genauso ein wie die Urteilskraft. Vernunft umfasst damit auch ethisch-moralische und sozial-weltanschauliche Werte. Aber sie ist immer bemüht, lediglich glaubensbezogene, fantastische, mystische, irrationale, „verrückte" Wertungen auszuschließen. Unabhängig davon, wie wir Verstand und Vernunft im Einzelnen definieren, sind und bleiben solche „verrückten" Werte ausgeschlossen – also gerade solche Werte, die den Gang der Geschichte maßgeblich bestimmten. Sapere aude ist trotz aller Berücksichtigung allgemein geteilter ethisch-moralischer und sozial-weltanschaulicher Werte eher ein Schlachtruf der Wissensgesellschaft als der Wertegesellschaft!

Große deutsche Philosophen nach Kant, etwa Schelling und Hegel, versuchten die aufklärerische Haltung in einer Naturphilosophie weiterzuführen, die naturwissenschaftliche, insbesondere physikalische, chemische, biologische und sogar medizinische Erkenntnisse der Zeit einbezog.

---

[19] Kant (2019, S. 3–4).

Eine Wissensexplosion

Doch dann geschah etwas völlig Unerwartetes, bis heute Weiterwirkendes: Eine Wissensexplosion. Nach Berechnungen von Derek de Solla Price wuchs das Wissen seit 1750 mit einer Verdoppelungszeit von weniger als 15 Jahren exponenziell. Diese Rate beschleunigte sich noch. Bald hatten die Naturwissenschaften ein Wissen angehäuft, das fast täglich zu technischen Neuentwicklungen führte.[20] Einige Meilensteine des in Technik umgesetzten Wissens sind beispielsweise: 1800 die Voltasche Elektrosäule, 1805 der Musterwebstuhl, 1807 das erste Dampfschiff, 1820 der Elektromagnetismus, 1826 die erste Schiffsschraube und die ohmschen Gesetze, 1830 die erste Eisenbahnlinie, 1831 die elektromagnetische Induktion, 1833 die Elektrolyse, 1861 die Spektralanalyse und die Telefonie, 1866 die Dynamomaschine, 1867 das Dynamit, 1881 die elektrische Straßenbahn, 1885 der Benzinkraftwagen, 1888 die elektromagnetischen Wellen, 1890 das Flugzeug ... Und tausende Erfindungen mehr und damit Myriaden explodierenden wissenschaftlichen Wissens.[21]

Aufgrund dieser Wissensexplosion und der immer größeren Bedeutung der Naturwissenschaften kam es in der zweiten Hälfte des 19. Jahrhunderts zu einer wachsenden Verachtung der Philosophen durch die Wissensgesellschaft. Die Natur wurde nun zunehmend in Kategorien physikalischen, chemischen und thermodynamischen Wissens beschrieben. Die Naturphilosophie des deutschen Idealismus wurde verspottet oder umgedeutet. Immer wieder findet sich das Urteil, dass Hegels Naturphilosophie nicht nur die Schwachstelle seines Systems, sondern eine schlichte Absurdität sei und ihrem spekulativen Charakter entsprechend

---

[20] Vgl. De Solla Price (1974).
[21] http://www.anabell.de/zeittafeln/zeittafel_entdeckungen_erfindungen.php.

jeden Bezug zur Empirie und zu den positiven Wissenschaften verloren habe.

„Hegels Naturphilosophie pflegt in diesem Sinne nicht nur von Seiten der Naturwissenschaft und gegenwärtigen Wissenschaftstheorie mit Spott bedacht, sondern selbst von der professionellen Hegelforschung eher als spekulative Verfehlung … betrachtet zu werden. Als ein Beispiel vernichtender Urteile über Hegels Naturphilosophie seien nur einige Formulierungen von H. Scholz wiedergegeben: … Die Hegelsche Naturphilosophie ist ein Experiment, das die Naturphilosophie, anstatt sie zu fördern, um mehrere Jahrhunderte zurückgeworfen und auf die Stufe herabgedrückt hat, auf der sie sich etwa bei Paracelsus befand. Hegels Naturphilosophie ist ein Spiel mit Begriffen, das nie wieder ernst genommen werden wird und lediglich als Beweis dafür dienen kann, dass ein großer Geist, wenn er sich irrt, sich nicht mit kleinen Verirrungen begnügt."[22]

Die flexible Naturphilosophie Schellings wurde wohlwollender behandelt und konnte später, als Gedankengänge der Selbstorganisation aufkamen, selbstorganisationstheoretisch umgedeutet werden.[23] Auch Goethes Naturphilosophie und Humboldts großer Gedanke, Bildung sei die höchste und proportionierlichste Entfaltung der menschlichen Kräfte zu einem Ganzen, haben durch die Selbstorganisationsdeutung neuen Glanz gewonnen. Humboldt denkt Entwicklung nicht als Einwirkung von außen, sondern als Entfaltung von innen.[24]

Mit dem Pyrrhussieg der Wissensgesellschaft über die Wertegesellschaft war jedoch das Fragen der Bürger wie der

---

[22] Vgl. Wandschneider (1987, S. 36–37).
[23] Vgl. Heuser-Keßler (1986). Sandkühler und de la Vega (Hrsg.) (1974, S. 12).
[24] https://www.karteikarte.com/card/217701/bildungsbegriff-nach-humboldt-koller.

Philosophen nach der Wertung all des Wissens und nach Werteorientierungen in all den Fällen, in denen gar kein oder zu wenig Wissen vorlag, um handeln zu können, nicht verstummt. Im Gegenteil: Durch die „Umwertung aller Werte", durch das Brüchigwerden vieler Traditionen, Gepflogenheiten, Verfahrensweisen, Glaubensgewissheiten und Lebensorientierungen war die Nachfrage nach Werteorientierungen stärker und vielfältiger als jemals zuvor. Wissenschaftlicher Naturalismus und Realismus boten dafür keinen Ersatz. Auch der mit wissenschaftlichen Einsichten argumentierende Marxismus konnte diese Lücke nicht füllen.

Auferstehung

Wissen ist nicht alles. Die Gesellschaft ist weit mehr als eine Wissensgesellschaft. Gerade in einer Zeit voller Lebensumbrüche, kultureller und politischer Verwerfungen wie der zweiten Hälfte des 19. Jahrhunderts wurde nach Werten, Werten und nochmals Werten gefragt. Diese Stimmung hat Nietzsche wunderbar eingefangen:

> *„Das Auseinanderfallen, also die Ungewissheit, ist dieser Zeit eigen: Nichts steht auf festen Füßen und hartem Glauben an sich: man lebt für morgen, denn das Übermorgen ist zweifelhaft. Es ist alles glatt und gefährlich auf unserer Bahn, und dabei ist das Eis, das uns trägt, so dünn geworden: wir fühlen alle den warmen unheimlichen Atem des Tauwindes – wo wir noch gehen, da wird bald niemand mehr gehen können ... Diese Zukunft redet schon in hundert Zeichen, dieses Schicksal kündigt überall sich an; für diese Musik der Zukunft sind alle Ohren bereits gespitzt. Unsere ganze europäische Kultur bewegt sich seit langem schon mit einer Tortur der Spannung, die von Jahrzehnt zu Jahrzehnt wächst, wie auf eine Katastrophe los:*

unruhig, gewaltsam, überstürzt: einem Strom ähnlich, der ans Ende will, der sich nicht mehr besinnt, der Furcht davor hat, sich zu besinnen."[25]

Wir sind an anderer Stelle ausführlich darauf eingegangen, dass Nietzsche mithilfe eines universellen Prinzips, des „Willens zur Macht", eine eigene Vorform von Selbstorganisationstheorie entwickelt.[26] Dieser Wille, so erklärt er, treibe die Geschichte an, in eine offene Zukunft hin. Aber die Menschen brauchen eben Anker, Haltegriffe, Ruhepunkte in diesem Höllenritt zur Zukunft. Das sind die Werte. Bedauerlicherweise hat er diese grandiosen Gedanken nicht weiter ausgeführt. So blieb es einer besonderen, langzeitig gesehen nicht einmal besonders erfolgreichen Forschergemeinschaft vorbehalten, eine fundierte Werteanschauung zu entwickeln. Mit deren Hilfe konnte man leichter begreifen, warum gerade in dieser Zeit folgenreicher ethischer, politischer, sozialer und kultureller Entscheidungen die Wertegesellschaft allüberall die Wissensgesellschaft aushebelte, überrollte, dominierte, verdrängte. Es handelt sich um die südwestdeutsche Schule des Neukantianismus und ihre Wertephilosophie. Es geht dabei um das Werk von Wilhelm Windelband, Ludwig Dilthey und vor allem von Heinrich Rickert.

Wir wollen nicht mehr und nicht weniger, als in dieses starre System der Werte Gedanken der Selbstorganisation einzubringen, insbesondere der Synergetik des Stuttgarter Physikers Herrmann Haken. Wir wollen zeigen, dass mit der Grundannahme, Werte seien Ordner von Selbstorganisation, das starre System erstaunlich modern und zukunftsträchtig wird. Da es ein System ist, das geeignet erscheint, eine Grundlage der Wertegesellschaft zu bilden, birgt es in Fülle an Baumaterial fürs Heute.

---

[25] Nietzsche (1980, S. 634).
[26] Vgl. Erpenbeck unter Mitarbeit von Sauter (2018, S. 30–35).

Der Schlagabtausch Habermas–Luhmann

„Mit geradezu astrologischer Regelmäßigkeit kommt es in den 80er-Jahren eines jeden Jahrhunderts zu einer solchen Ethikwelle – mindestens seit der Verbreitung des Buchdrucks …" Niklas Luhmann diskutiert ethische Theorien des 18. Jahrhunderts, geht kurz auf Kant ein und setzt dann, auf die südwestdeutsche Philosophie bezogen, fort: „Die nächste Welle kommt pünktlich. Zu Beginn der 80er-Jahre des 19. Jahrhunderts füllen nach langer Abstinenz plötzlich wieder Ethikvorlesungen die Vorlesungsverzeichnisse deutscher Universitäten … Man hat es mit Nationalismus, Imperialismus, Kolonialismus, Sozialismus und ähnlichen Ungeheuerlichkeiten zu tun. Und wieder hofft man auf Ethik. Freilich kommt es kaum zu nennenswerten theoretischen Innovationen – es sei denn, man wolle die Aufwertung des Wertebegriffs, die Unterscheidung von Sein und Geltung … als Theorieleistungen ansehen."[27]

Wir sehen dies als Theorieleistung an und ehren den Versuch, die genannten Ungeheuerlichkeiten gedanklich zu verarbeiten und nicht in einem allgemeinen Ethikbrei untergehen zu lassen, sondern die Vielzahl eingeschlossener Werte im Blick zu behalten. Vor allem aber die Geltungsfrage zu diskutieren, die beim Gegeneinander jener fürchterlichen Menschheitsgeißeln immer wieder gestellt wird. Was gelten uns Nation, Reich, Kolonien, Soziales?

In den siebziger, achtziger Jahren des vorigen Jahrhunderts kommt es also wiederum zu einer tief gestaffelten gesellschaftlichen Diskussion geltender ethisch-moralischer, sozial-weltanschaulicher und weiterer Werte, meist mit jeweils aktuellen Krisen verbunden. Herausragend und viele

---

[27] Luhmann (1990, S. 15 f.).

Zeitfragen bündelnd ist die sogenannte Habermas-Luhmann-Kontroverse; einer der Brennpunkte der Auseinandersetzung sind kontroverse Einstellungen zum Werteproblem.

Es geht uns nicht um eine Darstellung oder Einschätzung der dabei zutage tretenden Positionen.[28] Uns interessiert und berührt an dieser Kontroverse, wie jede der beiden so unterschiedlichen Persönlichkeiten sich bemüht, Illusionen der Wissensgesellschaft aufrechtzuerhalten.

Beide betonen, dass es sich bei Gesellschaften und gesellschaftlichen Entwicklungen um komplexe Strukturen und Prozesse unüberschaubaren, unregulierbaren Ausmaßes handelt. Um diese Komplexität zu fassen, entwickelt Niklas Luhmann eine eigene *Theorie sozialer Systeme*, die sich stark an Theorien der Biologen Humberto Maturana und Francisco Varela anlehnt. Danach sind solche Systeme zwar nicht wie eine soziale Maschine behandelbar, schon weil der Beobachter immer Teil des Beobachteten ist, doch macht es diese soziologische Konstruktion möglich, soziales Wissen zu gewinnen, zu prüfen und ins System zurückzuführen. Was fast vollständig auf der Strecke bleibt, ist die besondere Rolle von Werten in einem solchen System, die bei einem der wissenschaftlichen „Väter" Luhmanns, Talcott Parsons noch einen zentralen Platz einnahmen. Lediglich bei der Bildung von gesellschaftlichen Teilbereichen wie Recht, Wirtschaft, Wissenschaft, Kunst, Politik, Religion entstehen nach seiner Beschreibung selbstorganisiert eigene wertende Leitdifferenzen. Dazu gehören in der Politik Macht und Nichtmacht oder Regierung versus Opposition, in der Wissenschaft wahr oder falsch oder in der Kunst schön und hässlich. Wir stellen hier fest: Diese Konstruktion steht in keinem entscheidenden Widerspruch zur Synergetik. Die „Leitdifferenzen" könnten sinnvoll als

---

[28] Vgl. Habermas und Luhmann (1990); vgl. Geiss (1991).

Ordner sozialer Selbstorganisation in Politik, Wissenschaft, Kunst usw. beschrieben werden. Aber Luhmann kannte schlicht und einfach die Synergetik und den Begriff des Ordners nicht! Damit trägt er einiges zum Verständnis der Wissensgesellschaft, aber wenig zum Verständnis der Wertegesellschaft bei. Dabei wäre das unter Verwendung der Synergetik leicht möglich gewesen.[29]

In dieser Hinsicht war Talcott Parsons, einer der Denkväter von Luhmann, viel anspruchsvoller. Er hatte zwar keine Selbstorganisationstheorie zur Verfügung, aber seine Gedanken zu Werten und Normen weisen deutliche Ähnlichkeiten mit Überlegungen der Synergetik auf. Während Luhmann das Individuum, die Person aus seinen Betrachtungen weitgehend heraushält, ist sie schon in der Grundkonstruktion von Parsons unverzichtbar. Der unterscheidet beim sozialen Handlungssystem vier Subsysteme:

- das Viele und Vieles integrierende *Sozialsystem* selbst, die Kernkategorie gesellschaftlicher Gemeinschaft, als komplexes Netz sich durchdringender Gesamtheiten,
- das der Wertedurchsetzung und dem Normenerhalt dienende *Kultursystem*, das nicht nur moralische, sondern auch ästhetische, kognitive und religiöse Werte umfasst,
- das unterschiedlichsten Zielverwirklichungen dienende Subsystem *Persönlichkeit* – denn Einfluss und Wertverpflichtung funktionieren auf freiwilliger Basis mittels Überredung und Appell an Ehre und Gewissen, wobei die Erfüllung von Normen einbezogen ist, sowie
- das Subsystem *Verhaltensorganismus,* womit die politische und wirtschaftliche Anpassung von Teilen des Sozialsystems über Rollenzuweisungen und Wirtschaftsrationalität gemeint ist.

---

[29] Vgl. Weidlich (2000).

Das umfassende, sich selbst mittels seines politischen und wirtschaftlichen Verhaltensorganismus organisierende Sozialsystem, bestehend aus den sich selbst organisierenden Persönlichkeiten als „Teilchen", deren selbstorganisierte Hervorbringungen, Rituale und Handlungen in einer Kultur zusammenlaufen – dieser Gesamtzusammenhang ließe sich eins zu eins synergetisch abbilden.[30] Vor allem aber benennt Parsons die „Drehtür" Verinnerlichung (Interiorisation, Internalisation) von Werten. „Der vielleicht bekannteste Fall gegenseitiger Durchdringung [der Subsysteme, besonders von Kultur und Persönlichkeit] ist die Internalisierung sozialer Objekte und kultureller Normen in die Persönlichkeit des Individuums." Aktor, Situation und normative Muster[31] – also Werte, Wertehaltungen, Werteorientierungen – sind Kernmomente in Parsons Denken, dem lediglich der Begriff des Ordners hinzuzufügen wäre.

Jürgen Habermas ist viel näher bei den philosophiegeschichtlichen wie bei den in den achtziger Jahren wichtigen Wertediskussionen. Nicht nur, dass er der über Koselleck vermittelten Tatsache des Wertebruchs, der wichtigsten historischen Zäsur der Neuzeit, gebührenden Rang einräumt. Er mischt sich aktiv und konstruktiv in eine Reihe von politischen und religiösen Wertedebatten seiner Zeit ein. Er reflektiert in seiner umfänglichen Theorie kommunikativen Handelns wieder und wieder Probleme der Wertekommunikation. Vor allem ist er der Meinung, dass die wichtigsten normativ fixierten Wertungsansprüche nach dem guten Leben, dem richtigen Handeln oder der gerechten Gesellschaft Wahrheiten im Sinne von berechtigt erhobenen Forderungen sind. Jeder an einer Kommunikation Teilnehmende vertritt mit seinen Äußerungen die eigenen Geltungsansprüche. Auf der Grundlage gegenseitiger

---

[30] Haken (1996, S. 590).
[31] Vgl. Parsons (1986).

Anerkennung kann man sich dann aber über strittige Fragen verständigen und einen vernünftigen gesellschaftlichen Konsens erreichen.

Eine solche Verständigung ist nach Habermas dadurch gekennzeichnet, dass alle Sprecher oder Teilnehmer von den konkreten, persönlichen Handlungssituationen und -absichten Abstand nehmen, indem sie ihre Geltungsansprüche auf Wahrheit, Richtigkeit und Wahrhaftigkeit allein im Hinblick auf eine unterstellte universelle Zustimmung aller vernünftig Handelnden begründen, so dass – unbehindert von Eigeninteressen, Herrschaftsverhältnissen oder Statusfragen – nur der „zwanglose Zwang" des besseren Arguments die gesellschaftliche Einigung (Konsens) darüber herbeiführt, was als wahr, richtig und glaubwürdig gelten soll.

Der so im praktischen Diskurs erzielte Konsens ist Ausdruck einer Rationalität, einer Vernünftigkeit, die dem verständigungsorientierten Sprechen selbst innewohnt.

Damit sind durch den *Korridor der kommunikativen Vernunft* wieder wichtige Standards der Wissensgesellschaft hereingeholt. Das ist fraglos eine große Erweiterung des Blickfeldes. Andererseits kann man mit Luhmann an diesem Modell kritisieren, dass es eine ideale Sprechsituation mit herrschaftsfreier, von persönlichen Interessen unabhängiger Diskussion im alltäglichen Leben kaum und im Wirtschaftsbereich sowie im politischen Leben wohl gar nicht gibt. Die Problematik der Werteverinnerlichung, der Werteinteriorisation klingt bei beiden kaum an! Dass soziale Selbstorganisation die fürchterlichsten Verwerfungen, die unwillkommensten Folgen hervorrufen kann, scheint beide wenig zu irritieren. Der Blickwechsel von der Wissensgesellschaft zur Wertegesellschaft ist mit diesem Aufbruch halb vollzogen. Wir wollen seine Errungenschaften bewahren, die zutage tretenden Probleme aber, so gut es geht, vermeiden.

Themenkreise der Wertegesellschaft

Fünf Themenkreise von höchster praktischer Bedeutung werden uns beschäftigen.

Der *erste Themenkreis* unserer Beschäftigung mit der Wertegesellschaft ist bereits umrissen. Wir sind der Überzeugung, dass die Kritik an der südwestdeutschen Wertesicht insofern zu Recht bestand, als sie für die Starrheit des Systems und vor allem wegen des oft unglücklich verwendeten Begriffs der Geltung von Werten kritisierbar war. Andererseits sind wir auch der Überzeugung, dass die südwestdeutsche Wertesicht umso wichtiger wird, als die Umrisse der Wertegesellschaft, in der wir leben, immer klarer erkennbar sind. Die südwestdeutsche Wertesicht ist eine geeignete Basis für ein Verständnis der Wertegesellschaft.

Der *zweite Themenkreis* befasst sich mit einigen grundsätzlichen Einsichten in Formen und Funktionen von Werten in der Wertegesellschaft. Manches davon findet sich in der südwestdeutschen Wertesicht wieder.

Die Problematik der „Wahrheit", der Adäquatheit von Werten, ermöglicht uns eine neue Sicht auf die ganze Geltungsdiskussion. Dies ist nicht nur ein theoretisches Problem. Die erste Frage bei Wertungen, bei Werten ist ja stets, welche denn nun die „richtigen" sind. Da Werte nicht wie Sachwissen erarbeitet und erklärt werden können, haben sie etwas Unheimliches. Da sie nicht objektiv abgeleitet, sondern nur subjektiv gesetzt werden können, muss ihre Geltung sozial durchgesetzt werden. „Wer Werte sagt, will geltend machen und durchsetzen ... Wer sagt, dass sie gelten, ohne dass ein Mensch sie geltend macht, will betrügen." Eine immanente Aggressivität bleibt die fatale Kehrseite der Werte. „Niemand kann werten ohne abzuwerten, aufzuwerten oder zu verwerten." Der Autor dieser Zeilen,

Carl Schmitt, spricht von einer „Tyrannei der Werte".[32] Da Werte gerade Ordner der sozialen Selbstorganisation des Handelns sind und sich nicht im Voraus berechnen lassen, ist die Tyrannei der Werte nichts anderes als die Tyrannei unberechenbarer sozialhistorischer Selbstorganisation. Und die Grundlagen von Wertungen bestehen keineswegs nur aus vernünftigen Informationen, aus vernünftig wägbarem Wissen, sondern auch aus krudem Glauben, Vermutungen, Befürchtungen, Lügen, aus Fakes und Fiktionen.

Damit ist die Frage der Erklärung von Werten als Ordner der Selbstorganisation in der Wertegesellschaft berührt. Ein modernes Verständnis der südwestdeutschen Wertesicht kann es nur geben, wenn überall dort, wo von einem festen Wertesystem ausgegangen wird, jetzt die selbstorganisative Instabilität der Werte berücksichtigt und systematisch einbezogen wird. Interessante Gedanken werden wir dazu den Ausführungen des der südwestdeutschen Wertesicht nahestehenden Hans Vaihinger und seiner Philosophie des Als-ob entnehmen. Sie beschreibt überzeugend die selbstorganisierte Setzung von Werten in offenen Problem- und Entwicklungssituationen.

Schließlich werden wir die unserer Meinung nach in der Wertegesellschaft wesentlichsten Momente moderner, durch Selbstorganisation erklärbarer Eigenschaften von Werten zusammenfassen:

- ihre Strukturiertheit, aufbauend auf den Genusswerten, Nutzenwerten, ethisch-moralischen und sozial-weltanschaulichen Werten,
- die Adäquatheit von Werten,
- die Inkommensurabilität, also die Unersetzbarkeit von Werten untereinander, etwa ethisch-moralischer und sozial-weltanschaulicher Werte,

---

[32] Vgl. Schmitt (2011, S. 41, 44, 54).

- die Entwicklung und Entwicklungsfähigkeit und damit die historische Relativität von Werten, die stets einbezogen werden muss; physikalische Gesetze gelten menschheitsewig, Werte immer nur für bestimmte Zeiten, für bestimmte Perioden, und
- die unumgängliche Verinnerlichung der Werte zu eigenen Emotionen und Motivationen, denn ohne diese Verinnerlichung sind Werte wertlos.

Der *dritte Themenkreis* schließt direkt an die Frage der Verinnerlichung, der Interiorisation von Werten an. An der Interiorisationsthematik scheidet sich die Wissens- von der Wertegesellschaft. Wissen muss gelernt, verarbeitet, begriffen, konstruiert werden, um es sich anzueignen. Die Werteinteriorisation ist ein viel komplizierterer Prozess. Er kann nur unter intensiver Beteiligung der Emotionen geschehen und setzt eine starke emotionale Labilisierung, im emotionalen Sinne Erleben und Bewältigen von Zweifeln, Widersprüchlichkeiten oder Verwirrung - Dissonanzen -, voraus. Wissen verlangt, um wirken zu können, nach Begreifen und Verstehen. Werte müssen, um wirksam zu werden, emotional verinnerlicht, interiorisiert werden. Die gezielte Werteentwicklung von Individuen, Teams, Organisationen und Netzwerken ist die Grundlage jeder Wertegesellschaft. Das werden wir an Beispielen zeigen.

Der *vierte Themenkreis* bezieht sich auf die wohltätige wie mörderische Rolle individueller Werte. Wir haben uns das Thema Hass, insbesondere Hass im Netz, Hass in den sozialen Medien ausgewählt. Die mörderische Seite dieses Hasses ist spätestens seit den NSU-Verbrechen und seit dem Mord an dem Kasseler CDU-Politiker Walter Lübcke jedem offenbar. Damit aber auch die Notwendigkeit und wohltätige Wirkung einer gezielten Werteentwicklung, die solche Extreme verhindert. Mit den gesellschaftsspaltenden

Folgen identitärer Ansichten und Bewegungen sind wir heute weltweit konfrontiert. Aber auch mit der Tatsache, dass diesen Hass erzeugenden Gedanken und Gefühlen mit Aufklärung, Belehrung, Überzeugung nicht beizukommen ist. Auch der realen Spaltung der Gesellschaft in „Kommunitaristen" und „Kosmopoliten" – also in Menschen, die sich im eng Kommunalen, höchstens Nationalen wohlfühlen, und Menschen, die weltweit schauen, vernetzt sind und handeln – ist durch noch so viel Wissen und Argumentieren nicht beizukommen. Für die wichtigsten sozialen Probleme der Gegenwart, die letzten Endes auch über Krieg und Frieden entschieden werden, weiß die Wissensgesellschaft keine Lösung. Sie sind unseres Erachtens nur zu verstehen und aktiv anzugehen, wenn man den Charakter der modernen wissensbasierten Gesellschaften als Wertegesellschaften berücksichtigt und von daher in kleinen Zukunftsschritten Lösungen sucht.

Der *fünfte Themenkreis* umfasst den Bereich der Wirtschaft, der Unternehmen und ihrer Teams und damit den Bereich sozialer Werte. Dass soziale Werte außerhalb der künstlerischen und der religiösen Sphäre vor allem im Bereich des geistigen und physischen Handelns, der Tätigkeit, der Arbeit wachsen und sich entwickeln, ist unbestritten. Deshalb ist es spannend zu verfolgen, wie Unternehmen, die ihre Einzigartigkeit lange aus der technisch-wissenschaftlichen Überlegenheit ihrer Produkte und Produktionsprozesse, also aus der Wissensgesellschaft ableiteten, plötzlich auf den Prüfstand der Unternehmenskultur und damit der Wertegesellschaft gestellt werden. Denn Kultur ist immer ein Werteausdruck. Wandelt sich die Unternehmenskultur nicht schnell genug, kann das ein Aus für das Unternehmen bedeuten. Das gilt besonders für Unternehmen, die auf Softwareprodukte und Anteile künstlicher Intelligenz (KI) bauen. Das hat vielleicht in besonderem Maße Steven Jobs erkannt. Das I-Phone ist nicht nur ein neues technisches Aggregat, sondern eine Kulturrevolution, die das Kommunikationsverhalten von Menschen nachhaltig veränderte. Handel und Kommunikation über Clouds setzen nicht nur enorm viel neues Wissen voraus, sie ändern die sozial-kommunikativen Verhältnisse von Ländern, ja der Welt grundsätzlich. In welche Richtung diese Entwicklung geht, kann nicht auf Basis der Wissensgesellschaft, sondern nur auf Basis der Wertegesellschaft verhandelt und gestaltet werden. Nicht nur in Bezug auf die individuellen Werte, sondern auch in Bezug auf die sozialen Werte wird die Wissensgesellschaft mehr und mehr von der Wertegesellschaft dominiert.

Vom brachialen Umbruch der Wissensgesellschaft zum weltweit führenden Typus der Wertegesellschaft, mit allen positiven und negativen Konsequenzen, werden wir – wertend – berichten. Vom Überleben in der Wertegesellschaft. Wir wollen in dieser Wertegesellschaft weiter leben – und sie deshalb begreifen.

Die südwestdeutsche Wertesicht

Wir konzentrieren uns in diesem Abschnitt auf Darstellungen und einige Folgerungen des sogenannten südwestdeutschen Kantianismus. Zentralfigur dieser Schule ist der – unseres Erachtens zu Unrecht – fast vergessene Philosoph Heinrich Rickert. Er schuf, fußend auf Überlegungen von Hermann Lotze, Wilhelm Windelband und Wilhelm Dilthey und Einfluss nehmend auf viele bedeutende, berühmtere Denker wie Edmund Husserl, Max Weber, Martin Heidegger und andere, etwas völlig Neues: eine Weltanschauung, die Werte und ihre Geltung ganz in den Mittelpunkt rückte, die Werte zur Basis des gesellschaftlichen

Handelns erklärte. In einer Zeit, die täglich neue, wichtige wissenschaftliche Erkenntnisse hervorbrachte und feierte und sich stetigen gesellschaftlichen Fortschritt daraus erhoffte, erschien vielen diese Rückkehr in eine längst überwunden geglaubte Metaphysik, diese Betonung von Erleben, Verstehen und Deuten als zunehmend unzeitgemäß.

Zahlreiche bis heute höchst lesenswerte Werke zur Philosophiegeschichte zeichnen das Gegeneinander philosophischer Schulen, Kant, Fichte, Hegel und Schelling nachfolgend, minuziös auf. Naturwissenschaftlicher Materialismus, Positivismus, utopischer Sozialismus, Neokantianismus, Neopositivismus, Neothomismus, Pragmatismus, Phänomenologie, Immanenzphilosophie, Existenzialismus, Lebensphilosophie – jede Schule entwarf umfangreiche Systeme, die sich teilweise kaum ein Jahrzehnt hielten, aber wie Kanonen gegeneinander aufgefahren wurden. Jede kritisierte tiefgründig und zuweilen vernichtend die gegnerischen Positionen, oft mit einem absolutistischen Anspruch. Wer sich geistig in diese Auseinandersetzungen begibt, findet wunderbare Ideen, Entwürfe, Erzählungen und Vorahnungen. Unendliches Material für heutige Philosophen, um dickleibige Dissertationen zu Themen wie „Wilhelm Windelbands Sicht auf …" oder „Wilhelm Diltheys Verständnis von …" zu verfassen. Ein riesiges Forschungsfeld für Fachleute, aber mit immer weniger sozialer Wirkung. So kritisierte Nicholas Rescher, der bis heute maßgeblichste Werteforscher der Gegenwart: „In den letzten Jahren ist die Philosophie zu einem Mosaik von Spezialitäten geworden, wobei die Philosophen nur noch miteinander als Kollegen und Fachleute bei technischen Fragen kommunizieren. Das Ziel, ihre Überlegungen umfassenderen Themen zu widmen und einer breiteren Öffentlichkeit zugänglich zu machen, wurde weitgehend aufgegeben."[33]

---

[33] Rescher (2018, S. V).

Wir werden dieses riesige Feld nicht betreten. Wir maßen uns nicht die Kompetenzen von Philosophiehistorikern, Fachhistorikern, Wirtschaftshistorikern, Sozial- oder Politikhistorikern an, sondern berufen uns auf die von Odo Marquard so tiefgründig wie witzig beschriebene „Inkompetenzkompensationskompetenz".[34] An all dem Mit- und Gegeneinander philosophischer Schulen interessiert uns vor allem und immer wieder die eine Frage: Wie weit kommt in ihren Überlegungen vor allem die Wissensgesellschaft zum Ausdruck, und wie weit eher die Wertegesellschaft? Das lässt sich natürlich nicht genau skalieren, aber doch ziemlich treffend zuschreiben.

Einen grob gerasterten, aber in seiner Außensicht verblüffend einfachen, ja vereinfachten Blick auf die „bürgerliche" Philosophie gibt Manfred Buhr in seiner berühmt gewordenen Enzyklopädie: Die philosophisch-weltanschaulichen Grundstrukturen (Denkweisen) und zugleich Grundtendenzen der Gegenwartsphilosophie seien der Positivismus (positivistische Denkweise) und die Lebensphilosophie (lebensphilosophische Denkweise). Gesellschaftspolitisches Merkmal des Ersteren sei die Sozialtechnologie, also die Behauptung, dass aufgrund des Wissens um fachwissenschaftliche, sozialstrukturelle und historische Faktoren ökonomische, politische und soziale Prozesse rational regulierbar und damit demokratisch-dialogisch aushandelbar seien. Gesellschaftspolitisches Merkmal und Kennzeichen der Lebensphilosophie sei der Krisenmythos, also die Behauptung, dass jede gesellschaftliche Entwicklung, ja der Geschichtsprozess insgesamt durch eine – fast durchweg von Werteannahmen getragene – Irrationalität gekennzeichnet sei. Das Gegeneinander von Wissensgesellschaft und Wertegesellschaft kommt in dieser Sicht klar zutage. Es bestärkt uns in unserer Hervorhebung der Wertegesellschaft. (Buhr 1988)

---

[34]Vgl. Marquard (1984, S. 23–38).

Impressionen vom Wertebruch

Wir nehmen Sie nun auf eine Reise ins 19. Jahrhundert mit, auf eine Reise des Herzens. Wir wollen dabei gemeinsam nicht nur verstehen, sondern erfühlen und erleben, was der Wertebruch für die nachbiedermeierlichen, vom Sturm und Drang der Industrialisierung eher unangenehm berührten Bürger bedeutete.

Steigen Sie mit uns in eine der bald nach 1800 in Gebrauch kommenden Eisenbahnen ein, in einen *Zug der Zeit*. Lassen Sie sich nicht abschrecken, aber doch berühren von der wissenschafts- und technikskeptischen Warnung eines der berühmtesten deutschen Romantiker, Clemens Brentano: „Und wäre ganz Deutschland mit Ringelbahnen von einem Ende zum anderen in allen Richtungen belegt und flögen Dampfwagen zu tausenden in ihm über Berg und Tal, würden alle seine Flüsse von den Dampfschiffen bis zum tiefsten Grunde durchfurcht, arbeiteten die Hebel sich müde in allen Winkeln und wendeten sich um und um an allen seinen Straßen die Räder der Maschinen – was hülfe ihm das alles, hätte es in dem klappernden Mechanismus die innewohnende Seele verloren!"[35] Deutschlands Seele … Dabei waren Brentanos Zeitgenossen und Schriftstellerfreunde keineswegs wissens- und wissenschaftsfeindlich. Das erste Buch Achim von Arnims, des Mitherausgebers von „Des Knaben Wunderhorn", war eine Einführung in die Elektrodynamik. Adalbert von Chamisso war ein nicht unbedeutender Geograf und Zoologe, Novalis ein begnadeter Geologe, Chemiker und Mathematiker. Ihr Zeitgenosse Wilhelm von Humboldt war der berühmteste Sach- und Wissenssammler, er schuf „einen neuen Wissens- und Reflexionsstand des Wissens von der Welt".[36] Noch heute sind

---

[35] Zit. in Erpenbeck (1984b).
[36] Ette (2009, S. 13).

in Goethes Haus am Weimarer Frauenplan die geordneten naturwissenschaftlichen Sammlungen zu sehen und in seinem Werk ungeheure Wissensergüsse zu bewundern. Allerdings teilte schon niemand von ihnen allen den Wissensglauben der Aufklärung, dass aus Wissen und Vernunft geschichtlicher Fortschritt erwachse. In seinem Faust warnt Goethe, dass der „Geist" mehr umfasse als empirisches Wissen:

> „Geheimnisvoll am lichten Tag,
>   lässt sich Natur des Schleiers nicht berauben,
>   und was sie deinem Geist nicht offenbaren mag,
>   das zwingst du ihr nicht ab mit Hebeln und mit Schrauben." [37]

Das war gegen den größten Physiker seiner Vorzeit, Isaac Newton, gerichtet, aber auch als Warnung an die Naturwissenschaftler seiner Zeit: nicht Fakten auf Fakten, Wissen auf Wissen zu häufen, aber den ordnenden, gewichtenden, wertenden Geist zu vernachlässigen. Wie die Wissensgesellschaft mit der Wertegesellschaft koexistieren könnte und sollte, hat er in den gemeinsam mit Friedrich Schiller gegen herbe Beleidigungen verfassten „Xenien" klar formuliert:

> „Naturforscher und Transzendental-Philosophen.
>   Feindschaft sei zwischen euch, noch kommt das Bündnis zu frühe,
>   Wenn ihr im Suchen euch trennt, wird erst die Wahrheit erkannt." [38]

Das ist Maxime und Reflexion vieler nachklassischer Philosophen, auch des südwestdeutschen Neukantianismus: eine – unterschiedlich begründete – scharfe Trennung

---

[37] Goethe (1988, S. 28).
[38] Goethe und Schiller (1797, S. 27).

zwischen Naturwissenschaften und Geistes- oder Kulturwissenschaften vorzunehmen, um nicht von der immer tiefer greifenden Wissenswalze der Natur- und der beginnenden Human- und Sozialwissenschaften erfasst zu werden. Sie wirkt bis heute in die zahllosen Versuche hinein, das Gegeneinander der „zwei Kulturen",[39] einer wissenschaftlichen und einer künstlerisch-philosophischen, zu erfassen.

Ab etwa 1830 beginnen die modernen Naturwissenschaften, Physik, Chemie, Biologie, ihre Forschungen und technischen Umsetzungen erfolgreich und in großem Umfang voranzutreiben, allen Geisterseheren und Transzendentalphilosophen Hohn lachend. Einige markante Erfindungen haben wir schon einleitend genannt. Die Wissenschaftler und Techniker scheren sich nicht um irrationale Ermahnungen, und der Erfolg gibt ihnen Recht.

Unser Zug durcheilt schöne Landschaften und fährt an heimeligen Städtchen dieser romantischen Zeit vorbei, noch stören die modernen Laboratorien, die neuen Fabrikgebäude, die Geschäftshäuser und Lagerhallen kaum. Doch es werden immer mehr, sie drängen sich zwanzig Jahre später, die wir mit unserem Zug der Zeit durcheilen, immer häufiger in den Vordergrund. Wir gleiten an unschönen, mächtigen Zeugen der Industrialisierung vorüber, an Bahnbrücken, Stahlwerken, Kraftwerken, dazwischen immer größere Fabrikgebäude und Kontore. Eine Wissenswalze ist offensichtlich über das Land gerollt, hat vieles niedergewalzt. Die Wissensgesellschaft hat sich, wie wir daraus schließen können, formiert. Wir erinnern uns der historischen Fakten. Es ist die Walze vorwärtsdrängender Industrialisierung, des beginnenden Imperialismus. Neue Klassengegensätze formieren sich.

Was zieht dort an unserem Zug vorbei? Eine Demonstration, Proletarier in abgewetzten Anzügen, Flugblätter und

---

[39] Vgl. Snow (1967).

Broschüren halten sie in Händen. Eine wird durchs Zugfenster in unser Abteil geworfen. Die Schrift eines bekannten liberal-demokratischen Redakteurs der „Neuen Rheinischen Zeitung" und eines weniger bekannten Düsseldorfer Fabrikanten. „Das kommunistische Manifest". Alle kennen heute den Beginn: „Ein Gespenst geht um in Europa, das Gespenst des Kommunismus."[40] Aber auch die weiteren Ausführungen?

> „Die Bourgeoisie, wo sie zur Herrschaft gekommen, hat alle feudalen, patriarchalischen, idyllischen Verhältnisse zerstört. Sie hat die buntscheckigen Feudalbande, die den Menschen an seinen natürlichen Vorgesetzten knüpften, unbarmherzig zerrissen und kein anderes Band zwischen Mensch und Mensch übriggelassen als das nackte Interesse, als die gefühllose ‚bare Zahlung'. Sie hat die heiligen Schauer der frommen Schwärmerei, der ritterlichen Begeisterung, der spießbürgerlichen Wehmut in dem eiskalten Wasser egoistischer Berechnung ertränkt. Sie hat die persönliche Würde in den Tauschwert aufgelöst und an die Stelle der zahllosen verbrieften und wohlerworbenen Freiheiten die eine gewissenlose Handelsfreiheit gesetzt. Sie hat, mit einem Wort, an die Stelle der mit religiösen und politischen Illusionen verhüllten Ausbeutung die offene, unverschämte, direkte, dürre Ausbeutung gesetzt.
>
> Die Bourgeoisie hat alle bisher ehrwürdigen und mit frommer Scheu betrachteten Tätigkeiten ihres Heiligenscheins entkleidet. Sie hat den Arzt, den Juristen, den Pfaffen, den Poeten, den Mann der Wissenschaft in ihre bezahlten Lohnarbeiter verwandelt.
>
> Die Bourgeoisie hat dem Familienverhältnisse seinen rührend-sentimentalen Schleier abgerissen und es auf ein reines Geldverhältnis zurückgeführt."[41]

---

[40] Marx und Engels (1848, S. 3).
[41] Marx und Engels (1848, S. 5).

Was Marx und Engels hier in bewegenden Worten schildern, ist der Wertebruch, der in der zweiten Hälfte des 19. Jahrhunderts bald jedem fröhlich oder schmerzlich bewusst wird. Der Mann der Wissenschaften hält sich an Fakten, Fakten, Fakten oder baut sich eine eigene, oft verschrobene Weltanschauung. Der Poet folgt einem wissens- und sachhaltigen Naturalismus oder einem zunehmend durchgeistigten Symbolismus. Der Pfarrer neigt zu einer rationalen Theologie oder hält am priesterlichen Heiligenschein fest. Der Jurist sucht nach neuen Wegen und landet, möglicherweise, beim südwestdeutschen Kantianismus. Der Arzt und der Psychologe befreien die naturwissenschaftlich-physiologisch fundierte Medizin aus mystischen Vorstellungen von der „Lebenskraft", vom „Seelischen", vom „Geist", und eine erklärende Psychologie, sogar eine Psychophysik, setzt sich durch, allerdings ohne den Okkultismus in der Medizin,[42] ohne die verstehende Psychologie vollständig verdrängen zu können.[43]

Die Wissensgesellschaft okkupiert neben den Wissenschaftlern und Technikern viele Menschen aus allen Schichten, die sich, zukunftsoffen, aufgrund der gewaltigen Wissenschaftserfolge die Welt in hundert Jahren durchwebt von wunderbaren Genusswerten, praktisch-nützlichen

---

[42] Schott (2000): In der zweiten Hälfte des 19. Jahrhunderts entfaltete sich die sog. naturwissenschaftliche Medizin im Zusammenhang mit den neuen Naturwissenschaften, insbesondere der Physik, Chemie und Biologie. Bakteriologie und Darwinismus wurden zu Leitbildern für die medizinische Theoriebildung. Der Siegeszug der naturwissenschaftlichen Medizin ging einher mit einem Ausschluss bzw. einer Abwertung der bisherigen Begrifflichkeit: So verschwinden Begriffe wie Sympathie, Lebenskraft, Magnetismus, Seele und Geist innerhalb kurzer Zeit aus der medizinischen Terminologie. Medizinische Konzepte, die weiterhin mit solchen Begriffen arbeiten, erscheinen nun obsolet und werden als „Aberglauben" oder „Okkultismus" gebrandmarkt.
[43] nur Schmidt. (1995): Philosophie und Psychologie. Trennungsgeschichte, Dogmen und Perspektiven. Hamburg (zur Erklären-Verstehen-Kontroverse).

Errungenschaften, ethisch-moralischen und sozial-gemeinschaftlichen Werten vorstellen.[44]

Aber auch die anderen, die Verlierer des Wertebruchs, richten sich nun nach einem Wertehorizont aus, der nicht mehr in die Vergangenheit, sondern in die Zukunft weist: Alle, die sich in den bisherigen feudalen, patriarchalischen, idyllischen Verhältnissen wohlgefühlt hatten, die sich gern frommer Schwärmerei, ritterlicher Begeisterung oder spießbürgerlichem Alltag hingaben, die am rührend-sentimentalen Schleier der Familienverhältnisse festhalten wollten, denen Führung durch Führer und Vorgesetzte mehr bedeutete als persönliche Würde, suchten nun nach einer lichteren, menschlicheren Zukunft. Wen wundert es, dass alle ihre nach dem Wertebruch hastig zurechtgezimmerten Zukunftsentwürfe und Wertevisionen – von gleichmacherisch bis elitär, von kosmopolitisch bis nationalistisch, ja rassistisch – fundamental variieren?

Die Umgegend, durch die wir fahren, wird immer düsterer. Soldaten ziehen vorbei, singen siegesstolz:

> *„Unser Kaiser steigt zu Pferde*
> *zieht mit uns ins Feld*
> *Siegreich wollen wir Frankreich schlagen*
> *streiten als ein Held!"*[45]

Pünktlich wie kaum ein Zug im 21. Jahrhundert hält der unsere an einer geheimnisvollen, früher nie wahrgenommenen Station: Bruchhausen 1880.

Menschenmassen auf dem Bahnsteig. Kaum hält der Zug der Zeit, drängen sie herein in die Gänge, rufen Parolen und finden sich in Gruppen und Grüppchen in ihren

---

[44] Vgl. Bremer (1910, Neuauflage 2017).
[45] https://www.volksliederarchiv.de/soldaten-das-sind-lustige-brueder/. Zugegriffen am 12.02.2020.

Abteilen zusammen: Monisten,[46] Sozialisten, Energetiker, Biologisten, Rassenhygieniker, Ernährungsreformer, Vegetarier, Naturheilkundler, Theosophen, Anthroposophen, Leibesertüchtiger, Sexualreformer, Lebensreformer, Lichtkämpfer, Antisemiten, Nietzscheaner und viele, viele andere. Und Letztere skandieren, alle anderen übertönend: Umwertung aller Werte, Umwertung aller Werte, Umwertung aller Werte …

Wir fliehen.

Das Gegeneinander von Wissensgesellschaft und Wertegesellschaft wurde in diesem Zusammenprall von reformorientierten Versuchen einer Neugestaltung des Lebens ganz deutlich und klingt uns noch lange in den Ohren. Während die Wissensorientierten auf Ergebnisse und Erfolge der Wissenschaften setzten, versuchten viele Lebensreformer, alte Wertevorstellungen von Thing und Thor und Nibelungentreue wieder zum Leben zu erwecken oder neue, oft ziemlich mystische, bündisch verankerte oder traditions-, kunst- und kulturbezogene Werteorientierungen zu entwickeln.

Im Rückblick

Im Rückblick auf das 19. Jahrhundert schrieb Stefan Zweig: „Der Glaube an den ununterbrochenen, unaufhaltsamen Fortschritt hatte für jenes Zeitalter wahrhaftig die Kraft einer Religion; man glaubte an diesen Fortschritt schon mehr als an die Bibel, und sein Evangelium schien unumstößlich bewiesen durch die täglichen neuen Wunder der

---

[46] Monisten: Anhänger einer Einheitslehre, nach der sich die Vielfalt des Wirklichen auf ein einziges philosophisch-weltanschauliches Urmotiv, z. B. den Geist, zurückführen lässt. Nach https://de.wikipedia.org/wiki/Deutscher_Monistenbund. Zugegriffen am 03.03.2020.

Wissenschaft und der Technik"⁴⁷ … Der Industrielle Werner von Siemens sprach eine weit verbreitete Meinung aus, wenn er den naturwissenschaftlich-technischen Fortschritt als unaufhaltsamen Motor für eine allgemeine Weltverbesserung zelebrierte.⁴⁸

Wilhelm Dilthey, einer der Miterfinder des südwestdeutschen Kantianismus, bestärkte hingegen die werteorientierten Kritiker:

„In den Adern des erkennenden Subjekts, das Locke, Hume und Kant konstruierten, rinnt nicht wirkliches Blut, sondern der verdünnte Saft von Vernunft als bloßer Denktätigkeit. Mich führte aber historische wie psychologische Beschäftigung mit dem ganzen Menschen dahin, diesen, in der Mannigfaltigkeit seiner Kräfte, dies wollend und fühlend vorstellende Wesen auch der Erklärung der Erkenntnis […] zugrunde zu legen."⁴⁹

Ein wichtiges Ziel vieler Weltveränderer in der zweiten Hälfte des 19. Jahrhunderts war die Bewahrung des Friedens. Auch in dieser Frage gerieten Wissensgesellschaft und Wertegesellschaft hart aneinander.

Kurz nach dem Dreißigjährigen Krieg hatte der Frühaufklärer Gottfried Wilhelm Leibniz eine wunderbare Idee. Er wollte eine mathematisch fundierte Sprache, die Characteristica universalis, entwickeln, die das Hilfsmittel zu einer enzyklopädischen Erfassung des gesamten menschlichen Wissens sein sollte.⁵⁰ Er schrieb:

„Wenn man Charaktere oder Zeichen finden könnte, die geeignet wären, alle unsere Gedanken ebenso rein und

---

[47] Zweig (orig. 1944, 2017, S. 17).
[48] Rohkrämer (2001, S. 79).
[49] Dilthey (1883, S. XVIII).
[50] Vgl. Mittelstraß (1978, S. 177–178).

streng auszudrücken, wie die Arithmetik die Zahlen oder die analytische Geometrie die Linien ausdrückt, könnte man offenbar bei allen Gegenständen, soweit sie dem vernünftigen Denken unterworfen sind, das tun, was man in der Arithmetik und der Geometrie tut. Und wenn jemand an dem, was ich vorgebracht haben würde, zweifelte, würde ich zu ihm sagen: Rechnen wir, mein Herr!"[51]

Eine ideale Vorstellung im Konfliktfall, gar im Kriegsfall: Je ein Vertreter der Konfliktparteien steht dem anderen gegenüber: „Rechnen wir, mein Herr!"

In seiner Schrift „Zum ewigen Frieden. Ein philosophischer Entwurf" von 1795 träumte der längst berühmte Immanuel Kant den alten Aufklärertraum neu, seine Moraltheorie auf die Politik anzuwenden. Abgesehen davon, dass er die Unvergleichlichkeit, die Inkommensurabilität von ethisch-moralischen und sozial-weltanschaulichen Werten nicht einbezog, glaubte er, dass ein dauerhafter Frieden zwischen Staaten möglich sei, wenn von Vernunft geleitete Maximen eingehalten würden, die er dann im Einzelnen entwickelte. Die Politik müsse dabei ihre Interessen der wissensmäßig gefassten kosmopolitischen Idee eines allgemeingültigen Rechtssystems unterordnen. Ein utopischer, aber klarer Sieg der Wissensgesellschaft über die Wertegesellschaft.

Viele nationalistische, völkische, deutschtümelnde Zeitgenossen billigten dagegen durchaus militärische Haltungen, auch die Nietzscheaner waren nicht gerade antimilitaristisch. Andere aber verstanden auch damals schon die Bedeutung der Friedensfrage; die Sozialisten ohnehin, viele der Monisten, Theosophen, Anthroposophen. Der durch seine Naturheilbücher bekannte Eduard Bilz, dessen Werke noch heute in mancher Großelternbibliothek zu finden

---

[51] Schupp (2003, S. 239).

sind, widmete in seinem Buch „Der Zukunftsstaat. Staatseinrichtung im Jahr 2000. Neue Weltanschauung. Jedermann wird ein glückliches und sorgenfreies Dasein gesichert" der Frage „Ist eine Abrüstung und ein dauernder Weltfriede möglich?" ein umfangreiches Kapitel, das er später zu einem ganzen Buch erweiterte.[52]

Aber die geistigen Auseinandersetzungen im Vorfeld beider Weltkriege – der erste nur wenige Jahre nach den Bemühungen der Lebensreformer – zeigen, wie stark und fast mühelos die Wertegesellschaft die Wissensgesellschaft mit all ihren berechtigten Argumenten, Überlegungen, Erkenntnissen und unumstößlichen Wahrheiten aushebelte und fragmentierte. Kaisertreue, Parteien und ihre Ideologen, militaristische Verbände und national denkende Männer und Frauen, Heerscharen von Propagandisten und Journalisten trugen nicht nur durch Falschinformationen, sondern vor allem durch eine das Nationale, Völkische aufwertende, durch eine fremde Nationen und Völker abwertende Propaganda dazu bei, dass der Kaiser 1914 keine Parteien, nur noch Deutsche kannte und erklärte: „Um Sein oder Nichtsein unseres Reiches handelt es sich, das unsere Väter sich neu gründeten, um Sein oder Nichtsein deutscher Macht und deutschen Wesens. Wir werden uns wehren bis zum letzten Hauch von Mann und Ross. Und wir werden diesen Kampf bestehen, auch gegen eine Welt von Feinden ..."[53]

Der Kampf wurde nicht bestanden. Die Sein-oder-Nichtsein-Werte, die deutsche Macht und das deutsche Wesen hatten keinen Bestand. Oder doch? Ist die Behauptung, Kriege werde es immer geben, die Wertegesellschaft die Wissensgesellschaft immer aushebeln, allzu pessimistisch?[54]

---

[52] Krebs (2001, S. 62).
[53] Wilhelm II (1914).
[54] Vgl. Münkler (2019).

Max Weber und die Entzauberung der Welt

„Alle möglichen Interessen, Mächte und Kräfte, aber auch Vorlieben und Marotten melden ihre Ansprüche heute mit einem wertphilosophischen Visum an – die Rede von ‚Werten' ist allgegenwärtig geworden. Was als Begriff einmal eine strikt ökonomische Kategorie war, findet nun als Phrase thematisch universelle Verwendung, in Moral und Ethik, in Politik und Kultur. Man versteht Europa als Wertegemeinschaft und spricht von westlichen Werten, von demokratischen Werten und von humanistischen Werten, von sozialen Werten und von Familienwerten, wie man schon von geistigen Werten und von Lebenswerten sprach, und man spricht vom Wertebewusstsein generell, dessen Herstellung vornehmste Aufgabe der Pädagogik sei. Der Mehrwert, einst prägnant definierter und durchaus denunziatorisch gemeinter Kernbegriff marxistischer Ökonomie, macht heute als Fangwort Karriere in der Reklame für alle Branchen. Der Wertewandel wiederum ist ein Dauerthema der Soziologie und das Trauerlied über den Werteverfall ein solches des gehobenen Feuilletons."[55]

Das ist, mit negativem Unterton, ein perfekter Umriss der heutigen Wertegesellschaft und der Bankrotterklärung der Wissensgesellschaft.

Fast 150 Jahre nach dem Versuch Max Webers, die Wissenschaftlichkeit der Sozialwissenschaften, zumindest der Soziologie, zu behaupten, zu verteidigen und durchzusetzen, diese Inflation von Werten, Wertungen, Werteorientierungen und Wertehaltungen? Unfassbar.

Gerade am Beispiel Max Weber, dem universalgenialen Sozialdenker und nachwirkungsmächtigen Antipoden der sozialistischen Denker Karl Marx und Friedrich Engels,

---

[55] Burger (2014, S. 8).

zeigt sich der Kampf zwischen Wissensgesellschaft und Wertegesellschaft als innerer Kampf Webers, der theoretisch und emotional in ihm selbst ausgefochten wird. Was die Beschreibung der kapitalistischen, imperialistischen Gesellschaft angeht, lassen sich viele Bezüge zu Marx und Engels herstellen, insbesondere zu Letzterem und seinem durch die damals modernen Naturwissenschaften stark beeinflussten sozialen Determinismus. Beide Denker waren davon überzeugt, naturanaloge Gesetzmäßigkeiten der Gesellschaft und ihrer Entwicklung zu einem wenn auch fernen Zukunftsziel, dem Kommunismus, entdeckt zu haben.[56] Was die Beschreibung der sozialen Werte und ihrer Entwicklungen angeht, ist er hingegen dem südwestdeutschen Kantianismus ganz nahe, übernimmt große Teile der Anschauungen Rickerts, hält sie gleichsam für das letzte Wort auf diesem Gebiet. Aus dem Gegeneinander von Wissensgesellschaft und Wertegesellschaft zieht er maßgebliche, zumindest außerordentlich anregende Schlussfolgerungen, die bis heute gelten.

Er ist sich der neuartigen Dynamik der wissenschaftlichen, technischen, sozialen und politischen Entwicklungen voll bewusst. „Man hat den Eindruck, als säße man in einem Eisenbahnzuge von großer Geschwindigkeit, wäre aber im Zweifel, ob auch die nächste Weiche richtig gestellt werden würde",[57] so überliefert Jürgen Kaube Webers Zeitgefühl, das unserem heutigen so sehr nahe ist. Die Zukunftsangst Nietzsches ist hier auf das Bild des unaufhaltsam rasenden Zugs übertragen. Zusammen mit seinem revolutionären Denken und zeitsensiblen Fühlen ergeben sich Grundgedanken, die in Hinblick auf die Wertegesellschaft äußerst bedenkenswert sind.

---

[56] Vgl. Engels (2013).
[57] Kaube (2014, S. 52).

Weber gilt als einer der Urväter der Soziologie, die er als Wissenschaft maßgeblich mit entwickelte, ausbaute und propagierte. Von diesem Blickpunkt aus leistete er wichtige Beiträge zur Religions-, Herrschafts- und Wirtschaftssoziologie und generell zu den sich rasch entwickelnden Kultur- und Sozialwissenschaften. In Bezug auf die Werteproblematik werden bis heute seine Überlegungen zum Verhältnis von *Naturwissenschaften* – als werteeliminierende – und *Kultur- und Sozialwissenschaften* – als werteanalysierende Wissenschaften – heftig diskutiert.

Aus dieser Zweiteilung ergibt sich sofort die Frage, ob es überhaupt möglich sei, kulturelle und soziale, also immer historische Phänomene zu erfassen und zu beschreiben, ohne dass der Erfassende und Beschreibende seine eigenen Urteile, Vorurteile, Vermutungen und Verirrungen hinzugibt. Wie wäre eine solche *Wertefreiheit* zu erreichen – und ist sie überhaupt anzustreben? Darüber streiten die Gelehrten bis heute. Wären Werte zumindest teilweise rational zugänglich, wovon Weber und wovon auch wir ausgehen, welchen von ihnen würden wir dann folgen? Denen, die uns vor allem unsere gereiften ethisch-moralischen Werte nahelegen, oder denjenigen, die wir nach bestem Wissen und Gewissen, in Übereinstimmung mit unseren sozial-weltanschaulichen Werten verantworten zu können glauben? Gesinnungsethik oder Verantwortungsethik lautet dafür das hochaktuelle Stichwort.

Nehmen wir an, es gelänge der Menschheit, die Gesetze der Natur immer tiefer und umfassender zu erklären und die Kultur und Gesellschaft antreibenden Werte immer rationaler und tiefgründiger zu verstehen, würden wir dann in einer so rational erfassten und rationalisierten Welt ohne Geheimnisse und Mysterien überhaupt leben wollen? Würden wir eine kritische Theorie der Rationalisierung brauchen, die der lebensweltlichen *Entzauberung* entgegenwirkt? Weber entwickelt eine Theorie, die zugleich Zweck- und Werterationalität umfasst, die versucht, die Widersprüche zwischen Werten und Wissen, Normen und Erkenntnissen aufzulösen, also Kompromisse zwischen Wissensgesellschaft und Wertegesellschaft zu finden. Wie man das beurteilt, ist selbst eine wertende Frage.

Kulturwissenschaften und Naturwissenschaften

Beginnen wir mit dem einschneidendsten und naheliegendsten Gedanken: Wie kann man der heranrollenden und scheinbar alles verschlingenden Woge von Wissen, Erklären und Rationalität widerstehen? Er wurde von allen Denkern der Wertegesellschaft, deren Überlegungen wir hier verfolgen wollen, unterschiedlich aber in gleicher Gesinnung dargestellt. Versuchen wir, uns intuitiv in das Denken von kulturverwurzelten, musik- und literaturbegeisterten, die Wertegesellschaft tragenden Bürgern wie Max Weber, Wilhelm Dilthey, Wilhelm Windelband, Heinrich Rickert und vielen anderen ihres Umkreises einzufühlen. Nicht zuerst ihre komplizierten Erkenntnistheorien und Systemkonstruktionen zu begreifen, sondern ihr *Gefühl* angesichts des sie umgebenden fast religionskräftigen Glaubens an den „ununterbrochenen, unaufhaltsamen Fortschritt, unumstößlich bewiesen durch die täglichen neuen Wunder der Wissenschaft und der Technik",[58] wie es Stefan Zweig formulierte. Sogar im sozialen und kulturellen Bereich wurde zunehmend mit empirischen Untersuchungen, kausalen Beschreibungen und systemischen Vermutungen hantiert und Max Weber war unfreiwillig einer der Vorreiter dieser Anbetung der Wissensgesellschaft. Andererseits liebte er die

---

[58] Zweig (orig. 1944, 2017, S. 16).

Musik, nicht nur die Klassik, auch vormittelalterliche, mittelalterliche und Renaissancemusik und manches an zeitgenössischer Musik.[59] Er wusste meisterhaft Musikwerke in ihrer Zeitgebundenheit soziologisch zu analysieren, zugleich aber war ihm völlig klar, dass ihre Wahrheit und ihre tiefe Wirkung einer rationalen Analyse allein kaum zugänglich waren.

Weber unterschied Naturwissenschaften und Kulturwissenschaften und hob ihre fundamentalen Unterschiede in Bezug auf die Gegenstände, die Arbeitsweisen, die Verallgemeinerungsformen und die zeitliche Dauer hervor. Er war der Auffassung, Zweck aller Wissenschaften sei es letztlich, die Wirklichkeit begrifflich zu ordnen. „Doch unterscheiden sie sich in den begriffsbildenden Methoden und Erkenntnisinteressen", so eine gedrängte Zusammenfassung:

„Kulturwissenschaften wollen einmalige, historische Phänomene, sogenannte ‚historische Individuen' (Ereignisse, Epochen etc.) ergründen und kausal erklären, ihren ‚Sinngehalt' verstehen, während die Naturwissenschaften allgemeine Naturgesetze aufdecken wollen, deren Einzelfälle sich an jedem Ort, zu jedem Zeitpunkt, beliebig oft experimentell wiederholen lassen. Die historischen Individuen, mit denen sich der Kulturwissenschaftler beschäftigt sind dagegen nicht reproduzierbar. Darüber hinaus ist das Erkenntnisinteresse des Kulturwissenschaftlers gerade an der einmaligen Konstellation eines historischen Phänomens zu bestimmten Kulturwerten (z. B. individuelle Freiheit) ausgerichtet (Wertbeziehung), durch welche das historische Individuum letztlich erst aus der unendlich großen, begrifflich nicht zu bewältigenden historischen Wirklichkeit herausgeschält wird. Daher kann sich der Kulturwissenschaftler nicht darauf beschränken, seinen Gegenstand unter ein allgemeines Klassifikationsschema zu zwängen. Ein solches Schema

---

[59] Vgl. Weber (1921). Vgl. Fellmann (1993).

würde sich aus Gattungsbegriffen zusammensetzen, die die Übereinstimmungen unterschiedlicher Gegenstände zusammenfassen, ohne die individuellen Besonderheiten dieser Objekte zu beachten (z. B. Linnés Systematik der Flora und Fauna). Zwar spielen auch solche begrifflichen Ordnungsmuster in den Kulturwissenschaften eine nicht zu unterschätzende Rolle, doch unterscheidet sich diese Wissenschaftsgruppe von den Naturwissenschaften gerade dadurch, dass es ihr um die Herausarbeitung der Differenz zwischen dem historischen Individuum und dem allgemeinen Gattungsbegriff, unter welchen es sich subsumieren lässt, geht."[60]

Sinngehalt, Kulturwerte, Wertebeziehungen spielen aufseiten der Kulturwissenschaften die Hauptrolle.

„Der Begriff der Kultur ist ein Wertebegriff."[61]

Auch wenn man diese Überzeugung nicht voll teilt,[62] ist eindeutig, dass hier bei allen Überschneidungen in den Forschungsgegenständen und Methoden eine Schutzmauer für die Wertegesellschaft errichtet wird, die bis heute hält.

Wilhelm Dilthey machte das Gefühl, Naturwissenschaft, Konstruktion, Rationalität, Vernunft könne doch nicht alles sein, zu einem zentralen Antrieb seines Denkens und zum Hauptthema seiner Schrift von 1906 *„Das Erlebnis und die Dichtung"*. Als glühender Literatur- und Musikbewunderer war er der Überzeugung, dass Philosophie die ganze Komplexität des Lebens einfangen, Lebensphilosophie werden müsse, und berief sich unter anderem auf den Dichterphilosophen Friedrich Nietzsche, auf Richard Wagner und auf Leo Tolstoi. Um einen klaren Trennstrich zu ziehen, postulierte er, dass Naturwissenschaften Vorgänge

---

[60] Vgl. Kuchenbrod (2019).
[61] Vgl. Weber (1988, S. 175 u. 180).
[62] Vgl. Weiß (2010, S. 53–71).

in der Natur erklären wollen, während die Geisteswissenschaften historische und kulturelle Geschehnisse zu verstehen versuchen. Dieses nacherlebende Verstehen drücke sich in Schrift, Sprache, Gesten, Mimik, Kunst aus, also in Formen, die Werte aktiv zu kommunizieren gestatten. Geschichte wird als umfassender Wirkungszusammenhang verstanden, wo jede Einzelerscheinung Wertungen und Zwecke hervorbringt, die aber im Gesamtzusammenhang wieder zu übergreifenden Werten und Zwecken zusammenfließen. Eine Beschreibung, die nahe am selbstorganisationstheoretischen, synergetischen Bilde ist: Die Teilchen schaffen im Zusammenwirken Ordner des Systems, die Ordner „versklaven" die Teilchen.

Wilhelm Windelband war ein Schüler des Gründers der Wertephilosophie, Herrmann Lotze, und der akademische Lehrer von Heinrich Rickert. Er gilt als der Begründer des südwestdeutschen, des „badischen" Kantianismus. Er studierte Medizin und Naturwissenschaften, aber auch Geschichtswissenschaften und Philosophie. Sein Denken war also schon früh zwischen Wissensgesellschaft und Wertegesellschaft angesiedelt. Seine Literaturbegeisterung wurde in seinen fast hymnischen Besprechungen von Novellen Turgenjews offenbar.[63] Deshalb war es ihm auch ein persönliches Bedürfnis, Naturwissenschaften und Kulturwissenschaften (Geisteswissenschaften) möglichst klar auseinanderzuhalten. Das bewerkstelligte er, indem er postulierte, die Naturwissenschaften seien mit der Auffindung allgemeiner Gesetze befasst („nomothetisch").[64] Die Kulturwissenschaften hätten es dagegen mit dem Einmaligen,

---

[63] Vgl. Windelband (1872).
[64] Nomothetisch: auf das Aufstellen allgemeingültiger Gesetzmäßigkeiten abzielend (nach https://www.spektrum.de/lexikon/psychologie/nomothetisch/10624. Zugegriffen am 03.03.2020).

Individuellen und Besonderen zu tun („idiographisch"),[65] wobei sich beides überschneide. Damit befestigte er die später auch von Heinrich Rickert übernommene Trennlinie zwischen Wissensgesellschaft und Wertegesellschaft.[66]

Ein erstes Fazit in Bezug auf die Wertegesellschaft: Solange Werte nicht als Ordner sozialer Selbstorganisation erfasst werden konnten – wie das erst gegen Ende des 20. Jahrhunderts möglich wurde – war es unumgänglich, eine scharfe Trennung zwischen den kausale oder statistische Gesetze[67] erstellenden Naturwissenschaften und den Einzelnes beschreibenden Kultur- oder Geisteswissenschaften vorzunehmen. Die Naturwissenschaften sind bemüht, Werte aus ihren Resultaten gänzlich herauszuhalten, sie sind *werteeliminierend*. Die Sozialwissenschaften versuchen, die in der Gesellschaft im Großen, Historisch-Politischen wie im Kleinen, etwa Familiären wirkenden Werte möglichst ohne Hinzufügung eigener Wertehaltungen zu verstehen, sie sind *werteanalysierend*, während im realen sozialen Leben und in der Kunst ständig neue Werte erzeugt und erprobt werden, die *werteproduzierend* sind. Wer dennoch den klaffenden Widerspruch zwischen der notwendigerweise einengenden Wissensgesellschaft und der allumfassenden Wertegesellschaft nicht erfühlt, nicht versteht, den bestraft das Leben…

Wertefreiheit

1905 veröffentlichte Albert Einstein in den Annalen der Physik den Artikel: „Ist die Trägheit eines Körpers von seinem Energieinhalt abhängig?"[68] Darin die weltbewegende

---

[65] Idiographisch: Den Einzelfall beschreibend (nach https://de.wiktionary.org/wiki/idiographischam. Zugegriffen am 03.03.2020).
[66] Vgl. Windelband (1924).
[67] Hörz (1974, S. 365/366).
[68] Vgl. Einstein (1905, S. 639–643).

Die Wertegesellschaft: Rückführung 63

Formel von der Äquivalenz von Energie und Ruhemasse: $E = mc^2$. Sie macht verständlich, wenn auch nicht tief begreifbar, wieso etwa 64 Kilogramm Uran[69] der ersten Atombombe die ganze Stadt Hiroshima vernichten und über 200.000 Menschen töten konnten. Schaut man auf die Erstpublikation des Artikels, ist man maßlos enttäuscht.[70] Nicht die kleinste Andeutung der Tragweite der Entdeckung. Überhaupt kein wertendes Wort, abgesehen von der Bemerkung, dass es sich um eine „sehr interessante Folgerung" handelt. Kein Hinweis auf die Schönheit der Formeln, auf das in ihnen ruhende ethisch-moralische Konfliktpotenzial, auf die tief greifenden sozial-weltanschaulichen Veränderungen durch die zugrunde liegende spezielle Relativitätstheorie.

Wir würden einen Physiker ziemlich skeptisch ansehen, wenn er uns, anstatt seine theoretischen oder praktischen Ergebnisse darzustellen, etwas von seinen guten Absichten oder den enormen Zukunftsmöglichkeiten, also den Vor- und Verwertungen seiner Resultate erzählte. Natürlich ist jedes Handeln, auch das des Naturwissenschaftlers, von Werten mit getrieben, von Genuss- und Nutzenwerten ebenso wie von ethisch-moralischen oder sozial-weltanschaulichen Werten. Aber die Moral oder Weltanschauung eines Naturwissenschaftlers lässt sich bestenfalls historisch-biografisch, jedoch nicht aus seinen Resultaten erschließen. Die sind in der Tat wertefrei!

Wenn man als Soziologe oder Historiker oder Kunstwissenschaftler auf solche glänzenden Resultate blickt, liegt der Neid nahe. Man kann auf die Arbeitslosen von Marientai, auf die Ereignisse der Französischen Revolution oder

---

[69] Die konventionelle deutsche Sprengbombe SB 2500 hatte ein Gewicht von etwa 2400 kg und einen Wirkungskreis von wenigen hundert Metern, vgl. https://de.wikipedia.org/wiki/Deutsche_Abwurfmunition_des_Zweiten_Weltkrieges#Gro%C3%9Fladungsbombe_(SB_und_SA).

[70] Vgl. Einstein (1905).

auf Beethovens neunte Sinfonie nicht mit der gleichen Werteneutralität blicken wie der Physiker auf seine Formeln und Experimente. Die Nöte der Arbeitslosen, der Terror der Französischen Revolution, die ergreifende Intensität der neunten Sinfonie fordern unsere eigenen Wertehaltungen ständig heraus. Wie können wir uns da zu einer wertefreien Haltung durchringen und Sozialwissenschaften oder Kulturwissenschaften betreiben?

Ähnliche Gedanken mögen Max Weber bewegt haben, als er sein bis heute umstrittenes, aber höchst wirksames Wertefreiheitspostulat formulierte: „Unter ‚Wertungen' sollen nachstehend, wo nicht ein anderes gesagt oder von selbst ersichtlich ist, ‚praktische' Bewertungen einer durch unser Handeln beeinflussbaren Erscheinung als verwerflich oder billigenswert verstanden sein", definiert er in seinem Artikel „Die ‚Objektivität' sozialwissenschaftlicher und sozialpolitischer Erkenntnis."[71] Und dann bringt er das eigentliche Anliegen seiner Überlegungen:

> „… es handelt sich doch ausschließlich um die an sich höchst triviale Forderung: dass der Forscher und Darsteller die Feststellung empirischer Tatsachen (einschließlich des von ihm festgestellten ‚wertenden' Verhaltens der von ihm untersuchten empirischen Menschen) und seine praktisch wertende, das heißt diese Tatsachen (einschließlich etwaiger zum Objekt einer Untersuchung gemachten ‚Wertungen' von empirischen Menschen) als erfreulich oder unerfreulich beurteilende, in diesem Sinn: ‚bewertende' Stellungnahme unbedingt auseinanderhalten solle, weil es sich da nun einmal um heterogene Probleme handelt."[72]

Sollte der akademische Lehrer seine Aufgabe darin sehen, „Menschen zu prägen, politische, ethische, künstlerische,

---

[71] Weber (2019, S. 150).
[72] Ebenda, S. 453.

kulturliche oder andere Gesinnung zu propagieren", oder lediglich „durch fachmäßige Schulung seitens fachmäßig Qualifizierter" zu „intellektueller Rechtschaffenheit" erziehen? Man will doch nicht, dass alle Menschen zu möglichst reinen „Fachmenschen" werden, sondern ihre höchst persönlichen Lebensentscheidungen selbst treffen![73] So kommt er dann zur eigentlichen Kernaussage:[74] „Eine empirische Wissenschaft vermag niemanden zu lehren, was er soll, sondern nur, was er kann und – unter Umständen – was er will."[75] Webers Grundannahme bleibt also, trotz einiger Variationen: Den humanwissenschaftlichen Disziplinen sind (fach)wissenschaftliche Werturteile praktisch-politischen oder praktisch-kulturellen Inhalts unmöglich.

Ein zweites Fazit in Bezug auf die Wertegesellschaft: Für uns ist dieses Ergebnis zentral. Es weist auf die Wirkungsmächtigkeit und enorme Bedeutung der Wertegesellschaft gegenüber der freilich schnell vorwärtsschreitenden Wissensgesellschaft mit ihren Natur-, Sozial- und Kulturwissenschaften hin. Wie man das Wertefreiheitsprinzip auch im Einzelnen auffasst, diskutiert und kritisiert, es bleibt die Tatsache, dass man mit keinerlei Wissenschaft ohne Hinzunahme von Werten bestimmen kann, wie politische oder kulturelle Zukunftsziele aussehen sollen.[76] Solche Ziele entstehen, wie wir heute wissen, in selbstorganisierten Handlungsprozessen, und diese bedürfen der Werte als Ordner des Handelns. Alle natur-, sozial- und kulturwissenschaftlichen Resultate sind folglich über Vor- und Verwertungen tausendfältig in individuelle und soziale Lebensprozesse der Menschen eingebettet – auch wenn es sich um wertefreie Resultate im weberschen Sinne handelt! Subjekte (die kollektiven

---

[73] Ebenda, S. 462.
[74] Vgl. Keuth (1989).
[75] Weber (2019, S. 151).
[76] Vgl. Albert und Topitsch (3. Aufl. 1990).

inbegriffen), Objekte, Grundlagen und Maßstäbe dieser Lebensprozesse sind nicht nur viel mehr, sie sind von größerer „Mächtigkeit"[77] als die aller Wissenschaften.

> Die Wertegesellschaft ist von größerer Mächtigkeit als die Wissensgesellschaft. Und ihre Macht ist viel größer.

In seiner unendlich oft zitierten Arbeit „Kapitalismus und protestantische Ethik"[78] demonstriert Weber den Primat der Wertegesellschaft gegenüber der Wissensgesellschaft an einem vielfältig überzeugenden Beispiel und reflektiert überhaupt den konkreten Einfluss religiöser Werte auf wirtschaftliche Entscheidungen und Entwicklungen.[79] In amüsanter Form können wir diesen Einfluss in einem Vortrag von Peter Nieschmidt nachvollziehen.[80]

Die Entzauberung der Welt

Rationalität ist etwas höchst Problematisches. Philosophen, Wissenschaftstheoretiker, Wissenssoziologen erklären den Wissenschaftlern gern deren eigenes Tun, mit dem

---

[77] Wir nutzen hier symbolisch den Begriff der Mächtigkeit aus der Mathematik. Er ist nach Georg Kantor ein Maß für die Größe einer mathematischen Menge. Man benutzt ihn vor allem für unendliche Mengen. Die Frage nach der größten Mächtigkeit einer Menge beantwortet der Satz von Cantor: Für jede Menge A ist die Potenzmenge $\mathbf{P}(A)$ mächtiger als die Menge A. Als Potenzmenge bezeichnet man in der Mengenlehre die Menge aller Teilmengen einer gegebenen Grundmenge. In: https://de.m.wikipedia.org/wiki/M%C3%A4chtigkeit_(Mathematik). Zugegriffen am 01.10.1919. Die Menge des global vorhandenen Wissens lässt sich überschläglich messen. Da sich jedes Element dieses Wissens unendlich oft und vielfältig werten lässt, ist die Mächtigkeit der Menge von Wissen *und* Werten als Potenzmenge von höherer Mächtigkeit.
[78] Vgl. Weber (2017).
[79] Vgl. Weber (1991, 1998, 2008).
[80] Vgl. Nieschmidt (2011).

Die Wertegesellschaft: Rückführung 67

belehrenden Unterton, dass diese blind vor sich hinarbeiten, aber nicht eigentlich verstehen, was sie da wirklich treiben. Physiknobelpreisträger Richard Feynman bemerkte dazu ironisch: „Die Wissenschaftler brauchen die Wissenschaftstheorie für ihre Arbeit ungefähr so sehr wie die Vögel die Ornithologie zum Fliegen."[81]

In den seltensten Fällen können Sozial-, Geistes- und Kulturwissenschaften die sozial Handelnden – Politiker, Unternehmer, Kulturschaffende, Schutz- und Fürsorgende, Arbeitende, Lebende – lehren, was sie tun sollen. Denn wie Weber zurecht feststellte: „Eine empirische Wissenschaft vermag niemanden zu lehren, was er soll, sondern nur, was er kann und – unter Umständen – was er will."[82]

Auch das Können und Wollen ist notwendig. Beides soweit wie möglich rational zu erklären ist wichtig. Daraus Handlungshinweise abzuleiten ist, wie Weber betont, äußerst gewagt und meist falsch. Das hat zumindest zwei Gründe, die uns heute klarer sind als sie für Max Weber erklärlich sein konnten.

Zum einen sind unsere Handlungen, sieht man von rein mechanischen Vollzügen ab, stets von Werten angetrieben. Werte als Ordner von Selbstorganisation sind längerfristig aber ebenso wenig voraussagbar wie die Prozesse sozialhistorischer Selbstorganisation selbst. Vor jähen Wenden der Geschichte ist kein Staat und kein politisches System gefeit.

Zum anderen gibt es einen bis heute im Rahmen der Selbstorganisationstheorie des – radikalen – Konstruktivismus[83] viel zu wenig beachteten Unterschied zwischen Naturwissenschaften und Sozialwissenschaften. So schwierig die Herstellung wissenschaftlicher Objektivität und die

---

[81] Anderl (2013, o. S.).
[82] In Anlehnung an Schopenhauer (1977, S. 82).
[83] Vgl. von Glasersfeld, Schmidt (1997).

Konstruktion naturwissenschaftlicher Fakten auch sind,[84] sind sie erst einmal gefunden und ist die sie beschreibende Theorie gegründet, gibt es von wenigen Ausnahmen (meist im Bereich kosmischer und atomarer Dimensionen) abgesehen kaum konkurrierende Theorien. Die klassische Mechanik wurde verfeinert, vertieft, weiterentwickelt, aber nie durch eine konkurrierende Theorie „überwunden". Das gilt für die meisten Theorien im Bereich von Physik, Chemie, Biologie. Es bilden sich in wenigen Jahren Standardtheorien heraus, denen keine konkurrierende Paralleltheorie an die Seite gestellt wird. Bestenfalls bilden sich für neue Phänomene neue Erklärungsansätze, die aber in der Regel die Standardtheorien nicht antasten, sondern erweitern. Ganz anders in den Sozial-, Geistes- und Kulturwissenschaften, wo es für jede empirisch beobachtete Tatsache zumindest zwei, meist aber viel mehr konkurrierende Erklärungsansätze gibt. Das hat unter anderem damit zu tun, dass die beobachteten Tatsachen stets wertegeladen sind, und damit bis in alle Ewigkeit interpretierbar.

Was kann unter diesen schwierigen Bedingungen überhaupt Rationalität heißen?

„Webers Begriff der Rationalität (bis hin zur Konsequenz der Rationalisierung) ist sehr umfassend und meint generell einen Typ menschlichen Handelns, bei dem bewusst gesetzte Ziele unter Kalkulation der Mittel und der Wirkungen verfolgt werden, d. h. er betrifft sowohl Rationalität des theoretischen Denkens wie der praktischen Lebensführung."[85] Den neuzeitlichen, fortschreitenden Rationalisierungsprozess begreift er als gewaltige Umwälzung der Kultur. Weber versteht das kapitalistische System als ein gewissermaßen industriemechanisch funktionierendes „stählernes Gehäuse", in dem die Individuen zwischen

---

[84] Vgl. Daston und Galison (2017).
[85] Hauer und Küttler (1989, S. 22).

Technik, Wissenschaft und allgegenwärtiger rational-bürokratischer Verwaltung eingezwängt sind. Es ist ein Menetekel der Erstarrung von Kultur und Gesellschaft, eine Perspektive des „bürokratischen Kältetods".[86] Dieses stählerne Gehäuse bringt eigene Wertevorstellungen hervor, wird zu einer stählernen Wertegesellschaft. Wunderbare alte Werte erstarren in dieser Kälte zum Tode, religiöse Werte, kulturelle Werte, soziale Werte, vielgestaltige Fantasien und Sinndeutungen, die Zauber der Natur und der Geschichte verblassen oder verschwinden. Vergangene und fremde Wertegesellschaften werden, wo sie in Gestalt fremder Religionen und fremder Völker auftreten, oft erbarmungslos bekämpft, kolonialisiert oder ausgerottet. Solche Prozesse hat Max Weber 1917 mit der Formel einer „Entzauberung der Welt"[87] gekennzeichnet. Die rationalistische, stählerne Wertegesellschaft vernichtet ihr fremde Werte und Wertegesellschaften. Wohlgemerkt, es geht nicht um Wissen und Wissensgesellschaften, denn brauchbares Wissen wird natürlich übernommen, brauchbare Errungenschaften werden selbstverständlich assimiliert.

„Wie der Wilde es macht, um zu seiner täglichen Nahrung zu kommen, und welche Institutionen ihm dabei dienen, das weiß er. Die zunehmende Intellektualisierung und Rationalisierung bedeuten also nicht eine zunehmende allgemeine Kenntnis der Lebensbedingungen, unter denen man steht. Sondern sie bedeutet etwas anderes: das Wissen davon oder den Glauben daran: dass man, wenn man nur wollte, es jederzeit erfahren könnte, dass es also prinzipiell keine geheimnisvollen unberechenbaren Mächte gebe, die da hineinspielen, dass man vielmehr alle Dinge – im Prinzip – durch *Berechnen* beherrschen könne. *Das aber bedeutet: die*

---

[86] Ebenda, S. 26.
[87] Vgl. http://www.demokratie-goettingen.de/blog/100-jahre-entzauberung-der-welt. Zugegriffen am 03.03.2020.

Entzauberung der Welt. Nicht mehr, wie der Wilde, für den es solche Mächte gab, muss man zu magischen Mitteln greifen, um die Geister zu beherrschen oder zu erbitten. Sondern technische Mittel und Berechnung leisten das …

Hat denn aber nun dieser in der okzidentalen Kultur durch Jahrtausende fortgesetzte Entzauberungsprozess und überhaupt: dieser ‚Fortschritt', dem die Wissenschaft als Glied und Triebkraft mit angehört, irgendeinen über dies rein Praktische und Technische hinausgehenden Sinn?"[88]

Alles heutige Fragen nach den grundlegenden Werten „unserer" Wertegesellschaft, nach Würde, Freiheit, Gleichheit, Solidarität, Demokratie muss sich kritische Antworten gefallen lassen, weil es sich um Werte aus dem und für das „stählerne Gehäuse" handelt.[89] Entwürfe anderer, wirklich neuartiger Wertegesellschaften, einer neuen Verzauberung der Welt lassen auf sich warten. Vielleicht gibt es sie gar nicht, und das Gehäuse birst mit entsetzlichem Knall …

Max Weber – Resümee

Max Weber hat für das Verständnis der Wertegesellschaft Entscheidendes bedacht und formuliert, was bis heute zu den Grundlagen der Werteforschung gehört. Wir fassen drei unter diesem Gesichtspunkt besonders wichtige Einsichten zusammen.

Ohne eine saubere Trennung von *Naturwissenschaften* einerseits und *Sozial-, Geistes- und Kulturwissenschaften* andererseits lässt sich die zuweilen alle Vernunft überrollende, aushebelnde, negierende, zerstörende Gewalt der Wertegesellschaft nicht verstehen und ihren Auswüchsen damit auch nicht entgegenwirken. Eine Brücke kann unserer

---

[88] Vgl. Weber (1988).
[89] Vgl. Schwab (2007).

Meinung nach erst heute – mit dem Verständnis von Werten als Ordnern von Selbstorganisation – geschlagen werden. Alle zuvor versuchten Brückenschläge führten zu fragwürdigen Vermengungen und Verwirrungen.

Je mehr sich die Wertegesellschaft in die Wissensgesellschaft hineindrängelt, je mehr Werteentscheidungen mit scheinbaren oder wirklichen wissenschaftlichen Erkenntnissen begründet werden und wissenschaftliche Untersuchungen so gesteuert werden, dass sie vorhandene, oftmals ziemlich schräge Wertesetzungen bestätigen, desto wichtiger ist es, abzuklären, wo, wie und warum sich Werte in Forschungsprozesse einmischen und wo sie nun wirklich nichts zu suchen haben. Das ist der eigentliche, trivial-tiefe Sinn des Postulats der *Wertefreiheit*. Werte sind Geistesprodukte, sie entstehen als Ordner im wirklichen selbstorganisierten Handeln, im realen selbstorganisierten Lebensprozess des Menschen.

Die Wertegesellschaft, in der wir und inzwischen viele zivilisatorisch hoch entwickelte Länder der Erde leben, bietet ein historisch nie gekanntes Maß an materiellem und geistigem Konsum und wissenschaftlich-technischem Fortschritt, einschließlich vieler Gefährdungen. Schon heute zeigen sich deutlich Grenzen des demografischen, ökonomischen und ökologischen Wachstums. Die heutige Wertegesellschaft erweist sich als *stählernes Gehäuse*, in dem die Individuen zwischen Technik, Wissenschaft und allgegenwärtiger rational-bürokratischer Verwaltung eingezwängt sind. Andere Wertegesellschaften, fremde Werte wurden bekämpft, kolonialisiert oder ausgerottet. Eine *Entzauberung der Welt* hat stattgefunden, eine Wertegesellschaft ist entstanden, die glaubt, dass es prinzipiell keine geheimnisvollen unberechenbaren Mächte gebe, die da hineinspielen, dass man vielmehr alle Dinge – im Prinzip – durch Berechnen beherrschen könne. Ein solcher Glaube kapituliert vor der Vielfalt der Selbstorganisation in Natur und Gesellschaft. Wir brauchen Utopien für Realisten.[90] Wir müssen, wie bereits betont, das Gehäuse unserer wissensdominierten Wertegesellschaft aufbrechen und eine neue Wertegesellschaft schaffen.

Karl Marx, Friedrich Engels und die Wertegesellschaft

Die Hochschulen in der DDR haben eine gesamtdeutsch und weltweit hoch anerkannte Psychologie hervorgebracht. Ihre kognitive Psychologie, Neuropsychologie, Sozialpsychologie, Entwicklungspsychologie, Arbeitspsychologie, pädagogische Psychologie, Sportpsychologie, Kinder- und Jugendpsychologie, Testpsychologie und weitere Teilbereiche waren über Ländergrenzen hinweg anerkannt.[91]

Umso verwunderlicher erscheint es, dass es, von wenigen Zeitschriftenartikeln abgesehen, kaum größere Arbeiten zur Motivationspsychologie gab. Bis 1980 erschien nur ein Buch zur Lernmotivation, einem eher kleinen Bereich des großen Forschungsfeldes Motivation.[92] Während dies international mehr und mehr durchforscht wurde, hielt sich die marxistisch orientierte Psychologie auch in den anderen sozialistischen Ländern auffallend zurück. Lediglich in Georgien entwickelte sich mit der so genannten Einstellungspsychologie in der Nachfolge des 1909 in Deutschland promovierten, 1950 gestorbenen und in seinem Land hochgeehrten Dimitrij Uznadze eine eigenständige, international aufgenommene Form der Motivationspsychologie.[93]

---

[90] Vgl. Bregmann (2019).
[91] Vgl. Gasch (1984); vgl. Schönpflug und Lüer (2011).
[92] Vgl. Rosenfeld (1965).
[93] Vgl. Uznadze (1976).

Die Wertegesellschaft: Rückführung

Erst nach 1980, also nach dem Bewusstwerden des Krisenmodus der DDR für viele Forscher und Intellektuelle, erschienen gleich mehrere Arbeiten zum Thema. Das grundlegende Werk von Ute Holzkamp-Osterkamp, „Motivationsforschung",[94] wurde 1981 kommentiert herausgegeben;[95] „Motivation – Ihre Psychologie und Philosophie" von John Erpenbeck erschien 1984.[96] Soziologische Analysen wurden veröffentlicht.[97] Die Gesamtheit von Motivation, Motivforschung und Motivtheorien wurde in den Blick genommen.[98] Im Nachhinein wurde empirisch ermittelt, dass die von den Motivationsforschern bereits erfühlten Defizite vor allem im Bereich der Arbeitsmotivation[99] und der politischen Motivation[100] tatsächlich und deutlich vorhanden waren.

Die vergleichsweise Schwäche der Motivationspsychologie könnte man für einen Zufall halten. Andererseits ist jedem Psychologen wie jedem Laien klar, dass Motive etwas mit Wertungen, mit Werten zu tun haben. Das sah und formulierte beispielsweise Ute Holzkamp-Osterkamp deutlich, indem sie „Emotionen als ‚wertende' Vermittlungsinstanzen zwischen Kognition und Handlung" charakterisierte und Motivationen als „emotional bewertete Kognitionen" beschrieb.[101] Da die Menschen, die Ostberlin und Dresden aus Trümmerwüsten in bewohnbare, in Teilbereichen schöne Städte zurückverwandelten, nicht weniger motiviert waren als ihre westdeutschen Landsleute, liegt der Unterschied wohl weniger in der Existenz von Motiven und

---

[94] Vgl. Holzkamp-Osterkamp (1981).
[95] Vgl. Erpenbeck (1981, S. 528–548).
[96] Vgl. Erpenbeck (1984a).
[97] Vgl. Speigner (1980).
[98] Schon in Bradter und Hanke (1976), dann in Hahn (1985).
[99] Vgl. Pieper und Krainz (1991).
[100] Vgl. Hennig und Friedrich (1991).
[101] Vgl. Holzkamp-Osterkamp (1975, S. 154, 304).

Werten als darin, dass man Werte wie Aufbauwillen, Initiative und Zukunftsbegeisterung als selbstverständlich voraussetzte und nicht theoretisch hinterfragte.

„Der Marxismus ist allmächtig, weil er wahr ist", verkündete „zum 133. Geburtstag des Schöpfers des wissenschaftlichen Sozialismus, Karl Marx" das „Neue Deutschland" 1951.[102] Wer mochte sich im wissenschaftlichen Zeitalter der Wahrheit widersetzen?

Die Vorstellung eines *wissenschaftlichen* Sozialismus, gegründet auf einen gleichsam wie eine naturwissenschaftliche Theorie *wahren* Marxismus, ist eindeutig eine Idee der Wissensgesellschaft. Diese Idee war für Generationen Arbeitsgrundlage und Fortschrittsantrieb. Sie soll hier nicht geschmälert, belächelt oder verworfen werden. Uns interessiert daran lediglich, dass sie im Kern und von ihrer naturwissenschaftlichen Absolutheit befreit eine große, Menschen begeisternde und mitreißende Werteidee war. Die eine Wertegesellschaft konstituierte, vergänglich wie alle Wertegesellschaften.

Besonders interessant ist, dass diese Idee schon bei Karl Marx und Friedrich Engels angelegt war und dass Max Weber, anknüpfend an Heinrich Rickert, in Bezug auf Wertungen, Werte und das Werteproblem teilweise hellsichtiger war als seine großen Kontrahenten.

Hans Jörg Sandkühler konstatierte:

„Die ‚Unlust der Schöpfer des wissenschaftlichen Sozialismus, die ethischen Fragen gründlich abzuhandeln', ist wohl nicht zu Unrecht als Reaktion auf den utopischen Sozialismus gedeutet worden, der ‚im Zeichen religiöser Weltbeglückung ... die zukünftige Gesellschaftsordnung mehr als ethisches Postulat denn als Ergebnis wissenschaftlicher Überwindung der kapitalistischen Produktionsweise' anti-

---

[102] https://www.nd-archiv.de/artikel/1289704.der-marxismus-ist-allmaechtig-weil-er-wahr-ist.html.

zipiert hat. Die Formulierung einer wissenschaftlichen, dem kommunistischen Persönlichkeitsbild adäquaten Ethik innerhalb des Marxismus hat nach der neukantianischen Initiative noch ein halbes Jahrhundert auf sich warten lassen."[103]

Für unser Verstehen der Wertegesellschaft sind gleich mehrere Gedankenstränge dieser Bemerkung wichtig.

Zum einen wird die Rolle des Neukantianismus in Gestalt einiger seiner eher politisch orientierten Vertreter[104] hervorgehoben, die besonders die Bedeutung ethisch-moralischer Werte für die Errichtung einer zukünftigen Gesellschaft betonten, die weniger einen wissenschaftlichen denn einen ethischen Sozialismus forderten.

Damit wird zum anderen klar, dass Marx und Engels diese teilweise hilflosen Versuche von „Kathedersozialisten",[105] den brachial und erfolgreich vorwärts stürmenden Kapitalismus aufzuhalten oder zu bändigen, nur mit Hohnlachen und scharfen Zurückweisungen quittieren konnten. Wer die Lage der „arbeitenden Klasse in England" und in anderen Ländern wirklich studiert und erlebt hatte,[106] musste diese Versuche als läppisch abtun. Damit blieben allerdings auch Wertungen, Werte, sofern es sich nicht um ökonomische Werte handelte, aus der weiteren Diskussion weitgehend ausgeklammert.

Schließlich verweist die Hoffnung auf eine „wissenschaftliche Überwindung der kapitalistischen Produktionsweise" auf die grundlegende Illusion, reale soziale Verhältnisse und Prozesse aufgrund wissenschaftlicher Einsichten zu verändern. Man muss nur an die Klimadiskussionen

---

[103] Sandkühler und de la Vega (Hrsg.) (1974, S. 12).
[104] Sandkühler behandelt Max Adler, Karl Vorländer, Ludwig Woltmann, Conrad Schmidt und Franz Staudinger.
[105] Z. B. Gustav von Schmoller, Hans Delbrück, Lujo Brentano, Adolf Held, Werner Sombart und Adolph Wagner.
[106] Vgl. Engels (2018).

unserer Tage denken, bei denen die wissenschaftlichen Einsichten wesentlich gesicherter sind als die ökonomischen von Marx und Engels. Wo Eigentumsverhältnisse und Produktionsweisen im vorigen Jahrhundert verändert wurden, geschah dies vor allem aufgrund drängender existenzieller, materieller Probleme, wie im revolutionären Russland, in Brasilien, in China und vielen Entwicklungsländern. Erst im Zuge dieser Prozesse, während ihrer Vorbereitung und Durchführung, griff man auf die wissenschaftlichen Theorien von Marx und Engels zurück, eher als wertende Bestätigung denn als echte Anleitung.

„Wie konnte es geschehen, dass eine revolutionäre Bewegung, deren Ziel die Verwirklichung der radikalen humanistischen Idee dargestellt, noch immer keine ausgearbeitete Ethik besitzt? … Es frustriert die Marxsche Philosophie mit ihrer vorübergehend absolut deterministischen Seite auf ihre Art das, wofür sie sich einsetzt. Um die Ethik der revolutionären Aktion ausbauen zu können, muss der Marxist den rigiden Determinismus bei Marx ablehnen. Ein solcher Determinismus schließt die Freiheit der Menschen aus, welche die *ratio essendi* von Moral und Ethik darstellt."[107]

Sandkühler antwortet darauf:

„Die von Marx und Engels geleistete Reduktion der Moral auf ihre klassenspezifische Geschichtlichkeit war notwendig, jedoch nicht zureichend; die Analyse des objektiven vom Willen des Menschen unabhängigen sozioökonomischen Ursprung der Sittengesetze, der Moral als einer Form des das gesellschaftliche Sein widerspiegelnden individuellen und gesellschaftlichen Bewusstseins, bedurfte und bedarf weiterer Ergänzungen."[108]

---

[107] Sandkühler und de la Vega (Hrsg.) (1974, S. 13).
[108] Ebenda S. 14.

Zu ihnen zählt er die zwischen Basis und Überbau vermittelnden Prozesse, insbesondere die psychischen Faktoren. Die sogenannte Dialektik zwischen Basis und Überbau ist ein Kernstück marxistischen Weltverständnisses. Sie lieferte eine hervorragende deterministische Begründung, warum der Kommunismus allen Anfeindungen und Rückschlägen zum Trotz letztendlich doch mit naturgesetzlicher Sicherheit siegen muss. Diese Überzeugung trug fast 150 Jahre, ehe sie als langsam versickernde Werteidee deutlich erkennbar wurde.

„Die *Basis* einer Gesellschaftsformation wird durch die Gesamtheit der ökonomischen Verhältnisse – auch Produktionsverhältnisse – gebildet, die mit Notwendigkeit im Produktions- und Reproduktionsprozess des materiellen Lebens entstehen und durch den Entwicklungsstand der Produktivkräfte determiniert sind ... Der *Überbau* einer Gesellschaftsformation ist die sich über der Basis erhebende, von ihr unmittelbar bestimmte Gesamtheit der gesellschaftlichen Institutionen und Organisationen (politische, juristische, kulturelle, wissenschaftliche, erzieherische wie Staat, Gerichtswesen, Parteien, Forschungs- und Bildungseinrichtungen) und *Anschauungen* (wie politische, juristische, wissenschaftliche, weltanschauliche, religiöse, moralische, künstlerische) – das System des gesellschaftlichen Bewusstseins der betreffenden Gesellschaft ... Die Begriffe Basis und Überbau widerspiegeln den gesetzmäßigen Zusammenhang zwischen den materiellen gesellschaftlichen Ereignissen und den davon bestimmten ideologischen gesellschaftlichen Verhältnissen einer Gesellschaftsformation, die das Resultat und zugleich die Voraussetzung der Tätigkeit der Menschen sind. Diese Unterscheidung ermöglicht, in der Vielfalt der sozialen Erscheinungen eine Struktur sowie kausale Zusammenhänge zu finden, die gesetzmäßige Entwicklung der Gesellschaft wissenschaftlich zu erfassen."[109]

---

[109] Vgl. Buhr und Kosing (2013, S. 46–51).

Es wird betont, der Überbau habe eine relative Selbstständigkeit, sei nicht ausschließlich eine Widerspiegelung der jeweiligen Basis, aber sein gesamter Inhalt sei in diesem oder jenem Grade durch die Basis geformt, beispielsweise wenn er Gedankengut vergangener Gesellschaftsformationen weiterführt. Diese Behauptung stieß schon früh auf Widerstand, sie deckte die große Vielfalt von Anschauungen und Werten in keiner Weise ab.

Dass Institutionen und Organisationen durch den Entwicklungsstand der Produktivkräfte determiniert seien, lässt sich vielleicht noch einigermaßen plausibel vorstellen, obwohl gerade ihre Vielgestaltigkeit bei einem nahezu identischen Entwicklungsstand der Produktivkräfte Zweifel an ihrer quasi naturwissenschaftlichen Determiniertheit hervorruft. Völlig verwaschen wird die Erklärung aber, wenn es um politische, juristische, wissenschaftliche, weltanschauliche, religiöse, moralische oder künstlerische, also wesentlich wertebestimmte Anschauungen geht.

Die in der Produktion, in Institutionen und Organisationen produktiv arbeitenden Menschen brauchen Orientierung, Leitlinien, Haltegriffe, Ordner ihres Tuns, um handeln zu können. Diese Ordner sind die Werte. Sie lassen sich nicht deterministisch, sondern nur mithilfe der Selbstorganisationstheorie erklären. Marx stellte fest

> „Die Menschen machen ihre eigene Geschichte, aber sie machen sie nicht aus freien Stücken, nicht unter selbstgewählten, sondern unter unmittelbar vorgefundenen, gegebenen und überlieferten Umständen. Die Tradition aller toten Geschlechter lastet wie ein Alp auf dem Gehirn der Lebenden. Und wenn sie eben damit beschäftigt scheinen, sich und die Dinge umzuwälzen, noch nicht Dagewesenes zu schaffen, gerade in solchen Epochen revolutionärer Krise beschwören sie ängstlich die Geister der Vergangenheit zu ihrem Dienste herauf, entlehnen ihnen

Namen, Schlachtparole, Kostüm, um in dieser altehrwürdigen Verkleidung und mit dieser erborgten Sprache die neuen Weltgeschichtsszene aufzuführen."[110]

Traditionen, Albträume, Parolen, Moden, Geister der Vergangenheit, altehrwürdige Verkleidungen sind hier eindeutig Kennzeichnungen für Wertungen, für Werte, die im Handeln der Menschen entstehen und sie dann, einmal entstanden und verinnerlicht, als Ordner „versklaven".

Genau das ist ein belletristisch ausgemaltes Bild von Selbstorganisation: Teile eines – hier sozialen – Systems, die handelnden Menschen, erzeugen qualitative Änderungen ihrer Umwelt, neue makroskopische Strukturen wie Institutionen und Organisationen sowie neue geistige Strukturen, die ihr gemeinsames Handeln erst ordnen und ermöglichen – nämlich Werte und Normen. Hermann Haken diskutiert in seiner Lehre vom Zusammenwirken, der Synergetik, Sprache, Staatsform, Kultur, Rituale, Umgangsformen, Mode, Betriebsklima, Volkscharakter, Ethik als solche Ordner. Die Teile des Systems schaffen sich ihre Ordner, die Ordner „versklaven" die Teile.[111] Während Werte und Wertephilosophie im Gesamtwerk von Marx und Engels eine vergleichsweise geringe Rolle spielen und beide der Wissensgesellschaft gegenüber der Wertegesellschaft eine viel größere Aufmerksamkeit widmen, finden sich doch in Teilbereichen wunderbare Beschreibungen der Wertegesellschaft und ihrer Wissen verdrängenden, aushebelnden Rolle in historischen Prozessen.

Was wird durch die Beschreibung der Werte als Ordner menschlicher Selbstorganisation gegenüber einer Basis-Überbau-Dialektik gedanklich gewonnen?

---

[110] Vgl. Marx (1987, S. 248–249).
[111] Haken und Wunderlin (1980, S. 30).

Für alle Selbstorganisationsprozesse gelten nach Werner Ebeling und Rainer Feistel zehn Grundprinzipien:[112]

Werte spielen als *Ordner*, gerade *in sich selbst organisierenden Systemen*, eine besondere Rolle. Solche Systeme können prinzipiell nicht vollständig von außen gelenkt und gesteuert werden. Sie unterliegen innerer Bedingtheit und Bestimmtheit, ihre Strukturen sind vor allem durch innere Faktoren bedingt. Ihre Zukunft ist real offen. Eine gewollte Werteentwicklung ist nicht zu verordnen. Eine für jede Wissensgesellschaft unerträgliche, für jede Wertegesellschaft typische Indeterminiertheit.

In all solchen Systemen wirkt das bereits eingeführte Prinzip der *Ordnungsparameter*, das Haken-Prinzip. Es existieren in der Regel spezielle organisationale und geistige Systemzustände, welche die Handlungen der Menschen koordinieren, konsensualisieren, manchmal auch wirklich versklaven. Das gilt für jegliches, auch für geistiges und symbolisches Handeln, das durch übergeordnete Ordnungsparameter, nämlich Werte und Normen, koordiniert wird. Die Entstehung derartiger Ordner ist kaum zu prognostizieren und schwer zu administrieren. Sie ist der Albtraum von Wissensgesellschaften, aber ein typisches Merkmal von Wertegesellschaften.

Für alle sich selbstorganisierenden Systeme gilt zudem eine *beschränkte Vorhersagbarkeit*; ihre Entwicklungen lassen sich prinzipiell nicht langfristig, manchmal nicht einmal kurzfristig prognostizieren. Vielmehr gilt das Prinzip der Historizität. Ihre Evolution, die Entwicklung real entstandener Strukturen und Prozesse lässt sich nur verstehen, wenn man zu ihrer Erklärung neben allgemeinen natur- oder sozialwissenschaftlichen Gesetzen aus der Wissensgesellschaft immer auch die konkrete Entstehungsgeschichte berücksichtigt. Werte lassen sich immer nur im konkreten

---

[112] Vgl. Ebeling und Feistel (1994, S. 39 ff.).

Entstehungs- und Wirkungszusammenhang in der Wertegesellschaft verstehen.

Schon aufgrund ihrer *Komplexität* sind die meisten Systeme nur unvollständig beschreibbar und perspektivisch einzuschätzen. Innere Zustände beeinflussen sich selbst, das Systemverhalten ist weder aus Inputs noch aus internen Zuständen ableitbar, die Komplexität ist nicht reduzierbar. Werte helfen, sich in dieser Komplexität zurechtzufinden und zu handeln, aber sie lassen sich nicht vorsätzlich konstruieren und einsetzen. Wir fangen erst an, die Komplexität der Wertewelt zu verstehen, das *Prinzip der Komplexität* ist hinzunehmen.[113]

Weiter ist das *Prinzip der Redundanz* zu beachten. Information ist über das System verteilt, es gibt kein ausschließliches Hierarchieprinzip. Die Gestaltung und Lenkung des Systems kann aus Teilsystemen heraus erfolgen. Unterschiedliche Werte mit analogen Funktionen, aber auch analoge Werte mit unterschiedlichen Funktionen können entstehen, friedlich nebeneinander existieren, sich aber auch heftig bekriegen, was in einer Wissensgesellschaft untragbar ist, in einer Wertegesellschaft dagegen die eigentliche Normalität darstellt.

Zudem ist das *Prinzip der Selbstbezüglichkeit*, der Selbstreferenzialität von sich selbst organisierenden Systemen einzubeziehen. Ihr Systemverhalten ist Produkt inneren Zusammenhangs. Jedes Handeln wirkt auf das System selbst zurück und ist Ausgangspunkt weiteren Handelns. Da jedes Handeln wertefundiert ist, gilt diese Selbstbezüglichkeit auch für Werte und ihre Entwicklung. Sie bildet sich in den Handlungsprozessen der Wertegesellschaft heraus und ist erst recht nicht zu prognostizieren.

Es gilt das *Prinzip der Autonomie*. Das sich selbst organisierende System ist zwar nicht informationell unabhängig,

---

[113] Vgl. Mitchell (2008).

aber im Sinne von Selbstgestaltung, -lenkung und -entwicklung selbstbestimmt gegenüber der Umwelt. Ebenso wie das ganze System sind auch seine Werte nicht bloß an die Umwelt angepasst, sondern entwickeln sich gemeinsam mit dieser Umwelt. Wertegesellschaften entwickeln sich miteinander, füreinander, gegeneinander koevolutiv.

Für die Werteproblematik gilt das entscheidende *Prinzip humaner sozialer Systeme*. Solche Systeme sind stets selbstorganisierend und kreativ, sie sind immer werte- und willensgesteuert, sinn- und zweckorientiert; sie beruhen auf Kommunikation, Symbolen und Lernen. Es sind immer Wertegesellschaften.

Für humane soziale Systeme gilt, so setzen wir jetzt hinzu, das *Prinzip der Interiorisation*. Werte als Ordner sozialer Selbstorganisation „versklaven" die handelnden Menschen. Dieses Versklaven oder besser Konsensualisieren erfordert aber beträchtlichen Aufwand der Wertegesellschaft. Denn die Werte müssen so angeeignet, emotional verinnerlicht, interiorisiert werden, dass sich die Handelnden frei und ohne äußeren Zwang im Sinne dieser Werte – manchmal auf Leben und Tod – entscheiden.

Zu beachten ist schließlich, unserer Ansicht nach, das *Prinzip einer deutlichen Unterscheidung von Wissensgesellschaft und Wertegesellschaft*. Beide ruhen auf der gleichen Gesamtheit handelnder Menschen. Doch könnten die grundlegenden Charakteristika beider Gesellschaften unterschiedlicher nicht sein, wie es diese zehn Prinzipien zusammenfassen.

Marxistische Basis-Überbau-Dialektik erweist sich anhand solcher Prinzipien als problematisch. Die hoch differenzierten Einsichten Max Webers in die Wechselwirkung religiöser Wertevorstellungen mit den realen sozialen Verhältnissen und Handlungen von Menschen loten da beträchtlich tiefer – sicher mit ein Grund für die gegenwärtige Max-Weber-Renaissance. Wo sich marxistische Analysen an

Erklärungen von Überbau-Erscheinungen machen, bleiben sie hingegen oft sehr vage. Etwa wenn erklärt wird: „Die Philosophie wird in ihrer historischen Entwicklung letzten Endes von den Bedürfnissen des materiellen Lebens der Gesellschaft bestimmt …. Folglich ist die Philosophie in ihrer Entwicklung dem Grundgesetz des gesellschaftlichen Lebens überhaupt unterworfen, wonach das gesellschaftliche Bewusstsein in *letzter Instanz* durch die Entwicklung der materiellen Produktion bedingt ist."[114] Diese letzte Instanz ist in Wirklichkeit das Allerletzte, eine Verlegenheitsformel, aber keine irgendwie akzeptable Erklärung der Wirkungsweise von Anschauungen und Werten im gesellschaftlichen Leben. Die Wertegesellschaft erfordert einen eigenen, tiefer gegründeten Zugang. Der ist, so sind wir überzeugt, auch im Werk Heinrich Rickerts zu finden.

Heinrich John Rickert und sein Bild der Wertegesellschaft

Heinrich Rickert (1863–1936) war, obgleich oft übergangen, einer der bedeutendsten deutschen Philosophen vor dem Zweiten Weltkrieg und eine zentrale Figur der deutschen Philosophiegeschichte. Betrachten wir nur, wer alles in intensivem gedanklichen oder persönlichen Austausch mit ihm stand.

Sein akademischer Lehrer war Wilhelm Windelband, dem er 1915 einen ergreifenden Nachruf widmete. Dessen verstehende Psychologie nahm er gegen die Allmachtsfantasien der erklärenden, experimentellen Psychologie in Schutz.[115]

---

[114] Sandkühler (1998, S. 410).
[115] Vgl. Gundlach (2017, S. 41 f.).

Windelband war ein Schüler von *Hermann Lotze*, dem Gründer der Wertephilosophie. Lotze ist derjenige, der Werte als zentralen Begriff in die Philosophie einführte und methodisch bestimmte. Er hatte eine sich selbst organisierende Wirklichkeit im Blick. Während Kant die Kategorie Zweck als Auswahlprinzip beschrieb, das aus der Zahl der unendlichen Handlungsmöglichkeiten eine oder einige heraushebt, erklärte Lotze: „Zweck heißt wertvoller Zweck. Der Begriff Zweck involviert den Begriff Wert … Der Zweck bestimmt unsere Wirklichkeit."[116] – Dieser Ansatz kann als Paradigma aller südwestdeutschen Werteforschung angesehen werden.

Wilhelm Windelband zog den bis dahin klarsten Trennstrich zwischen Gesetze erstellenden Naturwissenschaften und Einzelnes beschreibenden Kulturwissenschaften.[117]

Wilhelm Dilthey entwickelte, ausgehend von der historischen wie psychologischen Beschäftigung mit dem Leben des ganzen, wollenden und fühlenden Menschen, seine Lebensphilosophie. Er formulierte in vielfacher Übereinstimmung mit Rickert eine Theorie der Geisteswissenschaften in Abgrenzung zu den Naturwissenschaften. Er führte die Hermeneutik, die Lehre vom Verstehen von Bedeutungen und der Vielfalt der Verstehensphänomene, als Hauptmethode der Geisteswissenschaften ein.[118]

Max Weber ist, was die Beschreibung sozial-weltanschaulicher Werte und ihrer Entwicklungen angeht, ganz nahe am südwestdeutschen Kantianismus. Er übernahm große Teile der Anschauungen Rickerts, hielt sie für das letzte Wort auf diesem Gebiet.

Edmund Husserl, der Begründer der sogenannten Phänomenologie, einer ganz neuen Strömung in der damaligen

---

[116] Erpenbeck, unter Mitarbeit von Sauter (2018, S. 26).
[117] Vgl. Schmidt (1995).
[118] Vgl. Jung (5. Aufl. 2018).

Philosophie, war der Nachfolger Rickerts auf dem Lehrstuhl Philosophie in Freiburg. Er knüpfte mit seinen Überlegungen auch an die Begriffslehre und Erkenntnistheorie seines Vorgängers an. In seinem Spätwerk kritisierte Husserl, dass die modernen Wissenschaften mit ihrem Objektivitätsanspruch die Fragen der Menschen nach dem Sinn des Lebens nicht mehr beantworten. Die vortheoretische Lebenswelt, in der wir leben, denken, wirken und schaffen, wird zu einem Kernbegriff seines Philosophierens.[119] Es ist eindeutig eine Wertewelt und bezieht sich so, unausgesprochen, auch auf Rickert.

Martin Heidegger, einer der wohl wirkungsmächtigsten deutschen Philosophen, habilitierte sich 1915 bei Rickert. Er kannte dessen Anschauungen aus eigenem Arbeiten bestens. „Es reicht eine mehrfach gewundene Verbindungslinie von Rickert zu Heidegger."[120] Der Briefwechsel zwischen beiden füllt einen ganzen Band der großen Heidegger-Ausgabe, wobei dem Herausgeber die Vertraulichkeit der Beziehung zwischen dem jungen Studenten und dem ehrwürdigen Geheimrat auffällt.[121] Die Wertetheorie als umfassender philosophischer Ansatz, wie er vom südwestdeutschen Neukantianismus ausgebildet worden ist, wurde von Heidegger bald scharf kritisiert. Auf dessen fruchtbare Fragestellungen findet er aber kaum Antworten und wo er zu fundamentalen Wertefragen seiner Zeit – zum Nationalsozialismus, zum Antisemitismus, zur Technikentwicklung – Stellung nimmt, sind seine Anschauungen hoch umstritten.[122] Auch *Karl Jaspers*, philosophischer Mitstreiter und politischer Antipode Heideggers, hat eine eigene hochachtungsvoll-kritische Haltung zu Rickert. Er achtet

---

[119] Mayer (2009, S. 46).
[120] Vgl. Hobe (o.J.).
[121] Vgl. Heidegger und Rickert (2002).
[122] Vgl. Trawny (2016), Trawny (2015).

dessen Ziel, eine objektive Klarheit wissenschaftlicher Kommunikation zu erreichen, besteht aber auf eher dialektischen Kommunikationsformen.[123]

Theodor Adorno und *Ernst Bloch* seien hier last not least erwähnt, weil sich mit ihnen sogar eine Verbindung zur marxistisch inspirierten Kritischen Theorie der Frankfurter Schule und zu einem weiterreichenden undogmatisch-kreativen Marxismus andeutet. *Adorno* wandte sich gegen den von Wilhelm Windelband und Heinrich Rickert gemachten Versuch, die Gesetze erstellenden (nomothetischen) Verfahren der Naturwissenschaften strikt von den Einzelnes-beschreibenden (idiografischen) Geistes- und Kulturwissenschaften abzugrenzen. Er schien aus Sicht Adornos das zu verfehlen, was doch die eigentliche Aufgabe der Gesellschaftswissenschaften sei, nämlich die Feststellung der „Entwicklungstendenzen der Gesellschaft" und der „objektiven Möglichkeit, die Geschichte ihrer blinden Zufälligkeit zu entreißen und bewusst zu lenken".[124] Dass soziale Selbstorganisation keine blinde Zufälligkeit ist, man sie aber trotzdem kaum bewusst lenken kann, wurde erst viel später mit dem grundlegenden Verständnis von Selbstorganisation klar. Aber immerhin waren Windelband und Rickert dieser Einsicht beträchtlich näher als Adorno.

*Bloch*s Dissertation umfasste „Kritische Erörterungen über Heinrich Rickert und das Problem der Erkenntnistheorie".[125] Seine späteren Überlegungen zum „Geist der Utopie" und zum „Prinzip Hoffnung", worin er sich als undogmatischer Marxist profilierte, bezogen Themen religiöser Offenbarung und damit wertegesättigten gesellschaftlichen Denkens und Fühlens ein.[126]

---

[123] Vgl. Ramming (1948).

[124] Vgl. zu dieser Idealvorstellung marxistischer Gesellschaftslenker Adorno (1940/2003, S. 46 f.); vgl. auch Rickert (1997).

[125] Vgl. Bloch (1985).

[126] Vgl. Bloch (2018).

Vom Gründer der Werteforschung bis zu namhaften zeitgenössischen Vordenkern unserer Tage, also über etwa 140 Jahre hinweg, reicht also der Wirkungsradius von Heinrich Rickert. Einbezogen sind viele wesentliche und weltbekannte Denker dieses Zeitraums. Vor allem seine natur- und kulturwissenschaftlichen Überlegungen sowie seine erkenntnistheoretischen Reflexionen wurden aufgenommen, weiterentwickelt oder kritisiert. Aber obwohl Wikipedia den Eintrag „Heinrich John Rickert (*25. Mai 1863 in Danzig; †25. Juli 1936 in Heidelberg)" mit der Feststellung beginnt, er „war ein deutscher Philosoph, der den Neukantianismus und die sogenannte Wertphilosophie vertrat",[127] ist insbesondere von der Wertephilosophie kaum etwas übrig geblieben.

Das wollen wir ändern.

Rickerts Wertesicht, Gewinne und Probleme

„Das Vergangene ist nicht tot; es ist nicht einmal vergangen. Wir trennen es von uns ab und stellen uns fremd."[128]

Mit diesem Satz beginnt Christa Wolfs berühmter Roman „Kindheitsmuster". Er trifft für viele historische Gegebenheiten und Entwicklungen zu, in ganz besonderem Maße für das historische Wechselspiel von Wissensgesellschaft und Wertegesellschaft. Erinnern wir uns noch einmal an die Beschreibung der Situation vor dem Ersten Weltkrieg durch Stefan Zweig: „Der Glaube an den ununterbrochenen, unaufhaltsamen Fortschritt hatte für jenes Zeitalter wahrhaftig die Kraft einer Religion; man glaubte an diesen

---

[127] https://de.wikipedia.org/wiki/Heinrich_Rickert_(Philosoph).
[128] Wolf (1976, S. 1).

Fortschritt schon mehr als an die Bibel, und sein Evangelium schien unumstößlich bewiesen durch die täglichen neuen Wunder der Wissenschaft und der Technik."[129] Dieser Fortschritt, diese Religion, dieses Evangelium konnten nicht alles sein. Davon waren Rickert, davon waren seine philosophischen Freunde und Kollegen, die Neukantianer, überzeugt. Sie entwickelten dagegen ihre eigenen Überzeugungen, philosophischen Überlegungen und sozialwissenschaftliche Einsichten, insbesondere ihre Wertephilosophie. Nach dem Grauen des Ersten Weltkrieges wurde der Ruf nach neuen Werten und nach einer geistigen Durchdringung der Wertesphäre geradezu populär. Doch dann überrollte der Nationalsozialismus mit seinen primitivwirkungsvollen Werteansprüchen alles subtilere Nachdenken, der Zweite Weltkrieg etablierte eine Wertegesellschaft des Nationalismus, Rassismus und der Menschenverachtung. Die Sozialwissenschaftler der Nachkriegszeit trennten das untote Vergangene von sich selbst ab, suchten nach psychologischen, funktional-kausalen und nach ökonomischen Erklärungen jenes unbegreiflichen Wertewandels von einer Kulturnation in eine Nation unbegreiflicher Barbarei.

Aber das Vergangene ist nicht tot, es ist nicht einmal vergangen. Daran gemahnt die Vielzahl „rechter" Entwicklungen weltweit. Sie fußen mehrheitlich, zumal in Europa, auf keinem unmittelbar materiellen Boden absoluter Verelendung, auf keinen unerträglichen Lebensbedingungen, auf keiner deutlich revolutionären Situation. Treiber sind vielmehr Wertevorstellungen von national-sozialen Defiziten, von Ungleichheit, Ungerechtigkeit, Exklusion oder empfundenem Regierungs- und Institutionenversagen, die Menschen, eher durchschnittlich als verelendet, zu Aktionen treiben.

---

[129] Vgl. Zweig (1944).

Glücklicherweise ist auch die Werteforschung des inzwischen vorvorigen Jahrhunderts nicht tot und, wie wir hoffnungsvoll meinen, nicht einmal vergangen. Aus vergleichbaren Situationen anbrandenden Wissenschaftsfortschritts und gleichzeitig reformbereiter Werte- und Sinnsuche sind Überlegungen hervorgegangen, die auch heute bedenkenswert sind und bleiben. Dabei darf man allerdings nicht in den Fehler verfallen, diese meist in philosophisch-begriffliche Systeme eingezwängten Überlegungen wortwörtlich zu nehmen und sie damit von vornherein der Widerlegung preiszugeben. Natürlich haben Logik, Erkenntnistheorie, Wissenschaftstheorie und Soziologie außerordentliche Fortschritte erzielt, die Ergebnissen Rickerts widersprechen. Es kommt uns deshalb nicht darauf an zu zeigen, wo Rickert mit seiner Wertetheorie „recht" gehabt hat und was daran mit der Zeit veraltete.

Wir wollen vielmehr herausarbeiten, dass Rickerts Überzeugungen nicht nur nicht tot, sondern sogar quicklebendig sind, insbesondere die Überzeugung

- von einer eigenen, der Wissenssphäre entgegengesetzten *Wertesphäre* – bei allen Überschneidungen zwischen den Sphären,
- von einem *System* der Werte, wie immer man dessen Entstehung beschreibt und dessen Zusammenhänge erfasst,
- von einer eigenen Form der Bestätigung der Werte nicht durch Verifikation sondern durch *Geltung* – wie sehr man den Begriff auch kritisieren oder ersetzen mag.

Um diese Überzeugungen nachfühlen zu können, kommt man nicht umhin, zunächst seinem *Lebensabriss* ein paar Worte zu widmen.

Heinrich John Rickert wurde in Danzig als Sohn des Redakteurs und Politikers Heinrich Rickert geboren. Er studierte von 1884 bis 1885 an der Berliner Universität Geschichte, Literaturgeschichte und Philosophie und ab 1885 in Straßburg Philosophie und Nationalökonomie. Im Sommer 1888 wurde er bei Wilhelm Windelband zum Dr. phil. mit der Dissertation „Zur Lehre von der Definition" promoviert. 1891 wurde er mit der Schrift „Der Gegenstand der Erkenntnis" an der Universität Freiburg habilitiert und nahm dort seine Vorlesungstätigkeit auf. 1894 wurde er außerordentlicher, 1896 ordentlicher Professor für Philosophie. Nach dem Tode Wilhelm Windelbands 1915 wurde er als dessen Nachfolger an die Ruprecht-Karls-Universität in Heidelberg berufen. Am 1. April 1932 wurde er emeritiert. 1936 starb er in Heidelberg.[130]

> „Heinrich Rickert ... hatte vor allem mit seiner erkenntnistheoretischen Wissenschaftstheorie, seiner Begriffslehre und Erkenntnistheorie großen Einfluss, interdisziplinär, z. B. auf Historiker und Literaturwissenschaftler, wie international, besonders in Japan, Russland und Italien. Nach dem Zweiten Weltkrieg teilte er in besonderem Maße das Schicksal des Neukantianismus: er wurde weitgehend vergessen. Rickerts fast ausschließlich systematisches Philosophieren wendet sich sowohl gegen überlebte Traditionen und Autoritäten als auch gegen philosophische Moden wie Schlagworte und gibt mit seinen grundständigen, scharfsinnigen und klar formulierten Argumenten auch heute noch fruchtbare Anregungen."[131]

Eine Rickert-Gesamtausgabe möchte die in den vergangenen zwei Jahrzehnten stattfindende Rehabilitierung des Neukantianismus auch für die südwestdeutsche Schule in

---

[130] Aus: Rickert (1999 S. 437 f.), vgl. auch www.linkfang.de/wiki/Heinrich_Rickert_(Philosoph) 1/3.

[131] http://www.philosophie.hhu.de/forschung-institut/forschungseinrichtungen/heinrich-rickert-forschungsstelle.html.

Die Wertegesellschaft: Rückführung

Angriff nehmen und das umfangreiche und weitgespannte Œuvre der publizierten Werke dieses historisch wie sachlich wichtigen, interessanten und vielfach unterschätzten Philosophen wieder allgemein verfügbar machen.[132] Eine „Heinrich Rickert-Forschungsstelle" wurde im Oktober 2000 an der Heinrich Heine Universität Düsseldorf gegründet und dient der Erforschung des Werkes von Heinrich Rickert.[133]

Bevor wir uns dem wirklichen Verstehen von Rickerts wertephilosophischer Lebensleistung widmen, wollen wir jedoch zuvor einen unumgänglichen Einwand diskutieren. Hans Friedrich Fulda spricht von einer Anpassung Rickerts an den Nationalsozialismus.[134] Tatsächlich gehörte Rickert wie viele durch Krieg und Nachkrieg, Versailler Vertrag und die Weimarer Demokratie gebeutelten Deutschen zu denjenigen, die sich von einem nationalen Sozialismus Besserungen erhofften und sogar im Anknüpfen an Johann Gottlieb Fichtes Nationalismus theoretische Rechtfertigungen dafür suchten. Vom nazistischen Antisemitismus hielt er sich aber fern und vertrat auch in seinem akademischen Restleben keine entschieden nazistischen Positionen.[135] Aus seinem Vergessenwerden lassen sich unseres Erachtens keine legitimen Schlussfolgerungen für seine Wertephilosophie oder gar den ganzen südwestdeutschen Kantianismus gewinnen. Wir wollen auch nicht in die Diskussion einsteigen, in-

---

[132] Vgl. Rickert-Titel, nach Wöhlert (2001): Rickert (1888, 1892, 1899, 1900, 1902, 1904, 1905, 1909, 1911, 1913, 1921, 1924, 1926, 1929).

[133] http://www.philosophie.hhu.de/forschung-institut/forschungseinrichtungen/heinrich-rickert-forschungsstelle.html.

[134] Vgl. Fulda (1999, S. 253–269), ders. (2008, S. 75–90).

[135] So verweist Fulda auf eine wichtige Textstelle: Rickert (1934, S. 167): „Es solle nicht bestritten werden, dass dem, was man ‚Rasse' nennt, ‚als Bedingungsgut' Bedeutung auch für das Kulturleben zukommt." Und Fulda kommentiert: „Diese kompromisslerische Äußerung aus dem Jahr 1934 darf man hinter rassismuskritischen Passagen von 1921 nicht verschwinden lassen!"; vgl. Rickert (1921, S. 323).

wieweit Kant darin verstanden, missverstanden, umgedeutet und fehlgedeutet wurde. Wenn Fulda hingegen eine „Engführung von Wertlehre, Finalisierung, Ethisierung und Fixierung … auf eine vorausgesetzte je besondere Gemeinschaft" kritisiert, ist ihm gewiss zuzustimmen: Eine Wertelehre darf nicht finalisiert werden, da sie niemals adäquate oder inadäquate Werte final vorzugeben vermag, sie darf nicht ethisieren, weil alle anderen Basiswerte – Genusswerte, Nutzenwerte, sozial-weltanschauliche Werte – mit zu berücksichtigen sind, und sie darf sich auf keine konkrete Gemeinschaft beziehen, etwa auf eine bestimmte Nation, weil sich in jeder Gemeinschaft andere Selbstorganisationsprozesse vollziehen und andere Werte herausbilden.

So lässt sich Rickerts Lehre zusammenfassen:

Ausgangspunkt von Rickerts Lehre ist mit Kant die objektive Wissenschaft mit wahren Erkenntnissen sowohl in der Natur- als auch in der Kulturwissenschaft. Rickert ersetzte Windelbands absoluten Gegensatz zwischen nomothetisch-naturwissenschaftlichem und idiografisch-geschichtlichem Verfahren durch einen relativen Unterschied zwischen generalisierender und individualisierender Methode.

In der *Erkenntnistheorie* vertrat er eine ebenfalls von Kant herrührende erkenntniskritische Ansicht. Danach befasst sich unser Erkennen nicht mit den zu erkennenden Gegenständen selbst, sondern mit unserer Erkenntnisart von den Gegenständen. Die Einzelwissenschaften formulieren logische Aussagen und Theorien darüber. Diese sind wahr oder falsch, im Sinne „so soll es sein" – nicht im Sinne „so ist es", unabhängig von unserem Denken und Handeln. Ein solches Sollen ist der Gegenstand der Erkenntnis.[136] Erst die Anerkennung des Sollens verleiht den Urteilsakten ihre Wahrheit. *Urteilen ist aber immer Beurteilen und damit Werten.*

---

[136] Rickert (1915, S. IX).

Die Wertegesellschaft: Rückführung   93

Der *Gegenstand der Philosophie* ist das Ganze der Welt im Sinne einer Idee, die zu verwirklichen ist („Weltallswissenschaft"). Die Philosophie als ‚allseitige Theorie des gesamten Kulturlebens' erarbeitet in objektiver Weise ein ‚*System der Werte*' mit Rücksicht auf die geschichtliche Bedingtheit des Menschen.

Die *Wertetheorie* zielt darauf ab, Kants Moralismus zu überwinden, das kritische Prinzip aber beizubehalten. Philosophie ist nicht bloße ‚Weltanschauung', da sie von zufälligen Lebensinteressen frei ist. Eine inhaltliche Füllung dieser Kulturtheorie ist Rickert nur im Ansatz gelungen.[137]

Sein eigenes *Grundstreben* beschreibt Heinrich Rickert sehr schön selbst:

„Die allgemeinste Tendenz [meines Forschens] war von vornherein darauf gerichtet, das Gebiet des Wirklichen zu verkleinern und das des Unwirklichen zu vergrößern. Die Hauptsache ist also der Nachweis: es gibt noch eine ‚andere Welt' als die immanente[138] *wirkliche, und zwar liegt sie in der Sphäre des Wertes oder tritt uns als ein Sollen gegenüber, das sich nie auf ein Seiendes*[139] *zurückführen lässt. Sie besteht ‚unabhängig' von jedem Realen und ist insofern transzendent,*[140] *ja erst in ihr haben wir die letzte Grundlage des Theoretischen überhaupt oder den ‚Gegenstand' der Erkenntnis. So kommen wir zu zwei Welten, einer seienden und einer geltenden. Zwischen ihnen aber steht, sie durch sein Urteilen miteinander verbindend, das theoretische Subjekt, das so allein seinem Wesen nach verständlich wird, und ohne das wir auch von seienden oder realen ‚Gegenständen' der Erkenntnis nicht sinnvoll reden können. An diesen Gedanken der ersten Auflage halte ich streng fest ... Das Logische existiert nicht, sondern es gilt. Erst mit einer Wertwissenschaft gelangen*

---

[137] Vgl. https://de.wikipedia.org/wiki/Heinrich_Rickert_(Philosoph)#Lehre.
[138] Immanent: in den Grenzen möglicher Erfahrungen.
[139] Seiendes: real Existierendes.
[140] Transzendent: Erfahrungen überschreitend, von Anschauung zu Begriffen und Ideen fortschreitend.

wir zu einem wahrhaft umfassenden theoretischen Weltbegriff, der die Möglichkeit bietet, ihn zur Grundlage einer allgemeinen ‚Weltanschauung' zu machen, und der damit für das Ganze der Philosophie von Bedeutung wird."[141]

Diese kurze Zusammenfassung ist für uns ein Schlüssel zur Wertegesellschaft.

> Auch wir wollen das Gebiet des Wirklichen verkleinern und das des Unwirklichen vergrößern, indem wir von einer größeren Mächtigkeit der Wertegesellschaft gegenüber der Wissensgesellschaft ausgehen, indem wir den Platz von Fakten in einer Welt von Werten und nicht von Werten in einer Welt von Fakten beschreiben.

Auch für uns gibt es diese andere Welt, eine Sphäre der Werte, die sich nicht zuerst auf Fakten, auch nicht auf funktionale Sollanforderungen zurückführen lässt. Auch wir kommen zu zwei Welten, einer seienden der Fakten und einer geltenden der Werte – wie immer wir den Geltungsbegriff später noch präzisieren. Zwischen ihnen aber steht, diese Welten durch sein Urteilen miteinander verbindend, der zuweilen logisch denkende Mensch.

Auch aus unserer Überzeugung gelangen wir erst mit einer Wertewissenschaft zu einer wahrhaft umfassenden Weltanschauung, die Wissensgesellschaft und Wertegesellschaft vereint, ohne sich für Ideologien missbrauchen zu lassen. Gegen einen solchen Missbrauch ist allerdings niemand, auch ein Heinrich Rickert, nicht gefeit.

Ausgangspunkt von Rickerts Werteverständnis ist die erwähnte Unterscheidung von generalisierenden Naturwissenschaften und individualisierenden historischen Wissenschaften. Grundlage der historischen Begriffsbildung sind

---

[141] Rickert (6. Aufl. 1928, S. 8).

nach seiner Überzeugung Werte, die „durchweg dem Kulturleben" zu entnehmen sind. Er spricht deshalb von Kulturwissenschaften:

„Die Objekte, mit denen die historischen Wissenschaften im Gegensatz zu den Naturwissenschaften operieren, sind ‚unter den Begriff der Kultur zu bringen'".[142]

Jenseits vieler scharfsinniger philosophischer Überlegungen – und Angriffe –, was denn unter Natur und Kultur zu verstehen sei, zielt Rickert vor allem *„auf unsere unterschiedlichen Erkenntnisinteressen, die ihrerseits in verschiedenen Werthaltungen wurzeln"*.[143]

Und da wird es für uns Heutige ganz spannend und aktuell. Denn er betont:

„Die historischen Kulturwissenschaften müssen berücksichtigen, dass allgemeine Kulturwerte immer nur bei solchen Menschen vorkommen, die in irgend einer Gemeinschaft mit einander leben, also soziale Wesen im weitesten Sinne des Wortes sind."[144]

Ein allgemeiner Kulturwert ist nur ein solcher Wert, „zu dem wir uns mit Rücksicht auf eine Gemeinschaft, in der wir leben" verpflichtet fühlen,[145] der somit „eine gemeinsame Angelegenheit der Glieder einer Gemeinschaft" repräsentiert.[146] Deshalb rücken vor allem „die Organisationen, die von den Gliedern einer Gemeinschaft zur Befriedigung ihrer Bedürfnisse geschaffen werden" in den

---

[142] Rickert (1902) a.a.O., S. 309.
[143] Oakes (1990, S. 87).
[144] Rickert (1902, S. 573).
[145] Rickert (1899, S. 21).
[146] Rickert (1902, S. 576).

Mittelpunkt des historischen Interesses.[147] Unsere Sicht auf die Gemeinschaften, in denen wir leben, auf ihre sozialen Selbstorganisationsprozesse, die hier unübersehbar einbegriffen sind, und auf ihre Ordner der Selbstorganisation, die Werte, lässt sich hier mühelos anwenden. Rickerts Feststellung, dass solche Prozesse oft „kontingent" seien, ist eine andere Bezeichnungsweise für die Offenheit der Selbstorganisation.[148]

Wir hatten bisher schon Max Webers Diktum aufgenommen: „Der Begriff der Kultur ist ein Wertbegriff."[149] Und stimmen mit der Aussage überein: „In Anlehnung an Kant kann man Kultur als Dasein der Dinge, sofern sie durch Werte bestimmt sind, bezeichnen."[150]

> „Der *Begriff des allgemeinen Kulturwertes* setzt eine kulturelle Praxis voraus, innerhalb derer es Menschen gibt, die ihr Handeln in den Dienst der Verwirklichung des kulturellen Wertes stellen. Insofern ist der Begriff des allgemeinen Kulturwertes nicht über rein formale Kriterien bestimmbar, sondern setzt eine inhaltliche Bestimmung durch die kulturelle Praxis selbst voraus. Kulturwerte sind in der kulturellen Wirklichkeit inkorporiert und können an der kulturellen Wirklichkeit erkannt werden … Philosophisch begründbar ist die Geltung kultureller Werte in den Augen Rickerts nicht. Die Philosophie kann nicht aus eigener Kraft inhaltlich bestimmte Kulturwerte setzen … Die Philosophie ist darauf angewiesen, dass Menschen Werte in ihren Handlungen verwirklichen wollen und Werte deshalb

---

[147] Ebenda S. 576.

[148] Thommen (2020): Stichwort Kontingenz: Möglichkeit und Notwendigkeit, aus mehreren Alternativen auswählen zu können und zu müssen, d. h. eine Selektion zu treffen. Damit werden Alternativen ausgeschieden, die ebenfalls möglich und nützlich gewesen wären, was oft mit dem charakteristischen Satz für die Kontingenz umschrieben wird: „Es könnte auch anders sein."

[149] Vgl. Weber (1988, S. 175, 180).

[150] Schnädelbach (1974, S. 144).

durch die empirischen Wissenschaften quasi ‚sichtbar' gemacht werden können."[151]

Das Wechselspiel von individueller und sozialer Selbstorganisation kann man kaum schöner zusammenfassen. Es gibt Menschen, die ihr Handeln in den Dienst der Verwirklichung kultureller Werte setzen und so durch ihr – selbstorganisiertes – Handeln diese Werte erst als reale Ordner erschaffen. Dies aber setzt Menschen voraus, die diese Werte in ihren Handlungen auch tatsächlich verwirklichen wollen, sie also verinnerlicht haben, andererseits auch durch sie „versklavt" wurden, um den drastischen Begriff der Synergetik hier zu verwenden.

Rickerts System und die Ordner der Selbstorganisation

Die verschiedenen Kulturwerte lassen sich nicht formaltheoretisch begründen. Die verschiedenen Wertegebiete lassen sich nicht formal-theoretisch in eine hierarchische Ordnung bringen, es lassen sich keine ranghöhere oder rangniedrigere Werte festlegen. Um das von vornherein zu vermeiden, forderte Rickert eine „Überwindung des Intellektualismus":[152] Viele Philosophen begriffen die Wirklichkeit als Erscheinungsform des wissenschaftlichen Wahrheitswertes und stellten diesen, als sei dies selbstverständlich, an die Spitze aller Werte. Rickert warnte vor der Gefahr eines solchen Intellektualismus und fürchtete, das religiöse, ethische oder ästhetische Leben beispielsweise würde dadurch entweder herabgesetzt oder so sehr intellektualisiert, dass es seine spezifische Bedeutung verlöre. Es sei

---

[151] Wöhlert (2001, S. 74).
[152] Rickert (1902, S. 695).

dagegen wichtig, „auch die nicht intellektuellen Seiten des Menschen in einer umfassenden Weltanschauung zu ihrem Rechte kommen zu lassen".[153] „Gerade durch seine ausdrückliche Anerkennung und Würdigung des Irrationalen unterscheidet sich Rickert von allen Positivisten und auch von den meisten der sogenannten Neukantianer."[154]

Die Anerkennung und Würdigung des Irrationalen bildet einen der wesentlichen Anlässe, unser Buch zu schreiben.[155] Dabei geht es nicht um eine positive oder negative Anerkennung, sondern allein um die Feststellung, dass und in welchem Maße dieser Bereich der Wertegesellschaft mit dem Intellektualismus der Wissensgesellschaft kontrastiert. Das Irrationale ist es, das die größere Mächtigkeit der Wertegesellschaft gegenüber der Wissensgesellschaft mit erzeugt. Es gibt unendlich viele Möglichkeiten, irrational, ja irrsinnig zu handeln – und das nicht nur im Bereich des Individuellen. Das in einer Zeit „täglich neuer Wunder der Wissenschaft und der Technik" erkannt und betont zu haben, erscheint uns als grandiose Leistung und zugleich als eindrückliche Zukunftswarnung.

Rickerts Überzeugung, die verschiedenen Wertegebiete ließen sich *nicht in eine hierarchische Ordnung* bringen, es ließen sich keine ranghöheren oder rangniedrigeren Werte festlegen, hat wichtige Konsequenzen. Kulturwerte, ja alle Werte, von denen wir hier sprechen, sind aufgrund dessen nämlich *inkommensurabel*, unvergleichbar. Das hat später Eduard Spranger unumstößlich auf den Punkt gebracht und ist Kernbestandteil unserer eigenen Wertesicht. Es lässt sich mit wissenschaftlichen Mitteln nicht feststellen, ob es beispielsweise „besser" wäre, wissenschaftlichen statt religiösen Werten zu folgen. Die Ablehnung sämtlicher

---

[153] Ebenda S. 695.
[154] Vgl. Wöhlert (2001).
[155] Sehr schön ausgedrückt in Kirchhöfer (2015).

Werte, ein Leben in der „Wertelosigkeit", wäre für Rickert aber auch keine Option, die dem Kulturmenschen offensteht. Wir brauchen Werte und Wertehierarchien, sind uns aber ihrer Zeitlichkeit und Relativität voll bewusst.[156]

Wir haben bereits früher auf Probleme in Rickerts Wertetheorie hingewiesen, die dadurch entstehen müssen, dass er individuelle und soziale Entwicklung zwar deutlich berücksichtigt, aber ihren *Selbstorganisationscharakter* nicht fassen kann. Das zeigt sich ganz deutlich, wenn er feststellt: „Die Not der Systematik entsteht daraus, dass der Stoff, an dem allein die Werte zu finden sind, in unaufhörlicher Entwicklung begriffen ist. Durch den Entwicklungsbegriff scheint alles unsicher und schwankend zu werden."[157] Rickert postulierte Stufen der Werteverwirklichung im Handeln und baute daraus eine eigene Systematik der Wertegebiete. Er hat sie später mehrfach umgebaut; sie ist im Gegensatz zu vielen anderen seiner Ergebnisse wenig genutzt worden. Dabei lässt sie sich unschwer unter dem Verständnis von Werten als Ordner von Selbstorganisation rekonstruieren.

Seine Systematik ging von Kants vier Wertearten – logische, ästhetische, ethische, religiöse – und einem entsprechenden wissenschaftlichen, künstlerischen, ethischen und religiösen Leben aus. Wobei es ihm offensichtlich schwer fiel, den Wertegebieten „Liebe von Mann und Frau" (unabhängig von Erotik – Glück) und gar dem „System der Philosophie" Werte direkt zuzuordnen (Tab. 1).

Den von uns genutzten und weitgehend theoretisch wie empirisch untermauerten Basiswerten als Ordner selbstorganisierten Handelns – Genusswerte, Nutzenwerte, ethisch-moralische Werte, sozial-weltanschauliche Werte – lassen sich die von Rickert benutzten Wertegebiete und Werte ziemlich mühelos zuordnen (Tab. 2).

---

[156] Vgl. Oakes (1990).
[157] Rickert (1913, S. 299).

Tab. 1 Systematik der Wertegebiete nach Rickert

Wertegebiete	Wert	Gut (Wertungsobjekt)	Subjektverhalten
(1) Logik	Wahrheit	Wissenschaft	urteilen
(2) Ästhetik	Schönheit	Kunst	anschauen
(3) Mystik	unpersönliche Heiligkeit	Weltgeheimnis	Abgeschiedenheit
(4) Ethik	Sittlichkeit	Gemeinschaft freier Personen	autonomes Handeln
(5) Erotik	Glück	Liebesgemeinschaft	Zuneigung, Hingabe
(6) Religion	persönliche Heiligkeit	die Götterwelt	Frommsein
(7) Liebe von Mann und Frau	Erotizismus[a]		
(8) System der Philosophie	Allseitige Weltanschauungslehre		

[a]Erotizismus: (Über-)Betonung des Erotischen. https://www.duden.de/rechtschreibung/Erotizismus. Zugegriffen am 03.03.2020

Tab. 2 Zuordnung der Wertegebiete nach Rickert zum Werteatlas von Erpenbeck, Sauter & Sauter KODE®W

Basiswerte	Wertegebiete	Werte
Ordner menschlicher Selbstorganisation des Handelns	Bereiche der Gültigkeit wesentlicher menschlicher Werte	menschliche Werte die das selbstständige Handeln betreffen
Genusswerte	Erotik	Glück
	Liebe Mann–Frau	Erotizismus
	Ästhetik	Schönheit
Nutzenwerte	Logik	Wahrheit
Ethisch-moralische Werte	Ethik	Sittlichkeit
Sozial-weltanschauliche Werte	Mystik	persönliche Heiligkeit
	Religion	unpersönliche Heiligkeit
	System der Philosophie	Allseitige Weltanschauungslehre

Rickerts Gedanken zur Geltung von Werten

Gehen wir noch einmal in die Physik. $E = mc^2$ – eine objektiv wahre, eine gültige Aussage. Wie diese Objektivität zustande kommt, ist ein komplizierter, aber erforschbarer historischer Prozess.[158] Wir wollen auch nicht hinterfragen, was wir mit der Gültigkeit einer solchen Aussage über naturwissenschaftliche Dinge, Eigenschaften, Relationen und Prozesse überhaupt meinen. „Es ist von besonderer Bedeutung, dass jedenfalls auf einem Gebiet jeder Versuch, die objektive Geltung von Werten zu leugnen, zum Widersinn führt, nämlich auf dem der theoretischen, das heißt der Wahrheitswerte. Ihre Geltung auf subjektives menschliches Wollen, also willkürliche Setzung zurückzuführen heißt: dem wissenschaftlichen Denken überhaupt Sinn und Bedeutung zu rauben (S. 30) … Die vom Subjekt unabhängige Geltung von Werten kann aber nur auf dem Gebiete der theoretischen Werte ‚bewiesen‘, also ‚rational begründet‘ werden. Dagegen ist die objektive Geltung ethischer, ästhetischer, religiöser und anderer atheoretischer Kulturwerte wissenschaftlich nicht beweisbar. Wäre deren Geltung theoretisch zu begründen, so wären sie nicht atheoretische Werte. Die Wertelehre hat also atheoretische Werte wie die ethischen, ästhetischen, religiösen, lediglich in ihrer Eigenart zu verstehen, sie darf aber nicht versuchen, sie in ihrer Geltung theoretisch zu beweisen (S. 33) … vielmehr leuchtet ein: sind die atheoretischen Werte theoretisch nicht zu stützen, so sind sie in ihrer Geltung theoretisch auch nicht zu erschüttern. (S. 34)"[159]

Das Wesen des Wertes ist seine Geltung, so Rickert. Der Mensch, der in einen gesellschaftlichen Zusammenhang

---

[158] Vgl. Daston und Galison (2017).
[159] Vgl. Messer (1926, S. 30, 34).

hineinwächst und an der Kultur seines Volkes oder der Menschheit mitarbeiten will, erfährt dabei, welche Werte durch die jeweilige Kulturentwicklung verwirklicht werden, welche gelten. Ob der Begriff der Geltung aber über diese Erfahrung hinaus objektiviert werden kann, ist höchst umstritten. So stellt Christoph Lumer zur „Geltung von Werten in der Wertphilosophie" fest:

> „*Die Wertphilosophie der Jahrhundertwende [1900] suchte dem Wertnihilismus dadurch entgegenzutreten, dass sie neben der empirischen Welt des Seins eine Welt der Werte postulierte, die nicht Sein, sondern ‚Geltung' besäßen. Dieser ... Ansatz ist seit der sprachkritischen Wende der Philosophie als metaphysisch und unverständlich kritisiert und die zugrundeliegende Frage durch die nach der Wahrheitsfähigkeit und den Wahrheitsbedingungen von Werturteilen ersetzt worden.*"[160]

Damit ist aber das alltägliche Fragen nach dem Zutreffen, nach der Sinnhaftigkeit oder Sinnlosigkeit von Wertungen, nach ihrem Zeitgemäßen oder Unzeitgemäßen keineswegs aufgehoben. Ein großer Teil des Lebens von Völkern und Kulturen, von Auseinandersetzungen und Kämpfen dreht sich gerade um die Angemessenheit oder Unangemessenheit von Wertungen, von Werten in konkreten historischen Situationen. Wir benutzen gern den Begriff der Adäquatheit oder Inadäquatheit von Werten, berücksichtigend, dass Werte in sehr unterschiedlichem Maße als adäquat oder inadäquat begriffen werden können.[161]

> Die Wertegesellschaft legitimiert sich durch die behauptete Adäquatheit ihrer Werte, wie irrsinnig diese auch Nachgeborenen erscheinen mögen.

---

[160] Vgl. Lumer (1999, S. 450–455).
[161] Vgl. Kubalica (2011).

Da es, wie Rickert zu Recht feststellt, in der Tat kein wissenschaftliches, theoretisches Kriterium für das Gelten von Werten gibt, muss man überlegen, wie es dann überhaupt zur Entstehung von Werten kommt. Eine besonders interessante, sich auf Rickert und den südwestdeutschen Kantianismus berufende Erklärung hat Hans Vaihinger mit seiner „Philosophie des Als-ob"[162] gegeben. In seinem fast 800-seitigen Hauptwerk zeigt er – immer noch äußerst gültig! – auf, wie sich in sich selbst organisierenden, sozialen Prozessen *handlungsleitende Ordner* herausbilden, die das Tun und Lassen der Menschen lenken, die ihr Denken zugleich einengen und öffnen. In Bezug auf die Wertegesellschaft schreibt er:

„Mit dieser Welt der Werte muss die ‚Welt des Seienden' in Verbindung gebracht werden, um dieser jene ‚ethische' Bedeutung zu verleihen. Daraus folgt für uns bei konsequentem Denken: die ‚Welt des Seienden' muss also durch ein Nichtseiendes ergänzt werden, durch das Erdichtete, das Eingebildete, und eine wahre, kritische ‚Philosophie der Werte', von der man neuerdings spricht, wird stets nur als Philosophie des Als-Ob auftreten können."[163]

Einer seiner Schüler erläutert, wie man sich das vorzustellen habe:

„Jeder der sittlich handelt, steht unter der Macht irgendeiner Fiktion und alle seine Handlungen sind Ausflüsse dieser. Sei es, dass er an einen Gott im Himmel glaubt oder auf ein Daimonion[164] in sich schwört, sei es, dass er die Ge-

---

[162] Vaihinger (1911, S. 723).
[163] Ebenda S. 766.
[164] Daimonion war die innere Stimme, die Sokrates vor Gefahren oder schlechten Entscheidungen warnte und der er folgte, auch gegen jede menschliche Weisheit. Nach https://neue-debatte.com/2017/05/19/daimonion/. Zugegriffen am 03.03.2020.

bote des Glaubens achtet oder dem kategorischen Imperativ folgt. Religion und Ethik, beide beruhen auf Fiktionen und ihre Begriffe sind Hirngespinste, freie Erfindungen, die die Menschheit gebildet hat (S.135) … Wenn der gläubige Christ zum Beispiel Gott den Vater der Menschen nennt, so spricht er damit keine Wahrheit aus, sondern er will nur sagen, Gott ist so zu betrachten, als ob er der Vater der Menschen wäre … Der Begriff Gott ist nur ein Ausfluss unserer Vernunft, ohne einen Gegenstand in der Wirklichkeit zu haben, und dient dazu unseren Verstand in gewisser Hinsicht zu leiten, also die Annahme eines unwirklichen *im Sinne eines leitenden ordnenden Prinzips*. (S.138)"[165]

Daran knüpft Andreas Urs Sommer, Werteforscher an der Universität Freiburg, direkt an, indem er die überdauernde Substanz der südwestdeutschen Werteansätze hervorhebt. „Werte als Als-ob-Substanzen geben modernen Gesellschaften Sinn. Wir brauchen sie nicht, weil wir ohne sie orientierungslos wären, sondern weil sie kommunikative Netze spannen, mit denen man unterschiedlichste Wirklichkeiten einfangen kann."[166]

> Werte sind Fiktionen, aber nützliche.

Die Vielfalt der Werte erlaubt es, eigene zu begründen. „Werte bedeuten eine Vervielfältigung möglicher und aufeinander nicht reduzierbarer Lebensentwürfe."[167] Das wäre ein weiteres Argument für die größere Mächtigkeit der Wertegesellschaft gegenüber der Wissensgesellschaft.

---

[165] Vgl. Vlach (1926, S. 135, 138).
[166] Sommer (2016, S. 169).
[167] Ebenda, S. 164.

Heinrich-Rickert-Resümee

Unser Rückblick hat Erstaunliches erbracht.

Mit Heinrich Rickert hat die Wertegesellschaft einen Porträtisten gefunden, dessen umfassende Einsichten und Überlegungen uns in gegenwärtigen Zusammenhängen und anderem Vokabular noch heute intensiv beschäftigen. Dabei ging er bis an die Grenzen des damals Denkmöglichen. In großer Übereinstimmung mit Max Weber, der gerade Rickerts Wertetheorie sehr schätzte. Und in deutlicher wertetheoretischer Überlegenheit Marx und Engels gegenüber, deren Unwillen, ethische und weitere Wertefragen gründlich abzuhandeln, zwar historisch erklärbar, aber in katastrophischen Situationen wenig hilfreich war.

Es erweist sich als unumgänglich, trotz aller Überschneidungen von einer eigenen Wertesphäre, die der Wissenssphäre entgegengesetzt ist, auszugehen. Diese Sphären konkretisieren sich sozial in der Wertegesellschaft und der Wissensgesellschaft. Auch für uns gibt es diese Sphäre der Werte, die sich nicht zuerst auf Fakten zurückführen lässt. Auch wir kommen zu zwei Welten, einer real existierenden der Fakten und einer geltenden der Werte, wie immer man den Geltungsbegriff versteht und präzisiert. Die Wertesphäre wird durch die Kulturwissenschaften, insbesondere durch die Geschichtswissenschaften mit eigenen, oft individualisierenden Methoden erforscht.

Der umstrittene *Begriff der Geltung* verweist, um es zu wiederholen, auf die Tatsache, dass ethische, ästhetische, religiöse und andere atheoretische Kulturwerte wissenschaftlich nicht beweisbar, damit allerdings auch nicht widerlegbar sind. Nun dreht sich das Leben von Völkern und Kulturen, drehen sich viele soziale Auseinandersetzungen und Kämpfe oft um die Angemessenheit oder Unangemessenheit von Wertungen, von Werten in konkreten historischen Situationen. Wir benutzen gern den Begriff der Adäquatheit oder Inadäquatheit von Werten, berücksichtigend, dass Werte in sehr unterschiedlichem Maße adäquat oder inadäquat sein können. Die Wertegesellschaft legitimiert sich durch die behauptete Adäquatheit ihrer Werte, wie irrsinnig diese auch Nachgeborenen erscheinen mögen. Auch wenn der Begriff der Geltung unglücklich gewählt ist, so ist das dahinterliegende Problem der Adäquatheit von Wertungen – man denke an derzeitige religiöse Auseinandersetzungen – brennend aktuell.

Abgesehen von einzelwissenschaftlichen Wahrheitswerten lassen sich Kulturwerte wie zum Beispiel religiöse, ethische oder ästhetische nicht formaltheoretisch begründen oder in eine hierarchische Ordnung bringen. Es lassen sich keine ranghöheren oder rangniedrigeren Werte festlegen. Wenn man das versuchen wollte, würde beispielsweise das religiöse, ethische oder ästhetische Leben herabgesetzt und verlöre seine spezifische Bedeutung. Es ist aber wichtig, auch die nichtintellektuellen Seiten des Menschen in einer umfassenden Weltanschauung zu ihrem Rechte kommen zu lassen und „irrationale" Wertehaltungen zunächst einmal zu akzeptieren. In der Anerkennung und Würdigung des Irrationalen unterscheidet sich Rickert von den meisten anderen Philosophen. Es ist wichtig, um die größere Mächtigkeit der Wertegesellschaft gegenüber der Wissensgesellschaft zu begreifen. Da es keine objektive Hierarche von Werten gibt – die beispielsweise religiöse Werte den ethischen oder ästhetischen überordnet –, kann man Werte generell nicht vernünftig vergleichen. Kulturwerte sind inkommensurabel, unvergleichbar. Das hat Eduard Spranger grundlegend herausgearbeitet, ist Kernbestandteil unserer eigenen Wertesicht und einer der wichtigsten Antriebe der Wertegesellschaft.

Ein System der Werte, das nicht hierarchisch geordnet ist, kann lediglich einzelne Wertegebiete, also Bereiche der Gültigkeit wesentlicher menschlicher Werte, inhaltlich zusammenfassen. Das hat Rickert mit großem geistigem Aufwand, aber geringem akademischem Erfolg versucht. Diese Erfolglosigkeit liegt, unseres Erachtens, nicht in der mangelnden empirischen Brauchbarkeit seines Systems, sondern in der Hoffnung seiner Zeitgenossen, doch noch ein Wertesystem mit – religiöser? – Letztbegründung zu erhalten, wie es Max Scheler dann ein wenig fragwürdig, aber hoch erfolgreich lieferte.[168] Es lässt sich zeigen, dass sich Rickerts Wertegebiete problemlos Basiswerten zuordnen lassen, die als Ordner menschlicher Selbstorganisation des Handelns systematisch abgeleitet wurden. Damit wird Rickerts Ansatz in das zeitgenössische Selbstorganisationsdenken herübergeholt. Da die Basiswerte und ihre Teilwerte empirisch gemessen werden können, eröffnet sich damit sogar ein praktisch-vernünftiger Zugang zur praktischen Vernunft des Kantianers Heinrich Rickert.

---

[168] Vgl. Scheler (2008).

Die Wertegesellschaft: Durchführung

Was „sind" Werte?

Mit dieser selbstverständlichen und selbstverständlich – wie alle „Was-ist-Fragen" – nie endgültig zu beantwortenden Frage beginnt jedes Nachdenken über Werte.

Sie steht auch, bevor wir dann weiter fragen, am Anfang jedes weiteren Nachdenkens über die Wertegesellschaft:

- *Wertedefinition*: Was „sind" Werte?
- *Wertestruktur:* Was ist die Struktur von Werten?
- *Wertewahrheit:* Was ist die Wahrheit von Werten?
- *Werteinkommensurabilität:* Was macht die Unvergleichbarkeit von Werten aus?
- *Werteverstehen:* Wie werden Werte erlebt und verstanden?
- *Werteverinnerlichung:* Wie werden Werte individuell angeeignet?

- *Werteentwicklung:* Wie lassen sich individuelle Werte gezielt entwickeln?
- *Wertemanagement:* Wie lassen sich kollektive Werte gezielt entwickeln?[1]

Dabei steht am Anfang aller Antworten eine tückische Falle. Heinrich Rickert hat mahnend vor ihr gewarnt. Man dürfe angeblich nie Wert und Wertung gleichsetzen. Sein Argument, das er am Kulturgut Bild verdeutlicht: „Alles Wirkliche an einem Bilde, die Leinwand, die Farben, der Lack, gehört nicht zu den Werten, die mit ihm verknüpft sind … Wir wollen daher solche mit Werten verknüpfte Objektwirklichkeiten Güter nennen, um sie von den an ihnen haftenden Werten zu unterscheiden."[2] Aber wie kann man sich dieses „Haften" vorstellen? Das Bild wird vielleicht ästhetisch, kommerziell, ethisch-moralisch, sozialweltanschaulich gewertet. Fällt der Akt der Wertung mit dem Wert zusammen?

Nein, meint er, die Werte, als etwas an den Gütern „Haftendes", existieren objektiv und sind von den Wertungen der wertenden Subjekte wie von den wertetragenden Gütern selbst streng getrennt.

Ja, meinen wir, es gibt keine an Gütern haftenden objektiven Werte. Das ist Philosophenfantastik. Werte entstehen vielmehr im Prozess der Wertung. Werte und Wertungen werden andauernd synonym gebraucht. Und das zu Recht. Wir bezeichnen beispielsweise mit dem Wort „Erkenntnis" den Erkenntnisprozess, aber auch das Erkenntnisresultat, die Erkenntnis.[3] Wir bezeichnen mit dem Wort „Wertung" den Wertungsprozess, aber auch das Wertungsresultat, den Wert. Deshalb benutzen wir

---

[1] Auf die beiden letzten Fragen gehen wir gesondert in den Kapiteln „Ausführung Personen und Persönlichkeiten" und „Ausführung Unternehmen und Organisationen" ein.
[2] Rickert (1999, S. 13).
[3] Janich (2000, S. 13).

„Wert" und „Wertung" synonym. Wo wir den Wertungsprozess selbst meinen, sagen wir auch Wertungsprozess.

Wertedefinition: Was „sind" Werte?

Wir gehen *empirisch* von einer allgemeinen lexikalischen Bestimmung von Werten aus, wonach Werte Bezeichnungen dafür sind,

> *„... was aus verschiedenen Gründen aus der Wirklichkeit hervorgehoben wird und als wünschenswert und notwendig (manchmal auch als unerwünscht und unnötig) für den auftritt, der die Wertung vornimmt, sei es ein Individuum, eine Gesellschaftsgruppe oder eine Institution, die einzelne Individuen oder Gruppen repräsentiert."* [4]

Wertungen, Werte sind Wertungsresultate, die aus Wertungsprozessen herrühren. Es gilt also die Gleichsetzung Wert = Wertung = Wertungsresultat. Mit einem solchen Ansatz nimmt man in Kauf, dass man einer Fülle von Werten gegenübersteht, menschheitlichen wie momentanen, die man nach ihrer Bedeutsamkeit für die aufgeführten individuellen wie sozialen Subjekte auseinandersortieren muss. Werte beeinflussen das Handeln jedes Einzelnen. Mehr noch: Ohne das Eingehen in die Handlungsfähigkeit des Einzelnen haben Werte, die höchsten wie die geringsten, die positivsten wie die negativsten, gar keine Existenz, sind bestenfalls Wunschvorstellungen.

> Wir gehen systemisch von einer allgemeinen Bestimmung von Werten aus, wonach Werte als Ordner der Selbstorganisation individuellen wie gesellschaftlichen, geistigen wie physischen Handelns gefasst werden.

---

[4] Baran (1990, S. 805).

Diese Sicht geht von einem tief lotenden Verständnis von Selbstorganisation, von der sogenannten Synergetik Herrmann Hakens aus.[5] Individuen, Gruppen, Teams, Organisationen, Unternehmen sind in zeitgemäßer Sicht komplexe Systeme. Sie lassen sich durch aus der Physik, Chemie, Biologie, Kybernetik oder klassischen Systemtheorie entlehnte Analogien kaum erfassen. Durch die Selbstorganisationstheorien[6] werden Komplexitäten in Natur, Technik, Politik und Wirtschaft analytisch zugänglich und im Rahmen des real Möglichen nutzbar.

„Warum wir erst anfangen, die Welt zu verstehen",[7] hat die Philosophin Sandra Mitchell ihr aufsehenerregendes Essay genannt und darin gezeigt, dass die Komplexität der wirklichen Welt uns dazu zwingt, die Welt der newtonschen Naturwissenschaft, die durchgängig auf Wissen im engeren Sinne beruht, zu verlassen und zu einem „integrativen Pluralismus" überzugehen, der Selbstorganisation einschließt. Es ist die Aufforderung, sich beherzt von der Wissensgesellschaft zur Wertegesellschaft hin zu bewegen.

Als *Selbstorganisation* wird in den modernen Systemtheorien eine Form von Systementwicklung bezeichnet, bei der die formgebenden, gestaltenden und beschränkenden Einflüsse von den Elementen des sich organisierenden Systems selbst ausgehen. In Prozessen der Selbstorganisation werden höhere strukturelle Ordnungen erreicht, ohne dass erkennbare äußere, steuernde Elemente vorliegen. Komplexe Systeme erzeugen nichtvoraussagbare innere Systemzustände („Ordner") und verhalten sich nichtvoraussagbar selbstschöpferisch, „autopoietisch". Selbstorganisation und

---

[5] Haken (1983).
[6] Neben der Synergetik sind dies thermodynamische Selbstorganisationstheorien und die biologisch orientierte Autopoiesetheorie („Konstruktivismus") mit zahlreichen sozialwissenschaftlichen Anwendungen.
[7] Mitchell (2008).

selbstorganisiertes Handeln sind reale, beobachtbare Phänomene – und viel häufiger als deterministische Vorgänge. Die zeitgenössischen Protestbewegungen lassen sich als illustrative Beispiele nutzen, weitere werden wir später einbeziehen.

Dieses *systemische Verständnis von Werten* hat vier große Vorteile.

Es liefert dem Verständnis von Werten als Ordner von Selbstorganisation einen *theoretischen Hintergrund*, der auf das Wie und Warum von Werten Antworten bereithält, die Rickert und die südwestdeutsche Wertetheorie suchten und nicht fanden, nicht finden konnten. Die Synergetik und vor allem der darin zentrale Begriff des Ordners liefern, so sind wir überzeugt, den Hauptschlüssel zum Öffnen der verschachtelten Gänge und Kammern des Wertegebäudes.

Dieses Verständnis von Werten als *Ordner selbstorganisierten Handelns* ist nicht mehr an bestimmte Werte, Wertebereiche oder Werteverknüpfungen gebunden. Die vier Basisbereiche – Genusswerte, Nutzenwerte, ethisch-moralische Werte, sozial-weltanschauliche Werte – sind nicht hierarchisch angeordnet, beispielsweise so, als wären sozial-weltanschauliche Werte den Genusswerten „übergeordnet". Die Basiswerte ergeben sich vielmehr aus fundierten systemtheoretischen Überlegungen,[8] sind allerdings offen für die Aufnahme aller zu hunderten auffindbarer Einzelwerte.[9] Jede Systematik, in der wichtige Wertebegriffe diesen Basiswerten zugeordnet sind, ist nicht mehr, aber auch nicht weniger als ein Vorschlag, die Wertefülle zu bändigen. Davon haben auch wir in unserem Werteerfassungssystem KODE®W Gebrauch gemacht.[10]

Die Auffassung von Werten als Ordner von Selbstorganisation ist gegen jeden Versuch gerichtet, nur die positive

---

[8] Vgl. Epstein (2003).
[9] Vgl. Sauer (2018).
[10] Erpenbeck und Sauter (2019, S. 230 ff.).

Seite einer Wertung herauszuheben. Sie fordert vielmehr dazu auf, den gesamten Wertungsprozess zu betrachten. Werte sind nicht nur etwas „Hehres", sondern auch etwas ganz Alltägliches. Unsere Empfindungen, Gefühle, Wünsche, Vermutungen, Zweifel, Befürchtungen, Hoffnungen, Bedürfnisse, Interessen, Einstellungen, Meinungen, Haltungen, Ansichten, Überzeugungen, Vorurteile, Ablehnungen, Glaubensmaximen und so weiter sind Werte oder enthalten zentral Werte. Das heißt, wir können keine drei Sätze sagen, ohne dass wir eine Wertung aussprechen, zur Diskussion stellen, bestätigen oder ablehnen. Hingegen sind Sach- und Faktenwissen, Informationswissen und Messwerte, auch ökonomische Werte, keine „echten" Werte, da sie keine Ordner von sozialer Selbstorganisation darstellen.

Das Verständnis von Werten als Ordner von Selbstorganisation gibt Antworten auf die simple Frage: Wozu sind Werte überhaupt gut? Werte ermöglichen das Handeln in einer hochkomplexen, sich selbst organisierenden Welt. Die Zukunft ist aufgrund unendlicher Struktur-, Bewegungs- und Entwicklungszusammenhänge, aufgrund von Komplexität und Selbstorganisation objektiv offen. Von ihr sind unter keinen Umständen vollständige Kenntnisse zu gewinnen.

Werte ermöglichen ein Handeln unter der daraus resultierenden prinzipiellen Unsicherheit unseres Wissens.

Sie „überbrücken" oder ersetzen fehlende Kenntnisse, schließen die Lücke zwischen Kenntnissen einerseits und dem Handeln andererseits. Sie haben manchmal den Charakter von Scheinwissen, von abergläubischer Gewissheit. Das reicht bis zum Glauben als bewertetem Nichtwissen.

> Wir leben nicht in einer Welt von Fakten, die Werte einschließt, sondern in einer Welt von Werten, die Fakten einschließt.[11]

---

[11] Vgl. Ausführung Personen und Persönlichkeiten.

Wir tun deshalb gut daran, uns nicht nur in der Wissensgesellschaft, sondern auch in der Wertegesellschaft umzusehen.

Wertestruktur: Was ist die Struktur von Werten?

Ähnlich wie Rickert sprachlogische Überlegungen an den Anfang seines Werteverständnisses stellte, wollen auch wir von einer logischen Betrachtung ausgehen. Alexander Iwin unterscheidet vier „Komponenten" von Wertungen: Subjekte, Objekte, Grundlagen und Maßstäbe von Wertungen.[12]

Subjekt einer Wertung ist danach „die Person (oder die Gruppe von Personen), die einem bestimmten Gegenstand durch die Äußerung der gegebenen Wertung einen Wert zuschreibt". Jede Wertung muss den Hinweis auf das wertende Subjekt enthalten, sonst ist sie unvollständig.

Objekt (Gegenstand) einer Wertung ist die Gesamtheit der „Objekte, denen man Werte zuschreibt, oder diejenigen Objekte, deren Werte verglichen werden. Mit anderen Worten, Gegenstand einer Wertung ist der zu bewertende Gegenstand." Solche „Gegenstände" (Objekte) können physische und geistige Dinge, Eigenschaften, Relationen, Prozesse sein. Auch Handlungen, Motivationen und Emotionen, Entscheidungen und sogar andere Wertungen können selbst zum Gegenstand von Wertungen werden.

Grundlage einer Wertung ist „das, von dessen Standpunkt aus die Wertung vollzogen wird". Iwin fasst hierunter alles, was das Subjekt zur Wertung veranlasst. Das können Erkenntnisse und Erfahrungen, Urteile und Vorurteile, reale und fiktive, bewusste und unbewusste Bedürfnisse des Sub-

---

[12] Vgl. im Folgenden Iwin (1975).

jekts sein. Auch Emotionen, Normen und Ideale zählen zu diesen Grundlagen, da sich hinter ihnen verinnerlichte, interiorisierte soziale Wertungen verbergen können. Im Interiorisationsprozess des Individuums werden fremde Wertungen, Normen, Ideale dann zu etwas Eigenem des Subjekts der Wertung. Davon geht es bei seinen Wertungen, bei seinem Werten aus.

Der Maßstab einer Wertung erfasst, welche Messlatte das Subjekt an die eigenen Wertungen legt. Ob es sich klassifizierend in absoluten Wertungen ergeht und nur gut, schlecht, indifferent kennt. Oder ob es vergleichendes Werten, besser, schlechter, gleichwertig bevorzugt. Oder ob es sogar versucht, den Maßstab des Wertens mit Maßangaben, etwa mit Prozentangaben, zu gestalten. Maßstäbe der Wertung sind wegen ihres Komplexitätsgrades oft vieldimensional.

Das so entworfene *„Wertekleeblatt"* ist Ausgangspunkt weiterer Überlegungen (Abb. 1)

Es symbolisiert zunächst den Wertungsprozess, das Werten selbst. Es spiegelt aber zugleich das Resultat des Wertens, die Wertung, den Wert wider. Jeder Wert umfasst, genauer nachgefasst, stets das gesamte Kleeblatt. Der Wert eines Bildes ist eben nicht „die Leinwand, die Farben, der Lack", der Gegenstand der Wertung. Dazu gehört ebenso das Subjekt der Wertung, der Bilderliebhaber, der genau wegen dieses Bildes ins Museum gegangen ist. Er ist ausgestattet mit Grundlagen der Wertung, zu denen seine kulturelle Einbindung und Bildung, sein persönlicher Geschmack und seine Interessen gehören Auch seine Maßstäbe der Wertung zählen dazu, teils selbst erarbeitet, teils sozial übernommen, wonach dieses Bild zu den wunderbarsten Porträtbildern der Renaissance gehört, alle ähnlichen Bilder überragend. Kommen viele Menschen aus grundlegend ähnlichem Kulturkreis mit ähnlichen Maßstäben zu einer ähnlichen Wertung, ergibt sich ein sozialer Mittelwert: Die

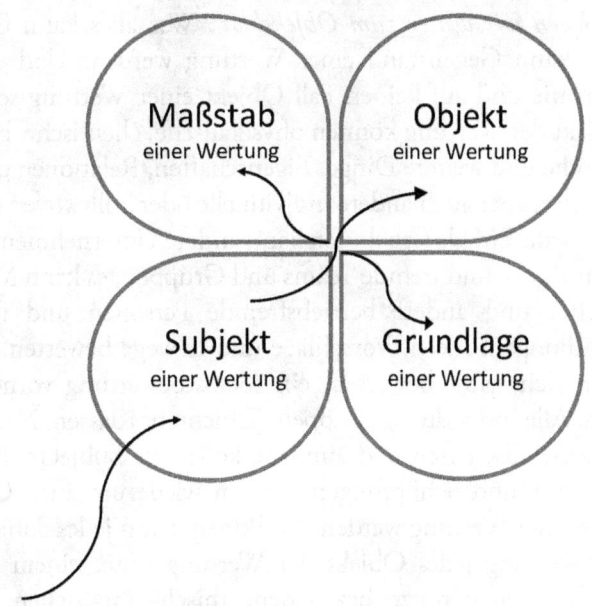

Abb. 1 Wertekleeblatt

Mona Lisa ist ein wunderbares Bild. Man darf nur nicht vergessen, dass in einem solchen Wert Millionen vergleichbarer Wertekleeblätter angehäuft sind.

Dieses „Wertekleeblatt" liegt allen Wertungen zugrunde, obwohl in der praktischen Kommunikation oft Teile der Struktur weggelassen werden oder die ganze Wertung zu einer einzigen Wertezuschreibung zusammenschrumpft: Die Mona Lisa ist eines der schönsten Bilder weltweit.

Die Teilblätter des Wertekleeblattes lassen sich nun genauer betrachten.

Beginnen wir beim Subjektblatt. Individuen, Gruppen, Schichten, Klassen, Nationen, Gesellschaften und ähnliche kollektive Gebilde können als Subjekte der Wertung auftreten. Unter den Subjekten der Wertung spielen Individuen und ihre Emotionen als Wertungen eine besondere Rolle.

Gehen wir weiter zum Objektblatt. Was alles kann Objekt, kann Gegenstand einer Wertung werden? Und was kann nie und auf keinen Fall Objekt einer Wertung sein? Objekt der Wertung können physikalische, chemische, biologische und weitere Dinge, Eigenschaften, Relationen und Prozesse, aber auch andere individuelle oder kollektive Subjekte sein. Ein Unternehmen kann andere Unternehmen, es kann eigene und fremde Teams und Gruppen, es kann Mitarbeiter und andere betriebsfremde Personen und ihre Handlungen, Ideen, Vorschläge und Irrwege bewerten. Es kann sich selbst bewerten, eine Selbstbewertung vornehmen. Alle Individuen, Gruppen, Schichten, Klassen, Nationen, Gesellschaften und ähnliche kollektive Subjekte, ihre Produkte und Schöpfungen können wiederum auch Objekte einer Wertung werden. Im Prinzip kann jedes Subjekt der Wertung jedes Objekt der Wertung unter einem genussbezogenen, nutzenbezogenen, ethisch-moralischen, sozial-weltanschaulichen, aber auch ästhetischen, religiösen und anderen Blickwinkel werten. Entsprechend entwickeln Individuen genussbezogene, nutzenbezogene, ethisch-moralische, sozial-weltanschauliche, ästhetische, religiöse und andere Emotionen. Sie sind besonders wichtig, weil die Wertungen aller kollektiven Subjekte letztlich zu individuellen Emotionen interiorisiert werden müssen, um wirksam zu werden.

Das Reden von unseren europäischen Werten reicht nicht aus. Erst wenn sie zu eigenen individuellen Emotionen umgewandelt worden sind, wenn Europäer frei im Sinne Europas entscheiden und handeln, sind die Werte des gesellschaftlichen Subjekts Europa wirksam. Auch die „Produkte" dieser Subjekte können ihrerseits zu Wertungsobjekten werden und so ins Unendliche wachsen. Jeder Mensch kann im Prinzip alle und alles werten. Aber auch eine Gesellschaft kann alles und alle und schließlich auch sich selbst werten. Nicht alles lässt sich erkennen und verstehen. Aber ausnahmslos alles lässt sich werten. Darin liegt die entscheidende Begründung dafür, dass die Wertegesellschaft von größerer Mächtigkeit als die Wissensgesellschaft ist.

Betrachten wir nun das Grundlagenblatt. Die Erfahrungen, Meinungen, Bedürfnisse, Interessen und Gefühle individueller und kollektiver Subjekte der Wertung, die Grundlagen der Wertung bilden, können ganz unterschiedlichen Bereichen entstammen. Sie können von natur-, human- und sozialwissenschaftlichen Erkenntnissen herkommen, unabhängig davon, ob sie wahr oder falsch, ob sie dem Subjekt bewusst sind oder nicht. Auch reine Fantasien und Fabeln, unbewiesene Vermutungen oder akzeptierte Lügen können Grundlagen der Wertungen bilden. Um Wertungen überhaupt zu begreifen, muss man herausfinden, wovon die Wertenden ausgehen, auch wenn man diese Grundlagen nicht akzeptiert.

Schließlich das Maßstäbeblatt. Die Maßstäbe haben sich teilweise in historischen Entwicklungsprozessen kulturell herausgebildet, hängen aber auch direkt vom Subjekt der Wertung ab, ob dieses eher klassifizierende absolute Wertungen oder eher vergleichende relative Werte bevorzugt oder ob es Maßstäbe des Wertens sogar mit Maßangaben ausstattet. Sie hängen ebenso von den Objekten der Wertung ab. Handelt es sich um wissenschaftliche Erkenntnisse, werden vielleicht Maßangaben bevorzugt. Bei weltanschaulichen Gegenständen wird vielleicht eher verabsolutierend nach gut oder schlecht klassifiziert. Auch die Grundlagen der Wertung haben einen direkten Einfluss auf deren Maßstäbe. Ist man sich seiner Erfahrungen und Gefühle sicher, wird man vielleicht eher verabsolutierend werten, liegen wissenschaftliche Erkenntnisse und Einsichten der Wertung zugrunde, wird man eher einen differenzierteren Maßstab bevorzugen.

Die Bestimmung von Werten als Ordner der individuellen und sozialen Selbstorganisation des Handelns stand am Anfang jedes Nachdenkens über die Wertegesellschaft. Die Aufklärung der Struktur von Werten, des „Wertekleeblatts" führt dieses Nachdenken fort. Sie macht verständlich, wieso es in ihr zu so einem riesigen Wirrwarr sich überlagernder und oft widerstreitender Werte kommt. Und wieso die Wertegesellschaft von so viel größerer Mächtigkeit als die Wissensgesellschaft ist. Sie erklärt schließlich, wieso völlig irrsinnige Grundlagen zu einigermaßen akzeptablen Wertungen und Handlungen führen können und wieso völlig irrsinnige Wertungen und Handlungen von durchaus akzeptablen Grundlagen ausgehen können.

> Die Wissensgesellschaft verkörpert innere Ordnung, die Wertegesellschaft inneres Chaos.

Werteadäquatheit: Was ist die Wahrheit von Werten?

Neben den Fragen, was Werte überhaupt sind und wie sie beschaffen sind, ist die wohl wichtigste und am meisten gestellte Frage in der Wertegesellschaft: Welche Werte treffen denn in unserer Gesellschaft zu und welche nicht, nach welchen muss ich mich richten und welche besser ablehnen, welche gelten und welche nicht?

> Werte sind nicht wahr oder falsch.

Sie gelten oder sind ungültig. Das ist aber nicht viel mehr als eine De-facto-Feststellung. Uns interessiert natürlich am meisten, warum und in welcher Hinsicht sie gelten, warum gerade diese, warum ausgerechnet sie unserer Handlungs- und Lebenssituation angemessener – adäquater – sind als alle anderen, die in der Wertegesellschaft herumwabern, die uns jeden Tag vererbt, verkündet und gepredigt werden.

Heinrich Rickert hatte genau diese Frage in den Mittelpunkt seiner Wertetheorie gestellt; wir haben es ausführlich beschrieben. Er ging vom Wahrheitswert, von der objektiven Geltung unbestreitbarer wissenschaftlicher Ergebnisse aus, stellte aber sofort klar, dass die objektive Geltung ethischer, ästhetischer, religiöser und anderer Kulturwerte wissenschaftlich nicht beweisbar ist. Die Wertelehre habe solche Werte lediglich in ihrer Eigenart zu verstehen, sie dürfe aber nicht versuchen, sie in ihrer Geltung theoretisch zu beweisen. Der Mensch, der in einen gesellschaftlichen Zusammenhang hineinwächst und sich kulturell integrieren will, erfährt, welche Werte in seiner Umgebung, seinem Milieu, seinem Land als angemessen gelten, welche adäquat sind. Damit ist aber, so stellten wir fest, das alltägliche Fragen nach dem Zutreffen, nach der Sinnhaftigkeit oder Sinnlosigkeit von Wertungen, nach ihrem Zeitgemäßen oder Unzeitgemäßen, nach ihrer Angemessenheit oder Unangemessenheit in konkreten Lebenssituationen nicht aufgehoben. Deshalb benutzen wir gern den Begriff der *Adäquatheit oder Inadäquatheit* von Werten. Das ist in der Wertegesellschaft das zentrale Kriterium.

Im Gegensatz zur Feststellung von einzelwissenschaftlicher Wahrheit ist die Feststellung der Adäquatheit von Werten stets eine verspätete Einschätzung. Wurde die Flugbahn einer Mondlandung korrekt berechnet und sind keine Störungen im Spiel, lässt sich die Landung exakt voraussagen. Damit bestätigt sich der Wahrheitswert der Berechnung unmittelbar. Die Freiheits-Gleichheits-Brüderlichkeits-Werte der Französischen Revolution bedurften fast eines halben Jahrhunderts, um nach Zeiten des Terrors, der napoleonischen Herrschaft und der Restauration in ihrer Adäquatheit für das französische Volk, für die bürgerliche Demokratie anerkannt zu werden. Die wertende „Bauchentscheidung" eines Unternehmers, eine riskante Investition trotz Zweifeln zu tätigen, erweist sich erst in der Insolvenz als inadäquat, im Erfolgsfall als adäquat.

> Auch wenn manche ihrer Visionen weit in die Zukunft ragen, die Wertegesellschaft ist immer eine verspätete Gesellschaft.

Werteunvergleichbarkeit: Was macht die Unvergleichbarkeit von Werten aus?

Ein weiterer Grundzug der Wertegesellschaft ist die „Inkommensurabilität", die Unvergleichbarkeit der Werte. Nur wenn man eine objektive Geltung und eine hierarchische Ordnung der Werte akzeptiert, kann man „höhere" und „niedrigere" Werte gegeneinanderstellen und beispielsweise behaupten, religiöse Werte seien wichtiger als Genusswerte. Ritualisiertes Fasten geht beispielsweise von dieser unbeweisbaren Behauptung aus. Schon Heinrich Rickert wehrte sich gegen solche Behauptungen, verfocht unbeirrbar die Inkommensurabilität.

Eduard Spranger, der wertegegründete Lebensformen beschrieb und analysierte, schrieb dazu:

> „Es hat etwas für sich, wenn man sagt: das wirtschaftliche Erlebnis und das ästhetische Erlebnis, das heißt eine Bedürfnisbefriedigung und eine schauende Lust seien von so verschiedener innerer Qualität, dass sie nicht gegeneinander abgewogen werden können. Wer will in Geldeinheiten ausdrücken, wie viel mir eine Liebe wert ist, und wer will in

Liebeseinheiten ausdrücken, was mein neuer Rock gekostet hat? Wir haben schon früher darauf erwidert, ... dass die verschiedenen Wertqualitäten nicht durcheinander in quantitativen Einheiten ausgedrückt werden können."[13]

Die Inkommensurabilität von Werten hält viele Stolperfallen für die Mitglieder der Wertegesellschaft bereit. Das lässt sich am deutlichsten an den Versuchen zeigen, ethisch-moralische und sozial-weltanschauliche, insbesondere die darin enthaltenen politischen Werte zu vergleichen oder gar zu vermischen. Ethisch-moralische Werte haben einen eigenen, klar zu umreißenden Status, sozial-weltanschauliche, insbesondere politische Werte einen ebenso klar zu umreißenden anderen. Politischer Moralismus[14] ist ebenso wie moralisierende Politik eine immer wieder begangene Todsünde in der Wertegesellschaft. Soldaten sind keine Mörder, sie töten politisch gewollt und demokratisch legitimiert – zumindest in wirklichen Demokratien. Unternehmensethik handelt ebenso von Unternehmenspolitik. Zwischen beidem gibt es oft unvermeidliche Konflikte, man denke etwa an den Export von hochprofitablen Waffensystemen. Medizinethik handelt ebenso von Gesundheitspolitik, und das oft in scharfen Auseinandersetzungen und Konflikten; man denke etwa an Entscheidungen zu Organtransplantationen oder zu Abtreibungen. Berechtigt werden solche Wertekonflikte durch Kommissionen von Fachleuten und Politikern beraten, unberechtigterweise werden diese als Ethikkommissionen bezeichnet, obgleich es sich bei genauerem Hinsehen immer um *Wertekommissionen* handelt, die das Zusammenwirken von ethisch-moralischen, sozial-weltanschaulichen, aber auch von Genuss- und Nutzenwerten

---

[13] Spranger (1921, S. 238).
[14] Vgl. Lübbe (2019).

abwägen. Solche Kommissionen sind nur in der Wertegesellschaft bedeutungsvoll, in der Wissensgesellschaft gilt der leibnizsche Grundsatz: Meine Herren – und heute natürlich Damen – rechnen wir!

> Wertekommissionen sind in der Wertegesellschaft wichtig und unvermeidlich.

Werteverstehen: Wie werden Werte erfahren, erlebt und verstanden?

Wissensgesellschaft und Wertegesellschaft haben grundverschiedene Formen der Aneignung ihrer wichtigsten Geistesgebilde, Wissen und Werte.

Das lässt sich an einer Kontroverse veranschaulichen, die genau in der Wirkungszeit von Heinrich Rickert ihren Anfang nahm. Es handelt sich um die Kontroverse von erklärender und verstehender Psychologie. Wir profitieren davon, dass sie schon früh und in großer Gründlichkeit von Nicole Schmidt aufgearbeitet wurde.[15] Dabei geht es uns hier nicht um die Psychologie. Uns interessiert vielmehr der betont wissensgesellschaftliche im Kontrast zum wertegesellschaftlichen Zugang.

Mit Entstehung der modernen Psychologie hielten Methoden der Naturwissenschaften in die Humanwissenschaft Psychologie Einzug und lösten die biopsychosoziale Einheit Mensch einzelwissenschaftlich auf.[16] Nicht zufällig nannten die Gründungsväter diesen Ansatz „Psychophysik."[17] Grundidee war, nach dem methodischen Ideal der Physik

---

[15] Vgl. Schmidt (1995).
[16] Vgl. Wessel (2015).
[17] Vgl. Erpenbeck (1984c).

Die Wertegesellschaft: Durchführung

und ihrem einzelwissenschaftlichen *Erklären* Erkenntnisse mit verifizierbarem Wahrheitswert zu finden; bis heute Ausgangspunkt der kognitiven Psychologie. Es war der Versuch, Psychologie zu einer Abteilung der Wissensgesellschaft zu machen. Der entsetzte Gegenschlag aus der Wertegesellschaft ließ nicht auf sich warten. Wilhelm Dilthey wollte, wie erwähnt, die Bedingungen des menschlichen Bewusstseins im ganzen aktuellen und historischen Umfang erfassen, der Wollen, Fühlen und Denken einschließt und nicht nur „den verdünnten Saft von Vernunft als bloßer Denktätigkeit".[18] Er wollte auf die ganze, volle, unverstümmelte *Erfahrung* setzen, auf *Erleben* und *Verstehen*. Damit benannte er die Stichworte für die Aneignung von Werten – aber auch von bewertetem Wissen! – in der Wertegesellschaft.

Erfahrung als Prozess wie als Resultat kann durch Individuen, Gruppen, Schichten, Klassen, Nationen gewonnen werden, aber immer nur in deren eigenen materiellen oder ideellen Tätigkeiten selbst, stets verbunden mit deren Erlebnissen und Wertungen. Die Betonung des Selbstgewonnenseins hebt den Erfahrungsbegriff von allen anders gewonnenen Bewusstseinsresultaten ab. Erfahrungen können als Wissen, aber nicht als Erfahrungen vermittelt werden: Meine Erfahrungen gehören mir. Erscheinen andere Erkenntnisformen gleichsam wertefrei – etwa bestimmte Theorien, Wissenssysteme, Kenntnisse –, so ist das bei Erfahrungen niemals der Fall.

Erleben nennt man stets mit Emotionen als individuellen Wertungen verbundene psychische Gegebenheiten wie Gefühle, Motive, Wahrnehmen, Wollen oder Verstehen. Auch Vorurteile gehören dazu und lassen uns oft genug in

---

[18] Dilthey (1883, S. XVIII).

Vertrautheitsfallen laufen. Erleben ist oft nicht direkt, sondern eher durch Selbstbeobachtung zu erkunden. Was sich in Erlebens- und Erfahrungsprozessen entwickelt, ist nicht primär Wissen, obgleich dieses nicht fehlen darf, sondern es sind vor allem Wertungen, Werte, Werteorientierungen, Wertehaltungen, Überzeugungen, Mitgefühl oder der Bezug auf Andere. Erleben ist als Grundlage für den eigenen Erfahrungsgewinn unverzichtbar. Gerade Erlebnisse liefern die Momente der emotionalen „Labilisierungen", unter denen nicht nur Sachwissen aufgebaut, sondern Emotionen angeregt, Motivationen ausgeprägt und Wertehaltungen entwickelt werden. Emotionale Labilisierung wird durch die Erlebnispädagogik zur gezielten Werteentwicklung von Persönlichkeiten eingesetzt.[19] Erleben und Erfahrung in der Arbeits- und Lebenspraxis ist der wichtigste, unersetzbare Aspekt für die Werteentwicklung von Persönlichkeiten überhaupt und ein Fundament der Wertegesellschaft.

Verstehen ist ein Begriff, der zu Hunderten durch die Büchertitel der Wertegesellschaft wirbelt. Deutsch verstehen, Formeln verstehen Hunde verstehen, Kühe verstehen, Menschen verstehen, Kinder verstehen, Frauen verstehen, Männer verstehen, Gefühle verstehen, Ängste verstehen, Schmerzen verstehen, den Gefühlsdschungel verstehen … Die fundamentale Auseinandersetzung zwischen wissensgesellschaftlich vorgehenden und wertegesellschaftlich argumentierenden Psychologen kondensierte sich in der Erklären-Verstehen-Kontroverse.[20] Naturwissenschaften erklären Sachverhalte. Die Gemeinsamkeit der Geisteswissenschaften, einschließlich der Psychologie, besteht nach Dilthey hingegen darin, dass sie alle fundiert sind „im Er-

---

[19] Paffrath (2017, S. 59).
[20] Vgl. Apel (1979, S. 35 ff.).

leben, in den Ausdrücken für Erlebnisse und in dem Verstehen dieser Ausdrücke".[21] Ausdrücke sind hier nicht nur individuelle Gebärden und Verlautbarungen, sondern auch kulturell-historische geistige Schöpfungen. Auch die Unterteilung in Urteile – als faktische Aussagen – und Beurteilungen – als wertende Stellungnahmen, wie Wilhelm Windelband sie vorschlug, versuchte eine klare Zuweisung von erklärender Psychologie in die Wissensgesellschaft, von verstehender Psychologie in die Wertegesellschaft.

Das Verstehen von Verstehen führt uns zum Denkabenteuer moderner *Hermeneutik*. Diese „Kunst der Auslegung" ist die Methode der Interpretation von Texten und ihres Verstehens. Beim Verstehen verwendet der Mensch Symbole. Er ist kulturell in ein Universum von Zeichen und in eine Gesellschaft eingebunden, die solche Zeichen verwendet und ihren Wertegehalt ähnlich deutet. Bedeutende Philosophen wie Edmund Husserl in seiner Phänomenologie,[22] Martin Heidegger in seiner phänomenologisch inspirierten Seinslehre und Hans-Georg Gadamer in seiner philosophischen Hermeneutik verliehen diesem Stück Wertegesellschaft Glanz und Anerkennung bis heute.

Das Verstehen von Verstehen führt uns zugleich zu einem tiefen Nachdenken über uns selbst, über unser Selbst, über unser Leben und unsere Lebenserfahrung. Es führt zu lebensphilosophischen Schlussfolgerungen, unabhängig davon, wie man *Lebensphilosophie* betreibt und einschätzt. Schon Heinrich Rickert hat sich mit ihr kritisch

---

[21] Dilthey (2015, S. 71).
[22] Phänomenologie: philosophische Strömung, deren Vertreter den Ursprung der Erkenntnisgewinnung in unmittelbar gegebenen Erscheinungen, den Phänomenen, sehen, nach https://de.wikipedia.org/wiki/Phänomenologie. Zugegriffen am 03.03.2020.

auseinandergesetzt und sie zugleich als wichtige Denkmöglichkeit akzeptiert.[23]

> Die wichtigsten Formen der Werteaneignung in der Wertegesellschaft, Erfahrung, Erleben und Verstehen, führen zu einem ganz neuen Blick auf diese Welt und auf uns selbst.

Werteverinnerlichung: Wie werden Werte individuell angeeignet?

> Die Aneignung, Verinnerlichung, Interiorisation von Werten durch Personen und Persönlichkeiten ist der Kernprozess der Wertegesellschaft; nichtinteriorisierte Werte sind wertlos.[24]

Diese Interiorisation ist immer ein psychologischer Prozess, wie man ihn auch im Einzelnen beschreibt. Jede Wertetheorie, wie abstrakt und philosophisch sie auch daherkommen mag, muss Hinweise darauf enthalten, wie die ganze Fülle von sozial entstandenen, ordnenden und organisierenden Werten in den Emotionen individueller Mitglieder der Wertegesellschaft verankert wird, um wirken zu können. Zu Zeiten von Edmund Husserl und Heinrich Rickert war es streng verpönt und wurde als Psychologismus gebrandmarkt, wenn philosophische Fragestellungen mit psychologischen Erkenntnissen beantwortet wurden. Zu Recht, wie beide Denker klar machten. Beim Interiorisationsproblem ist das anders. Bezieht man die zugrunde liegenden psychologischen Prozesse nicht ein, entsteht eine *psychologische Lücke*, die dann meist mit trivialen Alltagsbei-

---

[23] Vgl. Rickert (1920).
[24] Vgl. Erpenbeck und Sauter (2007, S. 38 ff.).

spielen oder mit Sprachakrobatik gefüllt wird. Wir haben es von Anfang an vorgezogen, auf jeweils aktuelles psychologisches Material zurückzugreifen, um die Verinnerlichung von Werten zu beschreiben und zu begreifen.

Wir fassen die „Stufen" dieses Interiorisationsprozesses, Erkenntnisse der Emotions- und Motivationspsychologie, Psychotherapieforschung und Gruppendynamik einbeziehend, früheren Darstellungen folgend,[25] kurz zusammen:

Ausgangspunkt können alle existierenden Wertungen sein: Genusswertungen, Nutzenwertungen, ethisch-moralische Wertungen, sozial-weltanschauliche Wertungen, ästhetische Wertungen, religiöse Wertungen und weitere. Sie sind als Individual-, Gruppen-, Schichten-, Gesellschafts-, National- und andere Wertungen zu einem bestimmten historischen Zeitpunkt entstanden. Sie alle können von einer konkreten Person auf der kognitiven Ebene gelernt werden: Sie sind damit ihrem Inhalt nach „bloß bekannt", aber nicht interiorisiert und deshalb nicht wirksam.

Jeder Mensch wird fortwährend vor persönliche *Entscheidungssituationen* gestellt, die aus Herausforderungen in der Arbeit, in der Freizeit, in der Familie, in Organisationen resultieren. Sie lassen sich meist als Konfliktsituationen fassen, als Konflikte beim geistigen oder körperlichen Handeln, als Partnerkonflikte, als Gruppenkonflikte oder als erweiterte gesellschaftliche Konflikte.

Dabei sind *Freiheit* und *Selbstverantwortung* bei der Entscheidung die wesentlichsten Voraussetzungen dafür, dass überhaupt Interiorisation stattfindet. Entscheidungen unter Zwang führen, auch wenn sie scheinbar durch Normen und Werte geleitet sind, nicht zu deren Interiorisation, oft aber zur Entstehung anderer, entgegengesetzter.

---

[25] Vgl. Erpenbeck und Sauter (2019, S. 19 ff.).

Die umrissenen Entscheidungssituationen führen zu starken emotionalen Berührungen, zu emotionalen Verunsicherungen und Konflikten, zu einem emotionalen Durchrütteln, zu emotionalen Spannungszuständen. Wir nennen sie verallgemeinernd *emotionale Labilisierungen*. Das ist die entscheidende Voraussetzung jeder Interiorisation: Je größer die emotionale Labilisierung, desto tiefer wird die zur Auflösung des Spannungszustands führende Wertung emotional verankert.

Auch in großen *Konfliktsituationen* müssen ständig persönliche Entscheidungen getroffen werden, um überhaupt handeln zu können. Das gilt für einfache Alltags- und Arbeitsentscheidungen ebenso wie für zuweilen weltbewegende Entscheidungen von Unternehmern oder Politikern. Da die uns umgebende Komplexität prinzipiell nicht „vorausberechnet" werden kann, sind solche Entscheidungen unter Unsicherheit der Normalfall.

Wenn wir weder auf entscheidungssicherndes Wissen noch auf „sichere" adäquate Wertungen zurückgreifen können, wird schließlich unter Zuhilfenahme von bloß gelernten, aber noch nicht interiorisierten oder aber von individuell neu entwickelten *Wertungen* entschieden und die entscheidungsgemäße Handlung, meist im Rahmen gesellschaftlicher Kooperation und Kommunikation, in Form einer tatsächlichen oder geistigen Handlung ausgeführt.

Wird das Handlungsergebnis zunächst vom Handelnden, später aber auch von anderen als erfolgreich eingeschätzt, kommt es – das ist der Kern des Ganzen – zu einer *komplexen Abspeicherung* von Wissen, Entscheidung und Handlungsergebnis, zusammen mit den zum Handlungserfolg führenden Wertungen.[26] Aufgrund der vorangegangenen emotionalen Labilisierung verankert der Handlungserfolg die Wertungen tief im emotionalen Grund. Genau in

---

[26] Vgl. Ciompi (1997).

diesem Fall sprechen wir von einer Interiorisation dieser Wertungen. Bei Misserfolg kommt es möglicherweise auch zur Auflösung früher bereits interiorisierter Wertungen. Nicht jeder Handlungserfolg führt zur Interiorisation und nicht jeder Misserfolg zur Löschung von Werten. Für die Einschätzung als Erfolg oder Misserfolg ist das Urteil der Mitmenschen ein wesentliches Kriterium.

Die interiorisierten oder abgelehnten Wertungen werden wiederum sozial kommuniziert – bis hin zur Entstehung sozialer Mittelwerte in Form von *Regel-, Werte-* und *Normensystemen*. Ihre Durchsetzung wird mithilfe von Sanktionen und Institutionen bekräftigt, die auf weitere Interiorisationsprozesse zurückwirken.

Bewähren sich bereits existierende Normen und Werte, werden sie auf diese Weise und notwendig in jeder Generation neu reproduziert. Entwickeln Einzelne aufgrund ihres Wissens und ihrer Erfahrungen Wertungen vorwegnehmend neu und vermögen sie es, diese in gesellschaftliche Kommunikations- und Entscheidungsprozesse einzubringen, so kann man von einer *erweiterten Reproduktion* oder Neuproduktion der Normen- und Wertesysteme sprechen. Die großen Religionsstifter liefern hierfür anschauliche Beispiele.

Werte werden nicht einzeln reproduziert oder produziert, sondern stets im Zusammenhang mit anderen Normen und Werten. Besonders wichtig ist der mit der Persönlichkeitsentwicklung verbundene *Aufbau eines Wertesystems* in Form einer dauerhaften Pyramide mit obersten, leitenden Werteorientierungen. Sie gewährleistet die Stabilität von Grundwerten und Wertesystemen, selbst über tiefe historische und soziale Erschütterungen hinweg. Sie ist aber auch oft für die Unerschütterlichkeit absurd erscheinender Werte- und Weltanschauungen verantwortlich.

Interiorisationsprozesse greifen vor allem auf emotionaler Ebene an.[27] Werteentwicklungen, die allein auf die gedanklich-sprachliche Ebene einzuwirken versuchen, stehen auf verlorenem Posten. Es gibt zwar rationale Erwägungen, aber keine rein rationalen Entscheidungen. Entscheidungen sind immer emotional. Rationale Argumente wirken auf Entscheidungen nur über die mit ihnen verbundenen Emotionen, über Erwartungen und Befürchtungen ein. Alles was wir entscheiden, wird im Lichte des emotionalen Erfahrungsgedächtnisses entschieden. Absolut jede Werteveränderung und -entwicklung bedarf einer emotionalen Berührung, Verunsicherung, Irritation, Destabilisierung – kurz einer *emotionalen Labilisierung. Ohne echte emotionale Labilisierung gibt es keine Werteinteriorisation, keinerlei Wertewandel!*

Daraus ergeben sich, Gerhard Roth folgend, zwei zentrale Grundsätze der Wertegesellschaft: „Bei Entscheidungen und Verhaltensänderungen haben die unbewussten Anteile unserer Persönlichkeit das erste und das letzte Wort, Verstand und Vernunft sind nur Berater!" Und: „Worte sind nicht ganz unnütz, aber sie allein bewirken nichts, sondern immer nur mit bewussten Emotionen oder besser noch mit unbewussten Emotionen …".[28]

Werteentwicklung: Wie lassen sich individuelle Werte gezielt entwickeln?

Wenn wir verstehen, wie sich Werte im Alltag, in der Arbeit, in der Freizeit, in unserem und in aller Leben entwickeln,

---

[27] Vgl. Roth (2003).
[28] Vgl. Roth (2014).

können wir schlussendlich auch diese für die Wertegesellschaft entscheidende Frage stellen und Antworten suchen.

Natürlich könnte man parallel dazu auch fragen, wie sich *soziale* Werte gezielt entwickeln lassen. Eine Antwort darauf würde Bücher von vielfachem Umfang als das hier vorliegende erfordern. Für den Bereich von Unternehmen und Organisationen werden wir einige Formen des Wertemanagements zusammentragen. Für den gesamten Bereich des Sozialen müssten wir jedoch die Formen von ethischen Diskussionen und Sanktionen, von Urteilen und Vorurteilen über Sittlichkeit und Unsittlichkeit berücksichtigen, wir müssten die Formen sozial-weltanschaulicher Urteilsbildungen und Verurteilungen einbeziehen, wir müssten betrachten, wie in der Wertegesellschaft auf Personen und Organisationen politisch und weltanschaulich Einfluss genommen wird, wie sich gebilligte Beeinflussung von abgelehnter Manipulation unterscheidet, wie Mechanismen von Werbung, Reklame, Propaganda und Agitation im Einzelnen wirken.

Alle Werteentwicklung setzt aber am Individuum an. Wenn dieses die fraglichen Werte nicht interiorisiert oder sogar ablehnt, hat jegliche Werbung, Reklame, Propaganda, Agitation ihre Wirkung verloren. Die Stärke der emotionalen Labilisierung ist ein Maß für die Interiorisationstiefe von Wertungen. Gezielte Werteentwicklung ist bemüht, Formen und Möglichkeiten emotionaler Labilisierung zu finden, um erhoffte Werteziele zu erreichen.

Eine systematische Analyse der Situationen, in denen starke emotionale Labilisierungen stattfinden, führt auf vier Schauplätze: Die stärksten Labilisierungen erleben wir gewiss in Bereichen der alltäglichen und arbeitsbezogenen Praxis, durch deren Probleme, Konflikte und Kontroversen, aber auch durch die gefundenen Lösungen und Erfolge.

Auf vermittelte Weise finden starke emotionale Labilisierungen auch durch Coaching und Mentoring statt. Schließlich gibt es einige Trainingsformen, bei weitem nicht alle, die nicht nur physische Fähigkeiten steigern, sondern auch durch realitätsgleiche, realitätsnahe und realitätsähnliche labilisierende Situationen Werteentwicklung ermöglichen. Die geringsten Hoffnungen darf man wohl auf schulische oder weiterbildnerische Formen der Werteerziehung setzen, in denen zwar reichlich Wissensbausteine über Werte, aber kaum Werte vermittelt werden. Erst wenn einige Grundgegebenheiten der Wertegesellschaft präsent bleiben, lassen sich gezielt und wirkungsvoll individuelle Werte entwickeln. Der Werteentwickler folgt dabei einigen der bereits dargestellten Einsichten:[29]

- Werte sind Ordner des menschlichen Handelns, welche die individuell-psychische und sozial-kooperativ-kommunikative menschliche Selbstorganisation bestimmen oder maßgeblich beeinflussen. Werteentwickler verstehen individuelle und soziale Selbstorganisation als ein neuartiges, epochales Phänomen.
- Es gibt vier alles beherrschende Grundwerte – Genusswerte, Nutzenwerte, ethisch-moralische Werte und sozial-weltanschauliche Werte. Werteentwickler machen sich mit ihnen vertraut und vermengen sie und weitere auf sie bezogene Werte niemals miteinander.
- Werteentwickler verfügen über ein fundiertes wertegesellschaftliches Verständnis der Struktur von Werten.
- Werteentwickler haben die Fülle von Subjekten, Objekten, Maßstäben und besonders der ungeheuerlichen Möglichkeiten der Grundlagen von Werten im Blick.

---

[29] Vgl. Epenbeck und Sauter (2018, 2019).

- Werteentwicklern ist die Problematik der Gültigkeit, der Adäquatheit von Werten bewusst. Sie wissen, dass Werte nicht wahr oder falsch, sondern nur Problemen und Situationen mehr oder weniger angemessen sind, und versuchen tapfer, gegen das Vorurteil von den wahren Werten anzugehen.
- Werteentwickler wissen, dass die Aneignung, die Verinnerlichung, die Interiorisation von Werten ausschließlich über emotionale Irritationen, Berührungen, Erschütterungen, über eine emotionale Labilisierung erfolgt.
- Werteentwickler berücksichtigen, dass die emotionale Werteverankerung umso größer ist, je stärker diese Labilisierung wirkt, und versuchen, Wege zwischen Belanglosigkeiten und Tragödien zu finden.
- Die Werteinteriorisation erfolgt über Stufen, die bei vielen psychologischen, psychotherapeutischen und gruppendynamischen Prozessen ähnlich sind. Werteentwickler sind in der Lage, diese Stufen eigenen Wirkungsmöglichkeiten und ihren Erziehungs- und Entwicklungszielen anzupassen und zu gestalten.
- Wertungen lassen sich grundsätzlich nicht wie Informationen weitergeben. Werteentwickler haben verstanden, dass stets das limbische System mit im Spiel ist, und sind sich bewusst, dass Worte allein nichts bewirken, sondern immer nur in der Verbindung mit bewussten oder besser noch unbewussten Emotionen.

Werteentwicklung findet in der Wertegesellschaft überall, in großem Umfang und zeitlich unbegrenzt statt. Dabei wird immer neu nach Antworten auf die eingangs gestellten Fragen gesucht.

Die Wertegesellschaft – Ausführung Personen und Persönlichkeiten

Im vorigen Kapitel *Durchführung* haben wir zusammengetragen, was man unseres Erachtens zum Verständnis von Werten darstellen könnte, gegründet auf die Einsichten von Heinrich Rickert und der südwestdeutschen Wertephilosophie ebenso wie auf die Ergebnisse der modernen Selbstorganisationstheorie und auf die Erkenntnis, dass Werte als Ordner selbstorganisierten Handelns erfasst werden können. Um unseren durchgängigen Grundgedanken von der größeren Mächtigkeit der Wertegesellschaft gegenüber der Wissensgesellschaft zu veranschaulichen, greifen wir in den beiden folgenden Kapiteln nun *Individuen* sowie *Unternehmen und Organisationen* als zwei Beispielsbereiche heraus.

Der Platz von Fakten in einer Welt von Werten

Werte können Ordner selbstorganisierten Handelns von Individuen wie auch Ordner des Handelns von sozialen Einheiten wie Gruppen, Teams, Unternehmen und Organisationen sein. Für *Individuen* und *Unternehmen* lässt sich klar und im Einzelnen zeigen, dass Wissen, Wissenschaftlichkeit und Vernunft eine schnell zunehmende Rolle spielen, dass dies aber nicht unbedingt zu klügeren, vernünftigeren Handlungsweisen führt, sondern dass Wertungen, Werte in Form von Vermutungen, Einseitigkeiten, Vorurteilen, Voreingenommenheiten, Engstirnigkeiten, Verrücktheiten, von Beschränktheit und Parteilichkeit eine wichtigere und manchmal alle Wissenschaftlichkeit und Vernunft aushebelnde Rolle spielen.

Der Traum der Aufklärung wird begraben; warum das geschieht, wollen wir mit aufklären. Den Verrücktheiten wird im individuellen Bereich durch eine gezielte Werteentwicklung von Persönlichkeiten, im Unternehmensbereich durch ein ausgefeiltes Wertemanagement entgegenzuwirken versucht. Manchmal erfolgreich, manchmal erfolglos. Aber nirgends lässt sich die Macht der Wertegesellschaft übergehen oder ausschließen.

Der Blickwechsel, den wir hier vornehmen, lässt sich auf einen eingängigen Nenner bringen. 1938 publizierte der weltbekannte Primatenforscher und Gestaltpsychologe Wolfgang Köhler erstmals ein großartiges Plädoyer für die Bedeutung von Werten unter dem Titel: *„Der Platz der Werte in einer Welt von Fakten".*[1] Der Titel unserer Überzeugung geht darüber hinaus: *„Der Platz von Fakten in einer*

---

[1] Vgl. Köhler (1938).

Welt von Werten". Adäquate Werte, nach denen wir beispielsweise in Pädagogik und Management suchen, sind nicht diejenigen, die mit der einen Welt von Fakten übereinstimmen, es sind vielmehr diejenigen, die sich in einer Vielfalt von Wertewelten, einem Wertemultiversum bewähren. Das werden wir in den folgenden Kapiteln „Ausführung Personen und Persönlichkeiten" sowie „Ausführung Unternehmen und Organisationen" hinterfragen.

Personen und Persönlichkeiten: Individuelle Werte, die Elementarteilchen der Wertegesellschaft

Der Aneignungsprozess von Werten lässt sich gut erfassen und in Grenzen gestalten. Berühmte Werke der Psychologie, allen voran die Untersuchungen von Jean Piaget[2] und Lawrence Kohlberg[3] haben ihn im Einzelnen tiefgründig analysiert. Wir haben im vorigen Kapitel den Umriss eines solchen Aneignungsprozesses skizziert. Das Verständnis der gezielten Werteentwicklung von Persönlichkeiten erfordert derartige Analysen.[4]

Weniger akzentuiert wurde bisher der Rückgriff auf die Selbstorganisationstheorie Synergetik, auf die neuartig grundlegende Sicht, Werte als Ordner des – hier individuellen – geistigen und physischen Handelns zu betrachten. Naiv könnte man sich eine Gesellschaft vorstellen, in der künftige Möglichkeiten individueller wie sozialer Entwicklung gemeinsam bedacht und demokratisch abgestimmt

---

[2] Vgl. Piaget und Kohler (2019).
[3] Kohlberg (1996).
[4] Erpenbeck und Sauter (2019).

werden – wissensgesellschaftlich eben. Auch in diesem Fall wären Werte nötig, denn nicht jeder mag die Abstimmungsergebnisse akzeptieren, also muss man ihn überzeugen, schlimmstenfalls manipulieren oder zwingen. Werteaneignung wäre nicht viel mehr als eine soziale Durchsetzungstechnik.

Betrachten wir im Kontrast dazu beispielhaft eine lange vergangene Gesellschaft, die immerhin über Jahrhunderte funktionierte, die ganz eigene, grausige, aber wirksame Wertevorstellungen entwickelte: das Reich der Azteken. Es besaß eine Vielgöttermythologie und für einige der Götter wurden mit großen Zeremonien Menschenopfer, möglicherweise in großer Zahl, erbracht. „Bevor die Menschen geopfert wurden, stellten sie eine Zeit lang den jeweiligen Gott bzw. die Göttin dar und wurden in dieser Zeit auch als diese verehrt. Oft wurden besonders tapfere Kriegsgefangene oder auch sehr schöne Sklaven oder Sklavinnen geopfert. Es gab mehrere Formen des Menschenopfers. Meistens wurde das Herz aus der mit einem speziellen Opfermesser geöffneten Brust herausgerissen. Kinderopfer fanden bei den Azteken oft zu Ehren der Regengötter statt, da die Kindertränen mit Regentropfen in Verbindung gebracht wurden …"[5] Eine fantastische Mythologie, fantastische Beziehungen auf wenige Gegebenheiten der Wirklichkeit, Blut, Tränen, Wasser, Regen, aber hoch entwickelte künstlerisch-religiöse Rituale, die jene Wertegesellschaft emotional unauflöslich zusammenketteten. Nicht nur die Könige und Priester, auch die Bürger und selbst die Opfer hatten die Sinnhaftigkeit der Rituale emotional tief verinnerlicht, handelten danach. So blieb die Gesellschaft lange ohne innere Katastrophen bestehen und lebte geordnet weiter.[6] Die Werte waren, unübersehbar, Ordner des sozialen Handelns.

---

[5] Vgl. Berger et al. (2019).

Dieses schreckliche Beispiel demonstriert zweierlei. Zum einen, dass den Wertungen, den Werten oft nicht einmal ein Hauch von Rationalität anhaftet. Solange sie soziales Handeln im Sinne der Synergetik konsensualisieren, funktionieren sie.

Zum anderen, dass sie nur dann funktionieren, wenn die beteiligten gesellschaftlich Handelnden diese Werte tief interiorisiert haben, Priester *und* Opfer.

Hermann Lübbe hat beeindruckend gezeigt, dass Herrschende stets in den Wertekonsens „ihrer" Gesellschaft eingeschlossen sind: „Über die Kraft, die nötig wäre, die Selbstisolation auszuhalten, in die man geriete, wenn man … zum konsequenten Zyniker würde, verfügt kaum einer. Politiker stehen so gut wie nie über den Dingen, sind nie durchweg zynisch, sie stehen überzeugt zu dem was sie treibt und was sie treiben, und seien es die fürchterlichsten Ungeheuerlichkeiten."[7] Lübbe verdeutlicht, „dass die moralisierende Form politischer Auseinandersetzung stets Gefahr läuft, im Triumph der guten Gesinnung über die Gesetze des Verstandes zu enden".[8] Schöner kann man den Sieg der auf Werte in Form „guter Gesinnung" bauenden Wertegesellschaft gegenüber der auf „die Gesetze des Verstandes" bauenden Wissensgesellschaft kaum darstellen. „Der Triumph der Gesinnung über die Urteilskraft" – also der durch Werte geprägten menschlichen Haltung gegenüber der Fähigkeit eines auf Rationalität gegründeten Handelns – lautet denn auch der Untertitel des kleinen Werkes.

---

[6] Vgl. Focke-Museum (Hrsg.) (2013).
[7] Lübbe (1987, S. 11).
[8] Ebenda S. 63.

> Lübbe formuliert den Triumph der Wertegesellschaft über die Wissensgesellschaft, zeigt, dass man diesem Triumph kaum ausweichen kann.

Personen und Persönlichkeiten: Die Wertepfanne und ein heißes Bad

Noch bevor man einzelne Werte, Kulturen und Gesellschaften betrachtet, ist es sinnvoll, nach dem Hintergrund von Selbstorganisation und Ordnern zu fragen. Wir greifen dazu nochmals auf eine Erklärung der Synergetik von Hermann Haken und Arne Wunderlin zurück:[9]

> „Synergetik, die ‚Lehre vom Zusammenwirken', begründete eine neue Forschungsrichtung … die sich mit Systemen, die aus sehr vielen Teilen bestehen, befasst, und die erklären sollte, wie durch das Zusammenwirken sehr vieler Teile Strukturen auf makroskopischer Ebene entstehen können. Praktisch alle in den Wissenschaften untersuchten Objekte können als Systeme aufgefasst werden, die aus sehr vielen Teilen, Elementen beziehungsweise Untersystemen bestehen. Diese Teile können etwa Atome, Moleküle, biologische Zellen, Neuronen, Organe, aber auch ganze Tier- und Menschengruppen sein. Die Frage die sich … stellte, war: Liegen dem Entstehen makroskopischer Strukturen immer die gleichen Gesetzmäßigkeiten zugrunde, unabhängig von der Natur der einzelnen Teile? Angesichts der Verschiedenartigkeit der Teile, etwa Atome oder Menschen, mag diese Fragestellung absurd erscheinen. Wie sich aber in den letzten Jahren deutlich zeigte, gibt es tatsächlich solche Gemeinsamkeiten. Diese treten dann zutage, wenn wir uns auf qualitative Änderungen auf makroskopischer Ebene beschrän-

---

[9] Vgl. Erpenbeck, unter Mitarbeit von Sauter (2018).

ken. Das sind aber gerade die interessantesten Situationen, treten hier doch dann jeweilig erstmals die neuen Strukturen zutage. Wie sich darüber hinaus zeigte, lassen sich diese Gesetzmäßigkeiten durch ganz wenige Konzepte wie Instabilität, Ordner bzw. Ordnungsparameter, Versklavung erfassen und in eine präzise mathematische Form gießen."[10]

Eine der für die hier behandelte Thematik wichtigsten Gemeinsamkeiten ist die von Haken benannte Entstehung sogenannter Ordner (Ordnungsparameter) in komplexen, sich selbst organisierenden Systemen. Die Entdeckung solcher Ordner der Selbstorganisation, ob real-physisch oder geistig-gedanklich, ist eine der großen Errungenschaften der Synergetik. Sie wird in keinem anderen Selbstorganisationsansatz so deutlich thematisiert. Sie ist der *eigentliche Schlüssel zur Werteproblematik*. Die Teile schaffen ihren Ordner, der Ordner „versklavt", milder ausgedrückt „konsensualisiert", die Teile. Diese Beschreibung erinnert deutlich an den menschlichen Umgang mit Werten: Sie werden innerhalb sozialer Wandlungen und Entwicklungen von Menschen geschaffen, um kollektive Bewegungen überhaupt erst zu ermöglichen, gleichzeitig „versklaven" sie, vor allem in den zu Regeln, Normen und Gesetzen, Gebräuchen und Traditionen verfestigten Formen, die Menschen, drängen sie dazu, sich im Mittel wertekonform zu verhalten.[11]

Parallel dazu wird auch die Gegenfrage analysiert: Wann und in welcher Weise brechen „Teilchen" aus der „versklavenden" kollektiven Bewegung aus, schwimmen „gegen den Strom"? Der Sozialwissenschaftler Ortwin Renn hat genau diese Frage gestellt.[12] Er erläutert fast gleich klingend

---

[10] Haken und Wunderlin (1991, S. 30).
[11] Haken (1996, S. 588).
[12] Vgl. Renn (2019).

zu Haken und Wunderlin: „Auch bei Molekülen kommt es zu Selbstorganisationsprozessen. Kristallstrukturen verändern sich unter bestimmten äußeren Voraussetzungen. Es entstehen Muster, die sich nicht allein erklären lassen aus den Eigenschaften der einzelnen Moleküle. Das Ganze hat Eigenschaften, die den Teilen, aus denen es besteht, fremd sind. Man nennt das Emergenz." Man kann damit berechnen, wieweit physikalische, tierische und menschliche Systeme belastbar sind, wann sich neue Ordner und revoltierendes Verhalten – beispielsweise beim „Arabischen Frühling" – herausbilden. Allerdings darf man nicht auf die Vernunft der „Teilchen", der beteiligten Menschen hoffen. Das Resümee: „Die Rolle der menschlichen Vernunft wird weit überschätzt."[13]

> In der Wertegesellschaft hat die „Vernunft" einen weit geringeren Stellenwert als in der Wissensgesellschaft.

Beispiele für die wertemäßige Einbindung von Individuen in die soziale Selbstorganisation gibt es viele, da es in Wirklichkeit kaum psychische oder soziale Prozesse gibt, die nicht als sich selbst organisierende zu modellieren sind. Nur ist uns das meist gar nicht bewusst.

Hermann Haken verweist auf zwei Beispiele, die jeder nachvollziehen kann.

Das eine ist sozusagen eine physikalische Urform der Selbstorganisation. Sie erhitzen einen ordentlichen Schuss Öl in der Bratpfanne und streuen darüber kleine Partikel, etwa grob gemahlenen Pfeffer, um zu beobachten, was in dem klaren Öl passiert. Zunächst – nichts. Doch dann beginnt es hier und da zu blubbern und plötzlich setzen sich

---

[13] Vgl. Widmann (2018).

durch die ganze Flüssigkeit thermodynamische Rollzellen, sogenannte Bénard-Zellen durch. Ort und Form sind nicht von außen festgelegt, sondern bilden sich frei im Inneren der Flüssigkeit, ein Selbstorganisationsprozess. Die Zellen sind die physikalischen Ordner, die Teilchen, die Ölmoleküle und die Pfefferkörnchen werden in diese Ordner eingesogen, von ihnen regelrecht „versklavt". Viele physikalische Prozesse können mithilfe der Synergetik nicht nur qualitativ, sondern auch nach Art und Umfang genauer beschrieben werden. Die Bratpfanne als Mutter der Selbstorganisation …

Auf das zweite Beispiel sind wir an anderem Ort bereits ausführlich eingegangen: Ein kleiner Waldsee, ein heißer Sommertag, immer mehr Schwimmende, die sich zunehmend gegenseitig behindern, und plötzlich beginnen erst einige, dann viele, dann fast alle ohne jede äußere Ansage im Kreis links- oder rechtsherum zu schwimmen, wie herum ist aufgrund des Selbstorganisationscharakters nicht vorhersagbar. Diese Kreisbewegung ist ein Ordner der Selbstorganisation der Schwimmenden, er „versklavt" sie, indem er sie auf die Kreisbahn zwingt.[14]

In diesem zweiten Beispiel können wir ein für unsere Werte- und Wertegesellschaftsthematik *paradigmatisches Bild* sehen. Jeder der Schwimmenden ist mit seinen persönlichen Wertevorstellungen dabei, weiß, wann das Baden *Genuss* bereitet und der eigenen Gesunderhaltung *nützt*, wie man sich *gesittet* zu verhalten hat, um andere nicht übermäßig zu behindern, und welche Formen *gemeinschaftlichen* Verhaltens wohl die angemessensten wären. Der Ordner des Im-Kreis-Schwimmens bildet sich spontan heraus, „versklavt" die Schwimmer nicht nur, indem sie physisch in die Kreisbewegung einbezogen werden, sondern

---

[14] Erpenbeck und Sauter (2019, S. 5).

indem sie auch freien Willens ihre Wertevorstellungen so ändern, dass viele meinen, nun am meisten Genuss und Nutzen, gesittete Akzeptanz und Anerkennung von anderen in diesem Kreis zu erhalten.

Die meisten Beispiele des Zusammenwirkens von „Teilchen" und „Ordnern", von Individuen und Werten, beziehungsweise wertedurchdrungenen sozialen Prozessen, haben eine analoge Struktur:

Da trampeln sich Studenten auf den Rasenflächen der Universität selbstorganisiert einen Pfad, anstatt ordentlich die vorgegebenen Wege zu benutzen; einmal selbst gebahnte Wege wirken als – unordentliche – Ordner ihres durchaus freiwilligen Handelns.

Da entsteht aus heiterem Himmel ein Stau auf der Autobahn, nichts geht mehr, obwohl alle Fahrer mit Intelligenz, sozialen Werten und freiem Willen begabt sind; der Verkehrsinfarkt ist ein Ordner kollektiven Handelns und „versklavt" die Verkehrsteilnehmer auf übelste Weise.

Da bilden Leute, die sich zuvor nicht kannten, aber zur Absprache über Probleme in ihrem Miethaus einmal trafen, eine dann öfter zusammentretende Gruppe. Aus Wertschätzung und Sympathie beschließen sie spontan, einen Verein zu gründen, der Verein ist erfolgreich und strukturiert sich immer weiter durch Aufgabenverteilung.

Da bilden sich aus Menschen, die sich zuvor nicht kannten, machtvolle Demonstrationszüge und selbstorganisierte Aktionen, um gemeinsame Ziele durchzusetzen, aber auch um Ziele zu realisieren, die sich erst während des Zusammenwirkens herausbilden und die Teilnehmer im Sinne von Ordnern der Selbstorganisation mitreißen. Entweder um positive ethische und soziale politische Ziele durchzusetzen – man denke an die Gelbwesten-Bewegung in Frankreich –, aber auch, um hasserfüllten, fremdenfeindlichen oder faschistoiden Gedanken als Ordnern Macht zu verleihen. Jeder Pegida-Aufmarsch lässt sich als Beispiel dafür betrachten.

Da ist ein wachsendes Unternehmen von der mitwachsenden, überbordenden Bürokratie zu sehr abhängig und beschließt eines Tages, ein selbstorganisiert-systemisches Management einzuführen[15] und die Mitarbeiter locker im Sinne geleiteter Selbstorganisation – Guided Self-Organization – zu führen.[16]

Da wollen Manager ihre Arbeit selbst organisieren und wenden sich an einen der vielen umhergeisternden Gurus der Selbstorganisation oder ihre Adepten und bekommen Methoden wie die Fokussierung, die Setzung von Prioritäten oder das „Getting Things Done" (GTD)[17] eingebläut, die alle klar auf Selbst- und Problemwertungen aufbauen. So sind die machtvollen „Grundprinzipien" des GTD gerade keine Techniken, sondern Wertehaltungen.

Da beschließt ein Unternehmen, im Vertrauen auf die inneren strukturbildenden Kräfte sein Management auf agile Prozesse umzuorientieren. Dabei ist allen Beteiligten bewusst, dass Agilität nur funktioniert, wenn jeder einzelne Mitarbeiter gelernt hat, seine Arbeitsabläufe eigenständig zu organisieren, Werteeinschätzungen und Entscheidungen selbst zu treffen und sich in die neue agile Kultur des Unternehmens einzubringen.[18] Wir gehen im Kapitel „Ausführung Unternehmen und Organisationen" ausführlich darauf ein.

Da steht die Gestaltung der Beziehungen von Individuum und Masse in Organisationsformen zwischen Demokratie und Diktatur zur Diskussion. Neid und Liebe begrenzen als grundlegende Wertevorstellungen den Spiel-

---

[15] Vgl. Malik (2019).
[16] Vgl. Prokopenko (Hrsg.) (2014).
[17] Vgl. Allen und Fallows (2015).
[18] Vgl. Hofert und Thonet (2019).

raum der selbstorganisativen Herausbildung positiver und negativer Ordner sozialen Handelns. Als stabil erweist sich ein solches soziales System nur dann, wenn Toleranz zwischen konservativen und reformerischen Kräften existiert.[19]

Da existieren *Symbole, Sprachen, Staatsformen, Kulturen, Gesetze, Rituale, Umgangsformen, Moden, Betriebsklimata oder Corporate Identities*, die eindeutig Werte sind oder von Werten durchdrungen sind – hervorgebracht durch sich selbst organisierende menschliche Individuen: Arbeiter, Mitarbeiter, Wissenschaftler, Teilnehmer am Wirtschaftsprozess.[20] Schnelle Individualprozesse führen zu langsameren Entwicklungsprozessen von Werten und den genannten wertedurchdrungenen sozialen Existenzformen. *Es sind Existenzformen der Wertegesellschaft.*

Die Wissensgesellschaft beäugt sie, kritisiert sie, durchforscht sie, entwirft Werte- und Organisationsalternativen im Dutzend, ist aber in den seltensten Fällen in der Lage, diese Entwürfe auch durchzusetzen. Wissenschaft hat ein Vorschlagsrecht und zuweilen eine Vorschlagspflicht für neue Werte, aber kaum eigene Durchsetzungsmöglichkeiten.

> Die Wissensgesellschaft diskutiert und initiiert neue Werte, die Wertegesellschaft realisiert sie, lässt sie zur Wirklichkeit werden.

Alle Beziehungen von Individuen und wertedurchdrungenen sozialen Existenzformen lassen sich mithilfe der Selbstorganisationstheorie besser erfassen und tiefer verste-

---

[19] Vgl. Hörz (1994, S. 162 ff.).
[20] Vgl. Haken (1996).

hen. Sie lassen sich zum Teil mit Hilfe der Synergetik exzellent berechnen, wie wir gleich zeigen werden. Besonders die Wirkung von Ordnern der Selbstorganisation, von Werten lässt sich damit erstmals verstehen und zutreffend modellieren. Hingegen sind die künftigen Werte selbst nicht vorherzusagen und erst recht nicht zu berechnen.

> Die Wissensgesellschaft kann im Nachhinein immer feststellen und „beweisen", dass alles gar nicht anders hätte kommen können. Die Wertegesellschaft ist dagegen, als verspätete Gesellschaft, stets zur Prophetie verdammt.

Personen und Persönlichkeiten: Der Mensch kann tun, was er will, aber nicht wollen, was er will[21]

Die makaberste Pointe der Wertegesellschaft ist, dass sie auf Menschen mit freiem Willen angewiesen ist, dass sie ohne deren freie Willensentscheidungen nicht existieren kann. Werteorientierungen, die sich selbstorganisiert herausbildeten, werden und bleiben nur dann wirksam, wenn die Handelnden, ob Führungsfiguren, Unterstützer, Mitmacher oder Mitläufer, diese Werte so tief emotional-motivational verinnerlichen, dass sie sich in offenen Entscheidungssituationen gemittelt im Sinne dieser Wertungen entscheiden, manchmal bis zum eigenen Untergang, bis in den eigenen Tod. Ausgenommen sind nur die absolut Versklavten, die allerdings eigene Werteorientierungen entwickeln, um zu eigenen Restefreiheiten zu gelangen.

Tatsächlich entwickeln die Werte als Ordner der sozialen Selbstorganisation des menschlichen Handelns eine große,

---

[21] Sinngemäß vgl. Schopenhauer (1977, S. 82).

jeden Einzelnen auf eigene Weise berührende Macht, „versklaven" ihn oder zwingen ihn tyrannisch in den Konsens. Wenn Carl Schmitt die Tyrannei der Werte geißelt, so beschreibt er genau diesen Zusammenhang. Seine rationalistische Flucht in eine lediglich funktional geregelte Wissensgesellschaft überlässt nicht nur den Ideologen das Feld, sie ist in der Konsequenz selbst Ideologie.[22]

Der Mechanismus Entscheidungsfreiheit hat sich gegenüber brachialer Knechtschaft zu einem wichtigen Instrument der Wertegesellschaft entwickelt. Während die Wissensgesellschaft ihrem Selbstverständnis nach durch die Kraft des überzeugenderen Arguments und die richtigeren Erkenntnisse angetrieben wird, ist das bei der Wertegesellschaft viel einfacher und zugleich viel komplizierter. Die Werte müssen einer rationalen Analyse kaum standhalten, sie können deutlich irrational, fantastisch, absurd, ja verrückt sein. Die Schwierigkeit liegt dann eher darin, zu erreichen, dass Menschen solche Wertevorstellungen verinnerlichen, dass die Gesellschaft Methoden findet, diese Vorstellungen in den Hirnen und vor allem Herzen von möglichst vielen Einzelnen zu verankern. Es sind sprachliche, symbolische und sozialstrukturelle Methoden, es sind Methoden freundlicher und weniger freundlicher Drohung, sozialer Akzeptanz oder Isolation, das ganze Arsenal von Anerkennung oder Ablehnung, von hierarchischem Aufstieg oder Abstieg.

Der größte Teil der Kommunikation in der Wertegesellschaft dient nicht der Informationsübermittlung auf der *Sachebene*, sondern, wie Friedemann Schulz von Thun in seinem bekannten Vier-Ohren-Modell der Kommunikation so anschaulich darlegt, der *Selbstoffenbarung*, die immer eine persönliche Werteoffenbarung ist, der *Beziehung*,

---

[22] Vgl. Schmitt (4. Aufl. 2020); Mehring (2009, S. 504 ff.).

womit kommuniziert wird, was man vom Gesprächspartner hält, und schließlich dem *Appell,* der direkt anzeigt, was man hoch bewertet, wünscht und will. Außer der Sachebene sind die drei anderen Ebenen solche, die erst in der Wertegesellschaft ihren Sinn offenbaren.[23]

> Die Wertegesellschaft ist immer eine Vier-Ohren-Gesellschaft, die Sachebene mit Selbstoffenbarung, Beziehung und Appell verbindet.

Der Aphorismus Arthur Schopenhauers, mit dem dieser Abschnitt überschrieben ist, wird unendlich oft zitiert, aber kaum je wird seine Quelle angegeben.[24] Immer, wenn es um den freien Willen geht, wird er herangezogen. So verwendete ihn Albert Einstein 1932 in seinem berühmten „Glaubensbekenntnis", das er zugunsten der Deutschen Liga für Menschenrechte auch auf Schallplatte sprach; das lässt sich heute noch abhören.

Er sagte: „Ich glaube nicht an die Freiheit des Willens. Schopenhauers Wort: ‚Der Mensch kann wohl tun, was er will, aber er kann nicht wollen, was er will', begleitet mich in allen Lebenslagen und versöhnt mich mit den Handlungen der Menschen, auch wenn sie mir recht schmerzlich sind. Diese Erkenntnis von der Unfreiheit des Willens schützt mich davor, mich selbst und die Mitmenschen als handelnde und urteilende Individuen allzu ernst zu nehmen und den guten Humor zu verlieren."[25]

Der gute Humor ist immer angebracht, ob man nun an den freien Willen glaubt oder nicht. Wir haben nicht die Absicht, uns in diesen philosophischen Fundamentalstreit einzumischen. Etwas anderes ist uns an dem Gedanken

---

[23] Vgl. Schulz von Thun (2020).
[24] Zit. nach Becker (1979).
[25] https://www.youtube.com/watch?v=EuaVvWO3rRw.

Schopenhauers und der Reflexion Einsteins von großer Bedeutung. Schopenhauer hat mit dem Gedanken der „Welt als Wille und Vorstellung" eine eigene frühe Selbstorganisationstheorie entworfen; der Wille wird als Selbstherrscher bezeichnet, der überall lebendig ist, der anstößt, dass jedes Wesen sich vor unseren Augen selbst macht.[26] Friedrich Nietzsche, der Schopenhauer als einzigen zeitgenössischen Philosophen gelten ließ, schuf mit dem „Willen zur Macht" einen ähnlichen Selbstorganisationsansatz. Beider Willensvorstellungen sind folgerichtig von Wertungen, von Werten durchsetzt.

Der Mensch kann im Rahmen seiner physischen Möglichkeiten und äußerlicher Begrenzungen zunächst einmal alles tun, was er will. Er kann die verrücktesten, die gewagtesten, die fürchterlichsten Handlungen vollziehen. Wenn nicht die Psyche wäre, die ihm ständig einen Strich durch die Rechnung machte. Wenn nicht die anderen wären, die sein Wollen sowohl physisch, durch gebahnte Wege und Barrieren, als auch gedanklich, durch andere Zielvorstellungen, Richtlinien, Normen und Verbote, eingrenzten. Gefängnisstrafen bei Normen- oder Verbotsübertretungen sind physische Einschränkungen, die ebenfalls von Wertevorstellungen getragen sind. Besonders perfide aber ist, dass sich Eingrenzungen oft nicht direkt physisch auswirken, sondern über verinnerlichte Werteorientierungen. So kann der Mensch auf verschiedenste Weise nicht wollen, was er will.

Es ist sinnvoll, dieses „nicht wollen, was er will" zu differenzieren.

> „Eine genauere, philosophiehistorische Analyse zeigt, dass ... zumindest drei miteinander zusammenhängende, aber sehr unterschiedliche Fragestellungen unter dem Begriff ‚Willen'

---

[26] Erpenbeck (1993, S. 111).

behandelt werden. Und dass man ihnen entsprechend drei Grundformen des Willens unterscheiden kann:

Zunächst den *Antriebswillen*. Das ist die Willensform, die man meist meint, wenn man jemandem einen starken Willen zuschreibt. Er bezieht sich vorwiegend auf die physische Antriebskomponente. Sie ist auch bei Tieren vorhanden, deshalb ist Vorsicht geboten, den Antriebswillen bereits für ‚den' menschlichen Willen zu halten.

Dann: den *Entscheidungswillen*. Er bezieht sich auf Denk- und Handlungsalternativen. Beispielsweise, ob man etwas tun oder dies unterlassen will. Helfe ich einem Verunglückten oder unterlasse ich die Hilfeleistung? Das sind zweifellos typische menschliche Entscheidungssituationen, die Willensleistungen erfordern. Sie können, wie das Beispiel zeigt, beträchtliche ethische und sogar strafrechtliche Konsequenzen haben. Dennoch sind auch Entscheidungsprobleme nicht ein Privileg des Menschen, wie Buridans Esel verdeutlicht.[27] Doch der Mensch durchdenkt Entscheidungen bewusst. Oft genug findet er eine gänzlich unerwartete, ursprüngliche Alternativen aufbrechende und überwindende schöpferische Lösung.

Damit ist man aber schon bei der dritten, der nach unserer Meinung wichtigsten Grundform: dem *Schöpfungswillen*. Mit ihm wird der Willen erst wirklich frei. Er ermöglicht das ‚Selbst anfangen', das für Immanuel Kant die menschliche Freiheit des Willens und den Willen zur Freiheit erst konstituiert. Er steht auch im Zentrum des wohl wichtigsten neueren Werkes zum Willen, Hannah Arendts ‚Vom Leben des Geistes. Das Wollen'."[28]

---

[27] Buridans Esel ist die Hauptfigur eines mittelalterlichen Märchens, in welchem die Vorstellung, dass der Verstand die einzige Quelle unseres Wissens sei, ad absurdum geführt wird. Er war kein besonderer Esel. Er befand sich genau in der Mitte zwischen zwei Heuhaufen, in gleichem Abstand zu beiden. Da er sich nicht rational für einen der beiden Heuhaufen entscheiden konnte, blieb er einfach stehen und verhungerte schließlich. Vgl. https://gedankenwelt.de/manche-menschen-sind-wie-buridans-esel/. Zugegriffen am 27.01.2020.
[28] Vgl. Arendt (1998).

Alle drei Willensformen sind in der Wissensgesellschaft trivial beschreibbar. Der *Antriebswillen* bedarf mechanischer und physiologischer Unterstützung und einer optimalen Gestaltung des Handlungsraumes. Den *Entscheidungswillen* kann man sich entscheidungstheoretisch abgedeckt vorstellen. Ist das Entscheidungsproblem korrekt beschrieben, lassen sich verstärkt Algorithmen oder zumindest Näherungen finden, mit denen es zu lösen ist. Der *Schöpfungswillen* ist das eigentliche Stiefkind der Wissensgesellschaft. Warum setzt sich ein tauber Mann hin und schreibt seine 9. Sinfonie? Was beflügelt einen Mann, der überzeugt ist, nicht wollen zu können, was er will, die Relativitätstheorie zu entwickeln? Der ratlose Rückgriff von Kreativitätstrainern auf die systematische Heuristik der DDR[29] und der Sowjetunion[30] zeigt das Dilemma. Schöpferische Prozesse sind mit den Mitteln der Wissensgesellschaft nur schwer zu verstehen und kaum zu vollziehen.

Alle drei Willensformen sind dagegen der Wertegesellschaft vielfältig verbunden. Der *Antriebswillen* kann von Werteeinstellungen, die emotional-motivational verankert sind, kräftig profitieren. Der Fußballer, der für seinen Verein, für sein Land brennt, baut auf seine technischen Fähigkeiten; was ihn außergewöhnlich, was ihn zum Star macht, ist die Vernetzung in vielfältigen Genuss-, Nutzen-, Ethik- und Sozialzusammenhängen. Ein Teil der Arbeit jedes guten Sporttrainers besteht in der Umsetzung physiologischen und medizinischen Wissens, ein anderer Teil, nicht weniger wichtig, besteht in Trainingsformen, die es dem Trainee gestatten, intensive Werteorientierungen auszubilden und zu verinnerlichen.

---

[29] Vgl. Stanke (2011).
[30] Vgl. Altschuller (1986), vgl. Serebryakova (2016).

Der *Entscheidungswillen* lebt von Werten. Was treibt einen Richter, einen Piloten, einen Politiker, einen Unternehmer zu seinen Entscheidungen? Neben den sachlichen und juristischen Gegebenheiten, die jeder von ihnen beachten muss, sind es vor allem die eigenen Werteorientierungen, emotional tief verankert, die darauf Einfluss nehmen. Reine Sachentscheidungen gibt es in den seltensten Fällen, sie sind fast immer von Wohl- oder Missgefühlen, Nutzenvorstellungen, ethisch-moralischen Überlegungen und sozial-weltanschaulichen Überzeugungen überlagert. Oft handelt es sich um sogenannte Bauchentscheidungen,[31] die auf schwankendem Wissens-, aber umso festerem Wertegrund aufsetzen. Viele Fehlentscheidungen sind durch problematische Werteorientierungen verursacht.[32] Es ist eines der großen Verdienste des Zürcher Ressourcenmodells, die Wertegrundierung unseres Entscheidens abgebildet und Wege gewiesen zu haben, wie man sich selbst auf die Werteschliche kommt und sich dadurch umorientieren kann.[33]

Der *Schöpfungswillen* setzte Philosophen und Sozialwissenschaftler von Anfang an auf die Wertespur. Wilhelm Diltheys Jahrhundertwerk „Das Erlebnis und die Dichtung"[34] wurde über den Kreis der Fachkollegen hinaus so bekannt, weil es den Schöpfungswillen in die Wertesphäre holte. Als Mitbegründer der südwestdeutschen Werteforschung war ihm von Anfang an klar, dass man künstlerische, aber auch wissenschaftliche Schöpfungsprozesse außerhalb der Wertesphäre zwar zergliedern, aber nicht verstehen kann. Es gibt keinen Schöpfungswillen ohne Werteorientierung.

---

[31] Vgl. Gigerenzer (2008).
[32] Vgl. Martin (2012).
[33] Vgl. Storch (2011); Storch und Krause (2017).
[34] Vgl. Dilthey (2015).

Alle drei Willensformen sind also mit Werten, mit der Wertegesellschaft eng verbunden. Der Mensch kann in der Tat nicht wollen, was er will, unabhängig davon, wie man die Frage nach der Willensfreiheit beantwortet. Beeinflusst und meist eingeschränkt sind alle seine Willensformen aufgrund des Einflusses von Werten: Der Antriebswillen durch Setzung zusätzlicher wertebestimmter Anreize, der Entscheidungswillen durch zu Sachentscheidungen hinzukommende Wertegründe, der Schöpfungswillen als der Werteausdruck des Schöpfenden.

> Die Feststellung, „Der Mensch kann nicht wollen, was er will", verweist damit auf eine Grundbefindlichkeit in der Wertegesellschaft.

Personen und Persönlichkeiten: Kriegsbegeisterung 1914 und Gefolgschaft hinterm Hakenkreuz

„Stell Dir vor, es ist Krieg, und keiner geht hin ..."[35]

Dieser Lieblingssatz der 68er, dieser so verblüffend einfache, logisch wahre, überzeugende Aphorismus hat nur einen Fehler. Er ist ein Satz der Wissensgesellschaft. Eine wahre Aussage: Wenn es gelänge, möglichst viele, ja alle Menschen von den enormen, vorauskalkulierbaren materiellen und menschlichen Verlusten, von der Negativbilanz eines jedes Krieges zu überzeugen, würde keiner mehr hingehen.

---

[35] Dieses Zitat wird oft fälschlicherweise Bertolt Brecht zugeordnet. „Stell dir vor, es ist Krieg, und keiner geht hin", ist sinngemäß dem epischen Gedicht „The People, Yes" des amerikanischen Schriftstellers Carl Sandburg entnommen. Im Original lautet es: „Sometime they'll give a war and nobody will come."

In der Wertegesellschaft gilt er nicht. Sie schafft sich Normen und Gesetze, um streng zu ahnden, wenn Krieg ist und jemand die Teilnahme verweigert. In Diktaturen ohnehin, aber auch Demokratien kennen im Ernstfall wenig Gnade mit dem Kriegsdienstverweigerer. Das ist aber nur die offen kodifizierte Strafform, mit der die Wertegesellschaft auf die Unbotmäßigkeit des „Nichthingehens" antwortet. In Wirklichkeit schafft sie Werteformen, die tief verinnerlicht werden und jeden Einzelnen unter Druck setzen, am Krieg teilzunehmen. Mehr noch, möglichst bewusst und begeistert daran teilzunehmen, Kriegsziele sich anzueignen, Kriegsgegner zu verabscheuen, über Kriegsgräuel hinwegzusehen oder sie für notwendig zu erklären. Wie ist das möglich?

Nietzsche sagt dazu unübertrefflich: „Der Staat oder die organisierte Unmoralität – inwendig als Polizei, Strafrecht, Stände, Handel, Familie; auswendig: als Wille zur Macht, zum Kriege, zur Eroberung, zur Rache. Wie wird es erreicht, daß eine große Menge Dinge tut, zu denen der Einzelne sich nie verstehen würde? – Durch Zerteilung der Verantwortlichkeit, des Befehlens und der Ausführung. Durch Zwischenlegung der Tugenden des Gehorsams, der Pflicht, der Vaterlands- und Fürstenliebe. Durch Aufrechterhaltung des Stolzes, der Strenge, der Stärke, des Hasses, der Rache ..."[36] Bis auf die Fürstenliebe völlig aktuelle Mechanismen und Werte, von der Wertegesellschaft bis heute bravourös gehandhabt.

Wir wollen an zwei historischen Beispielen die infernalische Wirksamkeit und tödliche Kraft verinnerlichter Werte

---

https://www.zitate-online.de/literaturzitate/allgemein/735/stell-dir-vor-es-ist-krieg-und-keiner-geht-hin.html. Zugegriffen am 16.01.2020.

[36] Nietzsche (1980, S. 635).

begreifen, die uns Nachgeborenen völlig unbegreiflich erscheint. Zunächst am Beispiel der Kriegsbegeisterung beim Beginn des Ersten Weltkrieges, der „Augustbegeisterung":

„1914. Ein junger Mann, Notabitur, meldet sich freiwillig und begeistert zum Krieg." Er wollte nicht feige sein: „Was denn der Herr Sozialdemokrat – damit will er meinen Vater bezeichnen – zu meiner Meldung als Kriegsfreiwilliger gesagt hätte? Da hab ich ihm erzählt, wie ich von zu Hause ausgekniffen bin und eingestellt wurde mit ganzen 98 Pfund Lebendgewicht und 17 Jahren ... Aber die Suppe, die ich mir als dummer Junge eingebrockt habe, muss ich doch auslöffeln. Ein richtiger Mann muss seine Pflicht erfüllen bis zum letzten Blutstropfen."[37] Einer von Millionen.

„Im Deutschen Reich wurden zu Beginn des Krieges knapp vier Millionen Männer einberufen und an die Fronten geschickt, das waren ca. 40 Prozent aller 20 bis 40 Jahre alten Männer. Unter ihnen waren etwa eine Million meist sehr junge Männer, die sich freiwillig für den Kriegseinsatz meldeten. Tatsächlich gab es also einen ‚kriegsbegeisterten' Teil der Bevölkerung ... Die Zahl der Intellektuellen, die 1914 in Deutschland in einen nationalistischen Kriegstaumel gerieten, war groß: Sie reichte von Schriftsteller Thomas Mann (‚Krieg! Es war Reinigung, Befreiung, was wir empfanden') über Theaterkritiker Alfred Kerr (der im Angesicht der Feinde schrieb: ‚Hunde dringen in das Haus – Peitscht sie raus!') bis zum Jenaer Philosophieprofessor Ernst Haeckel (der ausgerechnet dem lange um Frieden bemühten Großbritannien ‚brutalen nationalen Egoismus' vorwarf) ... Vor allem aber wirken viele Fotos, die in Deutschland im Sommer 1914 entstanden, so, als sei der Ausbruch des Ersten Weltkriegs eine einzige patriotische Jubelfeier gewesen: Gruppen junger Männer ziehen joh-

---

[37] Erpenbeck (1936, S. 10 f.).

lend durch die Straßen und schwenken ihre Hüte, lächelnde Soldaten nehmen Blumen von Frauen entgegen oder winken aus Eisenbahnwaggons mit Aufschriften wie ‚Freie Fahrt über Lüttich nach Paris' oder ‚Zum Frühstück auf nach Paris'."[38] „Als in den Garnisonsstädten die Truppenteile aus ihren Kasernen an die Front abrückten, standen vielerorts Menschenmengen Spalier und jubelten den Soldaten zu. Die Gewehre waren mit Blumen geschmückt. Andere, darunter viele Studenten, sahen in dem existenziellen Erleben des Kampfes eine mögliche Flucht aus einem als langweilig und seicht empfundenen Dasein. Die Kriegsbegeisterung spiegelte sich auch in der Erklärung der Hochschullehrer des Deutschen Reiches vom Oktober 1914, die von über 3000 deutschen Hochschullehrern unterzeichnet worden war …"[39]

> „Der Krieg schien der ideale Ausweg zu sein, um dem Alltag zu entfliehen. Alles Mögliche floss da ein: Gegensätzliches wie Müdigkeit an der Moderne und Sehnsucht nach etwas Neuem, irrationale Heilserwartung, Lösung der verschiedensten Dilemmata, Überwindung einer Stagnation, außenpolitischer Befreiungsschlag, Verwirklichung nationalistischer, Festigung staatlicher Struktur … Sie alle sahen im Krieg nicht das Entsetzliche, sondern die Veränderung, und nur ganz wenige konnten sich der Suggestion entziehen und anderes als den Aufbruch, nämlich auch das Ende eines europäischen Jahrhunderts, sehen."[40]

Eine ganze Literatur beschäftigt sich mit diesem Phänomen der Wertegesellschaft.[41] Allein die wenigen hier zusam-

---

[38] https://www.sueddeutsche.de/politik/erster-weltkrieg-die-allgemeine-kriegsbegeisterung-ist-eine-maer-1.2075802. Zugegriffen am 12.01.2020.
[39] https://de.wikipedia.org/wiki/Augusterlebnis.
[40] Vgl. Rauchensteiner (2014, S. 1 f.).
[41] Vgl. Kruse (1991, S. 73–87), vgl. Bendikowski (2014), vgl. Odermatt (Hrsg.) (2014).

mengetragenen Texte enthalten viele Hinweise auf die Begeisterung erzeugenden Werte: Freiwilligkeit, Pflichterfüllung „bis zum letzten Bluttropfen", Reinigung, Befreiung, Kampferleben „in Stahlgewittern,"[42] Müdigkeit an der Moderne, Sehnsucht nach Neuem, Heilserwartung, Suggestion, Feinde als Hunde, voller Brutalität, „jeder Schuss ein Russ, jeder Stoß ein Franzos, jeder Tritt ein Britt"; und immer wieder die Nation, der Nationalismus als Waffe und Vorstellung.[43] Einige Werte waren schon vor Kriegsbeginn tief verinnerlicht, wie Nationalismus, Pflichterfüllung oder Heilserwartung, auch Negativbilder der Russen, Franzosen und Briten, einige wurden angesichts der todbringenden Stahlgewitter auf Schlachtfeldern und in Schützengräben unauslöschlich in die Seele gebrannt. Es bedurfte vier langer Kriegsjahre und der vielen Millionen Toten, um zumindest ein kurzzeitiges Umdenken zu erzielen. Ein „Umfühlen" war noch viel schwerer zu erreichen, wie das Wiederaufleben der alten Werte in der Nazizeit zeigte. Der Rausch der Kriegsbegeisterung 1914 war der totale Sieg einer aus heutiger Sicht entsetzlichen Wertegesellschaft über die durchaus vorhandene und kräftig, aber letztlich wirkungslos argumentierende Wissensgesellschaft.

1933, die Machtergreifung des Nationalsozialismus. Spaliere, Fackelzüge durchs Brandenburger Tor, Marschmusik, Hitler auf dem Balkon der Reichskanzlei. Den jubelnden oder betroffenen Zeitzeugen haben sich diese Rituale fest eingebrannt. Filmisch festgehalten, schon das als Triumph des Willens inszeniert, hat jeder noch heute das Jahrhundertereignis vor Augen, im Kopf. Wer erinnert sich noch an die Zeremonien bei Gründung der Bundesrepublik Deutschland oder der Deutschen Demokratischen Republik?

---

[42] So der Schlüsseltext von Jünger (2019).
[43] Vgl. Müller (2011).

Die Nationalsozialisten setzten von Anfang an auf die Macht verinnerlichter Werte, auf emotionale Überwältigung. Alles was die deutsche Geschichte an ehrwürdigem Brauchtum, überlieferten Heldensagen, heroischen Mythen und begeisternden Leistungen hergab, wurde sorgfältig zusammengetragen.[44] Selbst die Archäologie grub für den Führer.[45] Auch wenn ihr bald exzellente Wissenschaftler jüdischer Herkunft abhandenkamen, wurde die weltberühmte deutsche Wissensgesellschaft weiterhin als Bestätigungsfolie benutzt. Aber sie wurde schnell von der sich neu formierenden nazistischen Wertegesellschaft überlagert, verdrängt, dominiert. Wie konnte das geschehen? Wieso haben sich so viele vernünftige, lebenserfahrene Männer und Frauen so widerstandslos von den Werten, den „Ordnern" der neuen Gesellschaft einfangen lassen? Es waren eben nicht die allerdümmsten Kälber, die sich ihren Metzger selber wählten, wie der Rationalist Bertolt Brecht fassungslos dichtete, die überwältigende Kraft von Emotionen und emotional verinnerlichten Werten maßlos unterschätzend.[46] Das Denken war jedenfalls nicht das größte Vergnügen dieser menschlichen – und bald unfassbar unmenschlichen – Rasse.[47] –

„Als wir noch Kinder, dröhnten die Kanonen,
und manches Kinderlachen brach entzwei,
Kam eine Meldung von den Todeszonen:
‚Dein Vater starb, damit die Jugend frei!'

---

[44] Vgl. Münkler (3. Aufl. 2009).

[45] Vgl. Focke-Museum (Hrsg.) (2013).

[46] Nur die allerdümmsten Kälber, wählen ihren Schlächter selber. Der Spruch wird oft Bertolt Brecht zugeschrieben, der ihn sinngemäß 1943 für seinen „Kälbermarsch", eine Parodie des Horst-Wessel-Liedes, verwendete, siehe: https://kuenste-im-exil.de/KIE/Content/DE/Objekte/brecht-kaelbermarsch.html?single=1. Zugegriffen am 16.01.2020.

[47] Brecht behauptete: Das Denken gehört zu den größten Vergnügungen der menschlichen Rasse. In: Brecht (1953, S. 34), vgl.https://natune.net/zitate/zitat/553. Zugegriffen am 17.01.2020; vgl. dazu Kämpf (1948).

> *Wehe dem Sohn, der das je kann verwinden*
> *Und nach so großem Preis vom Kampfe schwieg!*
> *Wir wollen unseres Daseins Sinn verkünden:*
> *Uns hat der Krieg behütet für den Krieg!*"[48]

So dichtete kurz nach 1933 Baldur von Schirach, der im Juni 1933 im Alter von 25 Jahren von Hitler zum Jugendführer des Deutschen Reiches ernannt wurde. Es gibt tausende ähnlicher Texte, die Kinder, Jugendliche und überhaupt viele Menschen in die nazistische Wertegesellschaft einbanden. Auf den ersten Blick sichtbar ist die jeder Rationalität, jedem sachlichen Argument abholde Emotionalität, die den Leser fängt und vereinnahmt. Das zerbrochene Kinderlachen – millionenfach erfahren. Der Tod des Vaters in den Todeszonen der Schlachtfelder – für mehr als 17 Millionen herzzerreißende Realität. Die Perspektive einer freien deutschen Jugend – wer wollte ihr widersprechen. Der große Preis des Kampfes – sollte sich nach allem erfahrenen Elend nun doch noch einstellen. Krieg als des Daseins Sinn – ein lange tradierter Gedanke, der in der Familie des Vaters, Oberleutnants, Schwadronschefs und späteren Rittmeisters Carl Baily Norris von Schirach sicher eine Heimat hatte. Kann man einem jungen, aufgeschlossenen Zwanzigjährigen verübeln, dass er so dachte, eher noch: so fühlte?[49] Gerade dass er sich in die sich neu formierende nationalsozialistische Wertegesellschaft vieler Millionen selbst so eingebunden fühlte, machte ja seinen Erfolg und seine Wirksamkeit aus!

Immer wieder steht man erschüttert vor dem schnellen, umfassenden Sieg dieser Wertegesellschaft, ist versucht, ihn auf den einsetzenden Terror der neuen Funktionseliten, auf

---

[48] Von Schirach (1938, S. 192).
[49] Vgl. Kunze und Vogel (2013).

die Verführung durch das Gift der nazistischen Propaganda, auf die Unterstützung der neuen Herren durch das Industrie- und Finanzkapital zurückzuführen. Gerade marxistische Interpretationen, die der Vernunft in der Geschichte nachspürten, verliefen sich auf diesem wissensgesellschaftlichen Irrweg. Tatsächlich spielten alle genannten Faktoren ihre Rolle, man konnte sie für die eigentlichen Ursachen halten. Nimmt man die Perspektive der Wertegesellschaft ein, sind das nur einige Faktoren unter vielen.[50]

Die berühmteste Darstellung der wissensgesellschaftlichen Interpretation gab die Fotomontage von John Heartfield: „Millionen stehen hinter mir".[51] Hitler, die Hand zum deutschen Gruß erhoben, ein fetter, ihn überragender Kapitalist steht hinter ihm, stopft Tausenmarkscheine in die offene Hand. Klar: Hitler, der Exponent des Großkapitals und von ihm ausgehalten, wird massiv unterstützt, um Ausbeuter und Ausbeutung zu ermöglichen und zu befördern. Unzweifelhaft ein Resultat der faschistischen Diktatur. Aber der Doppelsinn des Bildtitels lässt aufhorchen. Standen nicht wirklich Millionen von Menschen hinter ihm? Teils einverstanden, teils begeistert? Hielten sich Ablehnung und Opposition nicht deutlich in Grenzen? Und war das nur eine Folge des ausufernden Unterdrückungsapparats?[52]

Auf exemplarische Weise ist der Sichtwechsel in dem großen Werk Kurt Pätzolds „Gefolgschaft hinterm Hakenkreuz" zu erleben. „Im Zentrum aller Überlegungen stehen also die vielgestaltigen Wechselwirkungen zwischen denen,

---

[50] Exemplarisch dafür Lukacs (1954): Die Vernunft hat zu siegen; der Irrationalismus – auch der des südwestdeutschen Neokantianismus und Nietzsches – wird einer vernichtenden Kritik unterzogen. Eine Wertegesellschaft liegt außerhalb der Reichweite dieses Denkens.
[51] Vgl. Heartfield (1932).
[52] Sehr anschaulich dagegen Aly (2006). Er spricht von Stimmungspolitikern in Aktion, die „Stimmungen" sind im Text klar als Wertehaltungen gekennzeichnet.

die aus ihrer Interessenlage heraus bewusst Manipulation betrieben, und denen, die sich aus vielerlei Gründen gegen ihre eigentlichen Interessen manipulieren ließen. Nur so erklärt sich wohl der hohe Grad an Kooperation und Kollaboration der meisten Deutschen mit dem braunen Regime", schreibt der Herausgeber des postum veröffentlichten Werkes – und wird damit dem tiefen Erschrecken des Autors kaum gerecht. Es ist die wissensgesellschaftliche Interpretation eines wertegesellschaftlichen komplexen Zusammenhangs.

Danach wären da diejenigen, die aus ihrer eigenen Interessenlage heraus bewusst Manipulation betreiben. Sie sind sich also dieser Interessenlage rational bewusst. Sie kennen und beurteilen rational auch die „eigentlichen" Interessen der Manipulierten, gegen die sie angehen. Sie setzen Mittel der Manipulation, der Verführung und Inszenierung rational ein, um ihre klar umrissenen ökonomischen und politischen Ziele zu erreichen. Sie bauen rationale sozialpolitische Apparate, Hierarchien und Repressionsinstrumente auf, um dem Manipulationsansinnen Nachdruck zu verleihen. Unabhängig davon, wieweit das von den Nationalsozialisten benutzte Wissen tatsächlich verifiziert und belastbar war, wird ein „Normenstaat" realisiert, in dem bisheriges Sachwissen weiter berücksichtigt wird und bisherige Rechtsvorschriften in dem Umfang weiter benutzt werden, wie es zur Funktionsfähigkeit des kapitalistischen Wirtschaftssystems erforderlich ist.[53] Eine solche Sicht auf den NS-Staat wird der Realität in keiner Weise gerecht.

Wir wollen diese Sicht Funktionsmythos nennen: Hinter den Prozessen und Erscheinungsformen dieses Staates erkennen wir – „klugen" Nachgeborenen – die wahren sozialen, ökonomischen und politischen Hintergründe und Fak-

---

[53] Vgl. Fraenkel (3. Aufl. 2012).

ten, die von ihm teils verschleiert, teils aber auch ganz offen durchgesetzt werden.

Deutlicher als frühere eher sozial-funktionale Sichten, auch marxistischer Provenienz, wendet sich Pätzold aber den Werteaspekten zu, durch die jene Gefolgschaft hinterm Hakenkreuz verbunden und zusammengehalten wurde, die das Fundament der neu entstandenen nazistischen Wertegesellschaft bildete. Nuanciert anders schon sein Blick auf die Biografie Hitlers als einzigem Naziführer, der selbst auch mal auf dem Bau gearbeitet, der gehungert und das Männerasyl kennengelernt hatte. Nuanciert auch die Wiedergabe der Wertetiraden nach der Machtergreifung.

„Am zweiten Tag seiner Kanzlerschaft verkündete Hitler in einer Rundfunkansprache das Programm der Regierung. Die Rede malte ein Horrorbild deutscher Geschichte seit der Novemberrevolution. Dessen Signalwörter lauteten: Zersetzung, Zwietracht, Zerrissenheit, Misshandlung, Hunger, Elend, Leid, Ruin, Verfall, Katastrophe, Chaos." Werte, Werte, Werte. Bei anderer Gelegenheit griff Hitler wieder in die Bilderkiste religiöse Mythologie:

„Denn ich kann mich nicht lossagen von dem Glauben an mein Volk, kann mich nicht lossagen von der Überzeugung, dass diese Nation wieder einst auferstehen wird, kann mich nicht entfernen von der Liebe zu diesem meinem Volk und hege felsenfest die Überzeugung, dass diese Nation wieder einst auferstehen wird … und dann [begrüßt sie] das gemeinsam geschaffene, mühsam erkämpfte, bitter erworbene Deutsche Reich der Größe und der Ehre und der Kraft und der Herrlichkeit und der Gerechtigkeit. – Amen."[54]

Wer so spricht, ist kein Manipulator, kein Verführer, so sehr man auch seine Äußerungen missbilligt und ihre ma-

---

[54] https://archive.org/details/19330210AdolfHitlerRedeImBerlinerSportpalast59m160Kbps. Zugegriffen am 20.01.2020.

nipulative, verführerische Wirkung feststellt. Da werden tief interiorisierte Wertehaltungen und Hoffnungen ekstatisch herausgeschrien und stoßen auf Millionen Menschen mit ähnlichen Erfahrungen, ähnlichen Erlebnissen, Krieg, Versailles, Lebensprobleme in der Weimarer Demokratie – von Konservativen genüsslich ausgemalt[55] – Inflation, Arbeitslosigkeit. Die Wertekanonaden „überzeugen" Schwankende und Gegner nicht von der anderen Meinung, wie es gute Argumente täten, sie „verführen" auch nicht zu anderen Werteorientierungen, weil schon die alten nicht zu fassen sind. Sie sorgen vielmehr dafür, dass sich neue Ordner aufgrund der Werteresonanz rasend schnell durchsetzen und Massen von Menschen im Sinne der Synergetik „versklaven". So ist denn die gesamte Nazipropaganda nicht auf echte Argumente, sondern auf wertende Emotionen gebaut. Diese Einsicht darf nicht dazu führen, die reale Versklavung von Menschen und Völkern weniger deutlich zu benennen. Es soll aber dazu führen, die Macht der „Versklavung" durch die faschistische Wertegesellschaft zu begreifen, die erst den Boden für jene reale Versklavung bereitete. Diese Wertegesellschaft bildete nämlich die Grundlage für den faschistischen „Maßnahmenstaat", in dem nicht nach rechtlichen Regeln, sondern nach Kriterien politischer Werteorientierungen entschieden wurde, um spezifische, nach allem menschlichen Ermessen irrationale Ziele – wie beispielsweise die Judenverfolgung – durchzusetzen. Im Zweifelsfall entschied der Maßnahmenstaat, ob eine Angelegenheit nach den Regeln des Normenstaates oder nach den Werteorientierungen des Maßnahmenstaates behandelt wurde.[56]

---

[55] Vgl. Schultz und Jünger (1931).
[56] Die Unterscheidung von Normenstaat und Maßnahmenstaat haben wir entnommen aus Fraenkel (3. Aufl. 2012).

Jede Bekämpfung neonazistischer Ideologie steht unserer Ansicht nach auf verlorenem Posten, wenn sie diese mit „überzeugenden" Argumenten bekämpfen will, wenn sie nachzuweisen versucht, dass deren Verfechter und Mitläufer Opfer einer perfiden „Verführung" seien. *Wir wollen diese Sicht Verführungsmythos nennen.* Die Verführer müssten ein deutliches Bild von den Verführten und den Verführungszielen besitzen und ihre Verführungsabsichten zynisch in Szene setzen. Jedes Dokument von neofaschistischen Aufmärschen der Pegida und Co., von der Jagd auf Fremde am Rande von Massenveranstaltungen, von den Auftritten faschistoider Rockbands spricht eine andere Sprache. Da treffen sich Menschen mit dumpfen Wertehaltungen gegen Demokratie, Staat und Recht, und wie bei dem harmlosen, aber paradigmatischen Badebeispiel am Waldsee bilden sich physische Ordner des Handelns im Marschieren und gedankliche Ordner des Handelns in der Synchronisation durch Reden, Rufen, Musik und Zusammenhalt heraus. Sie sind umso tiefer emotional verankert, als sie gegen oft große Mehrheiten verteidigt und behauptet werden. So lange nicht emotional tragende, lebbare Werteentwürfe dagegengesetzt werden, ist ihre Bekämpfung ziemlich wirkungslos.

> Der tatsächlich oft wirkungsvollen braunen Netzwerksbildung, der wirkungsvollen Verführung durch neonazistisches Gedankengut die Schuld am Erstarken des Neonazismus zuzuschreiben, ist eine Wiederholung von Funktionsmythos und Verführungsmythos und greift zu kurz. Solange dagegen nicht echte, begeisternde gesellschaftliche Handlungs- und Wertealternativen ins Spiel gebracht werden, sehen wir keine grundlegenden Gegenstrategien.

Personen und Persönlichkeiten: Selbstorganisation und Gewalt

Herrmann Haken war das große Erklärungspotenzial der Synergetik für die Sozialwissenschaften vollkommen klar. In seinem Artikel, in dem er *Symbole, Sprachen, Staatsformen, Kulturen, Gesetze, Rituale, Umgangsformen, Moden, Betriebsklimata, Corporate Identities* als Existenzformen der Wertegesellschaft charakterisierte,[57] heißt es:

> „Nehmen wir als Beispiel den Übergang von der Demokratie zur Diktatur her. Dafür hatte ich den folgenden Modellvorgang vorgeschlagen, der, wie ich aber später hörte, bereits von Lenin propagiert worden ist und in der chinesischen Revolution verwirklicht wurde. Um einen Phasenübergang zu erzeugen, muss ein System zunächst destabilisiert werden. Dies kann durch extreme Ereignisse geschehen, beispielsweise durch lang andauernde wirtschaftliche Depressionen, Hungersnöte, aber auch durch Terrorakte verschiedenster Art. Die Bürger verlieren dann das Vertrauen in ihre Regierung und suchen nach neuen Staatsformen. In diesen Zeiten treten kritische Fluktuationen auf, die sich zum Beispiel in Massenschlägereien bei politischen Demonstrationen, in großen Streiks et cetera äußern können. Um das System in seinen neuen Zustand zu treiben, bedarf es dann einer Schwankung, die etwa von einer Gruppe entschlossener Männer und Frauen dargestellt wird, die das System in den neuen Zustand hineintreiben … Eine Konsequenz aus den Betrachtungen der Synergetik und deren mathematischen Analysen ist, dass sich Ordner nicht durch das Verhalten einzelner Teile, sofern dies nicht ganz kollektiv geschieht, ändern lassen …"[58]

---

[57] Vgl. Haken (1996, S. 587 ff.).
[58] Ebenda, S. 591.

Nichttriviale mathematische Modellierungen sozialer Strukturen und Prozesse stoßen bis heute auf erhebliche Vorbehalte bei Sozialwissenschaftlern. Das umfangreiche Sammeln und gewiefte statistische Auswerten von Daten ist ihnen geläufiger als ein grundsätzlich neuer Denkansatz, wie ihn die Synergetik bietet. Allerdings stoßen alle solche Datensammler auf ein grundsätzliches Erklärungsproblem: Woher kommen und wozu braucht man Werte?

In der Synergetik von Hermann Haken wird, stark vereinfacht, folgende Modellierung eines sich selbst organisierenden Systems gewählt. Das soziale „System", Staat, Land, Partei, Gruppe … wird durch einen sogenannten „Zustandsvektor", bestehend aus einer Vielzahl von Einzelkomponenten, beschrieben. Die zeitliche, in der Regel *nichtlineare* Veränderung des Zustandsvektors umfasst neben der Veränderung der Einzelkomponenten Veränderungen der äußeren Einwirkungen auf das System – der sogenannten Kontrollparameter – und weiterer Zufallseinwirkungen. Die Lösung der entstehenden partiellen Differenzialgleichung, einer sogenannten Mastergleichung,[59] ist ziemlich kompliziert – die meisten Abiturienten versagen bereits bei der Lösung einfachster Differenzialgleichungen –, aber das Ziel ist klar: Gesucht sind die Übergangswahrscheinlichkeiten von einem Gefüge des Zustandsvektors zu einem anderen in einer bestimmten Zeit. Die zeitabhängige Lösungsfunktion umfasst immer sogenannte Ordnungsparameter oder Ordner, das sind Kontrollparameter, die massive Auswirkungen auf das Gesamtsystem haben, das System „versklaven".

> Die Feststellung, dass bei komplexen, dynamischen, sich entwickelnden Systemen immer solche Ordnungsparameter oder Ordner auftreten, wird oft als Haken-Prinzip bezeichnet.

---

[59] Eine Mastergleichung ist eine partielle Differenzialgleichung erster Ordnung, die die Zeitentwicklung der Wahrscheinlichkeiten eines Systems beschreibt.

Dieses Prinzip der Ordnungsparameter besagt, dass das Verhalten, also die Dynamik der Systemteile eines komplexen Gesamtsystems durch einige wenige Ordnungsparameter bestimmt wird. Damit findet, verglichen mit der Ausgangskomplexität, eine erhebliche Informationskomprimierung statt. Denn zur Verhaltensbeschreibung des Gesamtsystems reicht es nun, abhängig vom Ordnungsparameterraum einige wenige Gleichungen aufzustellen, die das Gesamtsystem beschreiben.

Wichtig in unserem Sinne ist, dass:

- für komplexe, dynamische Systeme *immer* das Haken-Prinzip gilt, dass dort *immer* Ordner entstehen und herrschen, dass man es eventuell ausklammern, aber nicht negieren kann,
- wir erst beginnen, dieses Prinzip, wie alle Erscheinungsformen von Komplexität, tiefgründiger zu verstehen,
- dieses Prinzip gerade keine Kausalität im herkömmlichen Sinne liefert; kennen wir die Ordnungsparameter, schränken sich Entwicklungswege ein, aber wir können die Zukunft trotzdem nicht voraussagen,
- das Haken-Prinzip dagegen auf eine neue Art von Determinismus sozialhistorischer Prozesse führt, der für Fragen der Entstehung und Wirkung von Werten entscheidend ist,
- neben den mechanistischen Determinismus, den statistischen Determinismus und den umfassenderen dialektischen Determinismus[60] damit ein *selbstorganisativer Determinismus* tritt.

Um ihn zu verstehen, ist es naheliegend, die Modellierung eines realen sozialhistorischen Selbstorganisationspro-

---

[60] Vgl. Hörz (1971).

zesses mit Hilfe der Synergetik zu betrachten. Solche Modellierungen gibt es leider viel zu wenige. Der Grund dafür liegt vermutlich in der Tatsache, dass die mathematikfreie Selbstorganisationstheorie, die von den Biologen Humberto Maturana und Francisco Varela entwickelt[61] und später als Autopoiesetheorie (Sich-selbst-mach-Theorie) oder als (radikaler) Konstruktivismus bezeichnet wurde[62] und auch in die Theorie sozialer Systeme von Niklas Luhmann einging,[63] das Haken-Prinzip und damit den Gedanken von Ordnern der Selbstorganisation nicht kannte.

> Damit konnten in diesem Bezugsrahmen trotz vieler allgemeingültiger Aussagen keine Aussagen über Werte als Ordner der Selbstorganisation menschlichen Handelns gemacht werden!

Deshalb halten wir die Arbeit des Psychologen Christof Nachtigall „Selbstorganisation und Gewalt" für einen geeigneten Ausgangspunkt. Sie ist bis heute methodisch vorbildlich. Sie präsentiert Ergebnisse, die unseren intuitiven Vermutungen entscheidend widersprechen. Und sie beschreibt Vorgänge, wie sie sich ähnlich bei jeder Demonstration gewaltbereiter, bei jeder Zusammenrottung gewaltausübender Teilnehmer wiederholen, ob es sich um deutsche Neonazis, französische Gelbwesten oder chinesische Studenten in Honkong handelt.[64]

Am 22. und 26. August 1992 rotteten sich vor der zentralen Aufnahmestelle für Asylbewerber und einem Wohnheim für ehemalige vietnamesische Vertragsarbeiter am

---

[61] Vgl. Maturana und Varela (1990).
[62] Vgl. Simon (2015).
[63] Vgl. Luhmann (1987).
[64] Vgl. Nachtigall (1997, S. 22).

sogenannten Sonnenblumenhaus in Rostock-Lichtenhagen fremdenfeindliche Jugendliche zusammen. Es waren die massivsten rassistisch motivierten Übergriffe in Deutschland nach Ende des Zweiten Weltkrieges. An den Ausschreitungen beteiligten sich mehrere hundert, teilweise rechtsextreme Randalierer und bis zu 3000 applaudierende Zuschauer, die den Einsatz von Polizei und Feuerwehr behinderten. Nachdem die Aufnahmestelle für Flüchtlinge am Montag, dem 24. August, evakuiert worden war, wurde das angrenzende Wohnheim, in dem sich noch über 100 Vietnamesen und ein Fernsehteam des ZDF aufhielten, mit Molotowcocktails in Brand gesteckt. „Auf dem Höhepunkt der Auseinandersetzungen zog sich die Polizei zeitweise völlig zurück und die im brennenden Haus Eingeschlossenen waren schutzlos sich selbst überlassen."[65]

Bis heute wird versucht, Hintergründe, Ursachen und Erklärungen zu den Geschehnissen zusammenzutragen. Teilweise gibt es Überlegungen, wie es zu den fremdenfeindlichen Wertehaltungen der jugendlichen Randalierer kommen konnte, mehrheitlich in der DDR aufgewachsen und sozialisiert. Andererseits wurde gefragt, wie es dazu kommen konnte, dass die Zuschauer dem Treiben auch noch applaudierten und die Täter anfeuerten.

Nachtigall modellierte das Entstehen und das Sich-Hochschaukeln der menschenfeindlichen, tödlich bedrohenden Exzesse mithilfe von Selbstorganisationsmodellen. Dabei stellte sich heraus, dass die Wertehaltungen der Täter wie der Mittäter Ordner des verbrecherischen Handelns waren, die alle Anwesenden „versklavten" und einsaugten, welche Haltung sie auch sonst, im normalen Alltag, haben mochten.

---

[65] https://de.wikipedia.org/wiki/Ausschreitungen_in_Rostock-Lichtenhagen. Zugegriffen am 02.02.2020.

Nachtigall diskutierte zunächst zahlreiche Ergebnisse experimentell-psychologischer Forschung, deterministische Ursache-Wirkungs-Beziehungen, die dazu dienen sollten, den Zusammenhang von Frustration und Aggression zu deuten. So klar ein solcher Zusammenhang auf den ersten Blick erscheint, konnte ihn die experimentelle Forschung nicht bestätigen. Die Reaktion der Aggressionsforscher darauf war, immer mehr Fakten und Details heranzuziehen. Das nannte Nachtigall „Eichhörnchenparadigma", da fleißig Einzelkomponenten zusammensammelt wurden, um doch noch echte statistische Determinationszusammenhänge aufzufinden. Das misslang vollkommen.[66] Damit verbot sich aber auch ein direkter erzieherischer Eingriff, der vielleicht einzelne Komponenten in gewünschter Weise verändert hätte. Es verbot sich vor allem der simple Versuch, Werteorientierungen zu verändern, um definierte Ziele zu erreichen. Denn wie hätte man das angehen sollen, zumal sich die Ansätze sogenannter Werteerziehung als unwirksam erwiesen hatten?[67] Gegen diese „Illusion der Kontrolle" setzte Nachtigall sein Selbstorganisationsdenken.

„Kausale Modelle versprechen, zumindest vom Prinzip her, die Möglichkeit der Prognose. Mit ihrer Hilfe ergibt sich die Möglichkeit, in der Welt menschlichen Zusammenlebens zumindest in kleinem Rahmen zielgerichtet eingreifen zu können. Wer würde nicht wünschen, dass angesichts fremdenfeindlicher Gewalt in Deutschland Maßnahmen ergriffen würden, welche den Brandanschlägen wirksam Einhalt gebieten? Eine kausale Erklärung verspricht Einfluss und Kontrollmöglichkeiten. Meine These ist, dass Forschung nach dem ‚Eichhörnchenparadigma' den Erhalt einer ‚Illusion von Kontrolle' zum Ziel hat. Es wird einerseits immer

---

[66] Nachtigall (1997, S. 22).
[67] Ebenda, S. 48 ff.; vgl. Erpenbeck und Sauter (2019).

darauf hingewiesen, dass natürlich nicht alle Variablen erfasst werden können … Andererseits bleibt die Hoffnung: wenn nur genug Variablen identifiziert würden, so gäbe es (zumindest theoretisch) eine immer bessere Erklärung und Vorhersage der untersuchten Phänomene, eine immer bessere Kontrolle unserer Welt".[68]

Die typische Hoffnung der Wissensgesellschaft.

Dagegen wird festgestellt, dass man, um derartige Prozesse *wirklich* zu begreifen, eine andere, eine dynamische Brille, nämlich die Selbstorganisationsbrille, aufsetzen muss. Die Wahrnehmung wechselseitig unangemessenen Verhaltens beispielsweise folgt keiner Wenn-dann-Abfolge: Man stellt sich dem Gegner, versucht auf ihn einzuwirken, bewertet seine Reaktionen, diese Reaktionen werden ihrerseits bewertet und so weiter. Diese Bewertungen können sich vom realen Geschehen sehr weit entfernen, können sogar auf bloße Vermutungen reagieren. So etwas nennt man eine zirkuläre Kausalität. Bei gewalttätigen Demonstrationen kann sie zu immer extremerem Verhalten führen.

Solche Zusammenhänge können mathematisch kompliziert, aber inhaltlich sehr ergiebig modelliert werden. Man kann die Bildung von Gruppenwerten und -normen und die Ablehnung fremder Gruppenwerte damit gut beschreiben. Das Modell umfasst äußere Einflüsse, sogenannte *Kontrollparameter* – beispielsweise ein fremdenfeindliches Klima, abfällige Bemerkungen, Witze, Urteile; dann die *Mikroebene* – die Systemelemente, die wechselwirkenden Gruppenmitglieder; und die *Makroebene* – auf der sich Ordnungsparameter in Form gemeinsamer Anschläge und in Form gemeinsamer Werteorientierungen und Haltungen herausbilden. Ein solches Modell lässt sich mathematisch formulieren; Trends zu fremdenfeindlicher Gewalt lassen

---

[68] Nachtigall (1997, S. 23).

sich ebenso berechnen wie die Wechselwahrscheinlichkeiten zu einer Werteorientierung der Gruppe. Ähnliche Modelle werden auch für die Beschreibung von Meinungsbildungsprozessen verwendet.[69] Die Wertungsdynamik lässt sich in Form einer Mastergleichung darstellen.

> Der Übergang vom „Eichhörnchenparadigma" zum Selbstorganisationsparadigma ist ein entscheidender Schritt von der Wissensgesellschaft, die elementare, aber auch komplizierte Kausalbeziehungen anhäuft, zur Wertegesellschaft, die sich mit dem Haken-Prinzip und der Entdeckung der Ordner der Selbstorganisation dem wissenschaftlichen Verständnis von Wertungen, von Werten öffnet.

Die Ergebnisse der Modellierung stehen teilweise in deutlichem Widerspruch zu intuitiven Vermutungen.

Es wird sichtbar, wie wichtig Prozesse der Selbstorganisation bei den rassistisch motivierten Übergriffen in Rostock-Lichtenhagen waren.

„Die Gruppe steht in einem schwierigen Entscheidungsprozess, die äußeren Bedingungen (Zeitdruck, keine vorgefertigten Lösungen) sind eher unspezifisch, sie legen das Ergebnis des Gruppenprozesses keineswegs fest.

> Entscheidend ist der Gruppenprozess selbst.

Aus der Interaktion der Gruppenmitglieder heraus ergibt sich eine zunehmend geteilte, einseitige und radikale Sichtweise. Anders ausgedrückt: Es entwickeln sich Werte in einem Prozess der Selbstorganisation. Abweichungen von diesen Werten werden durch Gruppendruck gegenüber den

---

[69] Vgl. Weidlich und Haag (1983), vgl. McCoy und Tau Tsun (2014).

Abweichlern vermindert. Das Ergebnis ist eine Vereinheitlichung von Denken und Handeln der Gruppenmitglieder, an deren Ende oft schreckliche Entscheidungen stehen ..."[70]

Zudem zeigte sich, dass das Handeln gewalttätiger Gruppen keineswegs bloß ein regelloser, chaotischer Vorgang sinnloser blinder Zerstörungswut war, sondern ein durch soziale Wertungen geregelter Vorgang. Diese Wertungen bilden sich als Ordner des Handelns selbstorganisiert heraus. Sie sind bei spontanen Krawallen keine festen, von außen vorgegebenen Größen, sondern werden von den beteiligten Menschen in der Situation aus Sicht der Synergetik als Ordner konstruiert und erschlossen.

> Gewalt wird für die Gruppenmitglieder zur angemessenen werteorientierten Verhaltensweise.[71]

Die für uns wichtigste Schlussfolgerung aus dieser Betrachtung ist die Erkenntnis, dass sich die in dem Geschehen wirksamen *Werte und Normen* dynamisch, während des Geschehens herausbildeten. *Sie waren nicht als Wissen oder vorgeprägte Verhaltensmuster bei den Handelnden bereits vorhanden.* Insofern wäre es vollständig unangemessen gewesen, sie später zu beschulen oder zu trainieren.

Weiterhin erwies sich überraschend, dass die Randalierer keine kranken, gestörten Täterpersönlichkeiten, sondern Freizeitcliquen ganz „normaler" Jugendlicher waren. Sie kamen aus der Mitte der Gesellschaft, waren vorher nicht wegen besonderer Aggressivität aufgefallen. Was jedoch in dem Modell vorhergesagt und in der Realität beobachtbar war, ist, dass sich ein *generell fremdenfeindliches Klima*, auch

---

[70] Nachtigall (1997, S. 44).
[71] Ebenda, S. 88.

wenn nur in Spuren vorhanden, im Mittel als höchst wirksam für die spätere Wertebildung erwies.

Damit zeigte die neue, Werte und Normen in den Mittelpunkt stellende Modellierung, dass deterministische Ursachenkonzepte in sozialen Systemen wenig tragfähig sind. „Der Nachteil besteht darin, das fremdenfeindliche Gewalt nicht einfach durch bestimmte Maßnahmen abgestellt werden kann, denn eine der zentralen Modelleigenschaften besteht gerade in der *Möglichkeit zur Polarisierung in verschiedene Richtungen*, sogar entgegen einem vorgegebenen Trend".[72] Damit ist eine der wenigen Möglichkeiten des Eingriffs, ein aktives Dagegenhalten auch nur einiger Gruppenmitglieder zu forcieren, damit eine Gegenbewegung in Gang zu setzen und so aktiven Einfluss auf die Wertebildung zu nehmen.

> Die Auseinandersetzung mit historischen wie aktuellen Wertekonflikten zeigt überdeutlich, dass alle unterrichtsförmigen Versuche, Werte zu lehren, ins Leere stoßen. Wo der Grundprozess der emotionalen Labilisierung nicht greift, hat die gezielte Werteentwicklung ihre Wirkung verloren. Das gilt für die Randalierer in Rostock Lichtenhagen und ihre Mitläufer ebenso wie für die heutigen Rechtsradikalen.

Personen und Persönlichkeiten: Werteentwicklung im Netz

Johann Wolfgang von Goethe schrieb seine wertvollen wie voll Werten steckenden Gedichte mit einem Federkiel. Theodor Fontane schrieb seine mark- und weltumspannenden Gedichte mit einer Metallfeder. Gottfried Benn schrieb seine Wert- und Welträtsel reflektierenden Gedichte mit

---

[72] Ebenda, S. 125.

einem Füllfederhalter. Bertolt Brecht benutzte für seine politischen Gedichte und seine Liebesgedichte vor allem eine Schreibmaschine. Elfriede Jelinek bekannte sich, lange bevor sie den Nobelpreis für Literatur erhielt, zum Personalcomputer als wichtigstem Arbeitsinstrument.

Die Schreibtechnik, analog oder digital, änderte die sozialen Grundfunktionen künstlerischer Literatur in keiner Weise. Stets spiegelt sie nicht nur Wertungen wider, sie vermittelt und produziert auch Wertungen in Rezeptions- und Kommunikationsprozessen. Gesellschaftliche Wertungen ebenso wie ganz persönliche, private. Darin liegt ihre eigentliche Funktion, ihre Notwendigkeit. Sie hilft dem Einzelnen, gesellschaftliche Wertungen zu interiorisieren, zu Eigenem, Innerlichem zu machen. Sie hilft umgekehrt, Wertungen Einzelner mit allgemeiner, gesellschaftlicher Bedeutung publik zu machen, und trägt damit zur Produktion neuer, erweiterter Wertungen bei. Natürlich produziert und vermittelt auch Wissenschaft Wertungen, wie auch Kunst Erkenntnisse vermittelt und produziert. Jeder Tätigkeitsprozess bringt Erkenntnisse *und* Wertungen hervor, auch der wissenschaftliche und der künstlerische. Doch sind die Stoßrichtungen verschieden, wie es der südwestdeutsche Kantianismus und insbesondere Wilhelm Dilthy[73] mit der Betonung der Kategorie Erlebnis völlig zu Recht betonte.

Es geht also gar nicht um wie immer geartete „digitale Kompetenzen",[74] wie es auch früher nicht um Gänsekiel-, Stahlfeder- oder Füllerkompetenzen ging. Es geht vielmehr um die Formen sozialer Kommunikation, die mit den unterschiedlichen Techniken möglich sind, und um die Kompetenzen, diese Techniken in unterschiedlichen Kommunikationssituationen einzusetzen. Darauf bezogen haben die Techniken ein ganz unterschiedliches Potenzial.

---

[73] Vgl. Dilthey (2015).
[74] Vgl. Frank (2016), vgl. Hartmann und Hundertpfund (2015).

> Der wichtigste Unterschied im Potenzial von Techniken sozialer Kommunikation ist, ob sie in Kommunikationssituationen der Wissensgesellschaft oder der Wertegesellschaft eingesetzt werden.

Die *Wissensgesellschaft* benutzt die digitale Kommunikation vor allem zur Darstellung von Sachverhalten und Fakten, von auf die objektive Realität bezogenen Dingen, Eigenschaften, Relationen und Prozessen – wie immer man Objektivität und Realität fasst. Sie kommuniziert darüber hinaus die sprachlichen, symbolischen, theoretischen, mathematischen Methoden, mit denen Wissen über die objektive Realität und über theoretische Zusammenhänge gewonnen und geprüft wird. Auch bei dieser Kommunikation sind heftige Emotionen und Wertungen im Spiel. Man denke an den großartigen Bericht von Cedric Villani über die Gewinnung eines einmaligen mathematischen Spitzenergebnisses.[75] Aber diese Emotionen und Wertungen sind nicht der Hauptgegenstand der Kommunikation, sie fließen als gleichsam menschlich-allzu menschliche Begleitmusik mit ein. Ziel bleibt ein wertefreies Resultat im Sinne von Max Weber. Auch Wertungen, Werte in den Sozial- und Geschichtswissenschaften sollten idealerweise nicht von denen des kommunizierenden Wissenschaftlers überlagert sein.

> Insofern sind Computer ideale Instrumente der Wissensgesellschaft. Die Kommunikation von Sachverhalten und Fakten gelingt mit ihnen in unglaublichen, überquellend wolkigen Dimensionen.

---

[75] Vgl. Villani (2013).

Die *Wertegesellschaft* benutzt digitale Netze und soziale Kommunikation in einer gänzlich anderen Weise. Auch sie ist natürlich auf die Darstellung von Sachverhalten und Fakten aus, aber oft schon mit dem Ziel, wertende Urteile und Meinungen zum Dargestellten hervorzurufen. Das lässt sich leicht an Fake News, Videowerbungen, Influencer-Einwirkungen und parteiischen Kommentaren festmachen. Dabei bedient sie sich aller Mittel emotionaler Beeinflussung, die im jeweils zeitgenössischen Internet zu Gebote stehen. Sie nutzt alle audiovisuellen Möglichkeiten, Musiksympathien, Farb- und Feuerwerksgestaltungen, und Sympathieträger aller Art, vom weisen Klosterbruder bis zum niedlichen Pandabären. Der so gebotene, vom Mediensender zum Contentempfänger laufende Informationsstrom beträgt ein Vieltausendfaches gegenüber echten, kommunizierten Wissensinhalten. Insofern ist die Klage darüber, dass das Netz auf diese Weise missbraucht wird, völlig gegenstandslos.

Sowohl in der Wissensgesellschaft wie in der Wertegesellschaft erlauben moderne soziale Kommunikationsnetze aber noch viel mehr als nur den linearen Wissen- beziehungsweise Wertetransfer.

In der *Wissensgesellschaft* ermöglichen sie Webinare mit Wechselwirkungen zwischen Lehrperson und Studenten, direkte Lehrer-Schüler-Kommunikationen in Bild und Ton, auch Arbeitsberatungen zwischen verschiedenen, oft räumlich weit auseinanderliegenden Teilnehmergruppen oder Kreativzirkeln.

In der *Wertegesellschaft* kommen entscheidende Möglichkeiten hinzu. Im Gegensatz zu den eher traditionellen Instrumenten, die vornehmlich zur Vermittlung von Sachwissen und Informationen taugen, sind die modernen, früher als Web 2.0, heute als Social Media bezeichneten Instrumente hervorragend zur Wertekommunikation und Werteentwicklung geeignet.[76] Wir haben an anderer Stelle gezeigt, dass die Stufen der Werteverinnerlichung fast gleichlautend in Modellen der kognitiven Psychologie, der Emotions-und Motivationspsychologie, der Psychotherapieforschung und der Gruppendynamik abgebildet werden.[77] Unsere Zusammenfassung des Interiorisationsprozesses folgte diesen Darstellungen.

Vom Standpunkt der Wertegesellschaft ist es entscheidend, ob und in welchem Maße Social Media, die Kommunikation in sozialen Netzen, emotionale Labilisierungen auszulösen vermögen.

Natürlich ist nicht jede emotionale Labilisierung mit einer Werteverinnerlichung verbunden. Aber es gibt keine Werteverinnerlichung ohne emotionale Labilisierung. Das ist die Erklärung dafür, warum den sozialen Netzwerken eine so hohe Potenz der Wertekommunikation und Werteentwicklung zugetraut wird. Der Interiorisationsvorgang, bei dem Werte via Entscheidungssituation, kognitive Dissonanz und emotionale Labilisierung zu eigenen Emotionen und Motivationen umgewandelt und angeeignet werden, ist der Schlüsselprozess jeder Werteverinnerlichung.[78] Die Schlussfolgerung für eine Werteentwicklung im Netz ist ebenso einfach wie fundamental. Nur Kommunikationsprozesse, die Entscheidungssituationen bieten, kognitive Dissonanzen setzen und emotionale Labilisierungen erzeugen, tragen zur Werteentwicklung bei.[79] Das ist mit moderner Social Software vorzüglich möglich.[80]

---

[76] „Social Media ist da wohl eher geeignet, weil der Begriff weniger missverständlich ist und auch weniger nach einer neuen Technik klingt. Das Wort social in dem Begriff ist ja das, worauf es ankommt. Social betont die menschliche Komponente und den kulturellen Aspekt viel mehr als Web 2.0 das vermitteln kann, da hier eher technische Assoziationen kommen." http://www.henningschuerig. de/2010/social-media-statt-web-20/. Zugegriffen am 30.02.2020.

[77] Vgl. Erpenbeck und Sauter (2007).

[78] Vgl. Erpenbeck und Weinberg (1993).

[79] Vgl. Draschoff (2000).

[80] Man denke nur an die Kommunikationsmöglichkeiten über facebook, Telegram, WhatsApp, twitter, YouTube, Instagram, Skype, tiktok und viele andere....

Das ist allerdings nur die *Tagesansicht* der Werteentwicklung im Netz. Es gibt auch eine *Nachtansicht*. Sie deutete sich im Abschnitt über Selbstorganisation und Gewalt bereits an.

Nahezu alle Kommunikationsprozesse in sozialen Netzen sind sich selbst organisierende Prozesse. Alle Probleme, die wir im vorigen Abschnitt angesichts der spontanen Ausbildung radikaler Gruppenprozesse beschrieben haben, finden sich in der Kommunikation in sozialen Netzen tausendfältig und enorm beschleunigt wieder.

Es bilden sich immer neue Gruppen heraus, in denen oft völlig absurde Behauptungen, Verschwörungstheorien oder Diffamierungen den Status des Akzeptablen erhalten; deren Einschätzung wird nur selten von äußeren Bedingungen berührt. Es existieren keine vorgefertigten Wertungen, der Gruppenprozess führt zu keinen belastbaren Aussagen. Aus der Interaktion der Gruppenmitglieder heraus ergibt sich vielmehr rasend schnell eine zunehmend geteilte, einseitige und radikale Sichtweise. Es entwickeln sich interne Gruppenwertungen in einem Prozess der Selbstorganisation. Abweichungen von diesen Wertungen werden durch Gruppendruck gegenüber den Abweichlern vermindert. Das Ergebnis ist eine Vereinheitlichung von Denken und Handeln der Gruppenmitglieder, an deren Ende oft irrsinnige Entscheidungen stehen. Diese Vereinheitlichung wird durch die Anonymität und Abschottung der Gruppenkommunikation im Netz noch gefördert. Die Geschwindigkeit solcher Prozesse ist am Beispiel deutscher freiwilliger Teilnehmer an den Verbrechen des islamischen Staates zu verfolgen.

Auch die sich selbst organisierende Wertekommunikation in sozialen Netzen ist kein regelloser, chaotischer Vorgang, sondern ein durch soziale Wertungen geregeltes Geschehen. Diese Wertungen bilden sich als Ordner des kommunikativen Handelns selbstorganisiert heraus. Sie sind nicht vorgefertigt, sondern werden von den Kommunizierenden in der Kommunikationssituation als Ordner aufgebaut. Leichter als in der realen Welt können sie Allmachtsvorstellungen, Diskriminierungen, Gewalt- und Rachefantasien einschließen, die den Beteiligten dann als angemessene Verhaltensweisen erscheinen. Durch die Abschottung der Kommunikation und der Kommunizierenden erreichen die Selbstorganisationsprozesse eine höhere Intensität und größere Geschwindigkeit als in der außerhalb liegenden Realität. Die politisch und fremdenfeindlich grundierten Attentate 2011 in Oslo und auf der Insel Utøya mit 77 Toten, in Halle 2019 mit 2 Toten oder in Hanau 2020 mit insgesamt 10 Getöteten wurden im Nachhinein auch als Ergebnisse solcher Kommunikation in sozialen Netzen identifiziert. Alle Täter haben sich als psychisch gestörte Persönlichkeiten erwiesen. Doch können auch völlig „normale" Menschen, die aus der Mitte der Gesellschaft kommen und zuvor nicht als besonders aggressiv oder menschenverachtend aufgefallen sind, dem Sog absurder Wertungen erliegen. Deshalb ist es äußerst wichtig, schon den kleinsten Gesinnungswandel ernst zu nehmen und nicht als absurdes Gerede abzutun.

Vor allem aber ist es wichtig zu begreifen, dass deterministische Ursachenkonzepte in sozialen Systemen oft wenig tragfähig sind. Fremdenfeindliche oder andere identitäre, ausgrenzende Gewalt kann nicht einfach durch von außen in die Kommunikation eingreifende, verbietende oder steuernde Maßnahmen abgestellt werden. Die Wertegesellschaft begreifen heißt auch, die Nachtansicht der Kommunikation in sozialen Netzen zu begreifen und Eingriffsmöglichkeiten nicht nach dem kausalen Modell der Wissensgesellschaft, sondern nach dem Selbstorganisationsmodell der Wertegesellschaft zu konzipieren. Die Wertegesellschaft kann unter anderem deshalb die Wissensgesellschaft vielfach so gründlich und nachhaltig konterkarieren und aushebeln, weil die sich selbst organisierenden Prozesse von Werteentstehung und Wertekommunikation häufig blitzartig vor sich gehen, keinerlei wie immer gearteten äußeren sozialen Kontrolle unterliegen und sich ihre Resultate oft gegen jeden sachlich-argumentativen Wahrheitsnachweis sträuben und immunisieren.

Selbstverständlich muss man Formen problematischer Wertekommunikation in sozialen Netzen, wo es geht, identifizieren, unterbinden und im Extremfall auch juristisch verfolgen, wie es beispielsweise Facebook und Microsoft anstreben. Wo es möglich ist, kann man auch mit unterrichtsförmigen Methoden, Seminaren und Weiterbildungsveranstaltungen versuchen, entstehenden Verschwörungstheorien, spekulativen Weltanschauungen und identitären Zusammenrottungen zu begegnen. Solche Versuche werden aber voraussagbar meist erfolglos sein. Auch hier gilt: Wo der Grundprozess emotionale Labilisierung nicht greift, hat die in einem gewünschten Sinne gezielte Werteentwicklung ihr Recht verloren.

Aus Sicht der Wertegesellschaft kann sich ein Umsteuern nur ergeben,

- wenn die äußeren Einflüsse, die sogenannten Kontrollparameter, beispielsweise ein fremdenfeindliches Klima, abfällige Bemerkungen, Witze, Urteile und Vorurteile, nicht nur argumentativ, sondern auch atmosphärisch durch Methoden von Beeinflussung und Manipulation verändert werden,[81]
- wenn es gelingt, in den Kommunikationsprozessen in den Social Media akzeptierte Gruppenmitglieder zu

---

[81] Vgl. Schweiger (2017).

platzieren, die Gegenhaltungen formieren und so aktiven Einfluss auf die Wertebildung nehmen, und
- wenn Prozesse der Meinungsbildung grundsätzlich als selbstorganisiert betrachtet und modelliert werden und alle Lehr-Lern-Hoffnungen erst einmal beiseitegeschoben werden.

> Der globale Konkurrenzkampf der Zukunft wird zunehmend als Kampf um Werte ausgetragen.[82]

Personen und Persönlichkeiten: Mörderischer Hass im Netz und in der Wertegesellschaft

In dem bekannten Zeichentrickfilm „Alles steht Kopf" spielen fünf Hauptemotionen eine tragende Rolle: Freude, Traurigkeit, Angst, Ekel und Wut. Es sind die Grundemotionen, die fast gleichlautend auch in vielen wissenschaftlichen Arbeiten über Emotionen benannt sind.[83]

Typisch für solche Emotionen ist, dass sie gewöhnlich von einem Parallelwort begleitet werden, das eine Konkretisierung der Emotion andeutet.

Freude ist eine Grundgestimmtheit (man ist freudig erregt, man geht an eine Aufgabe in freudiger Erwartung), ein wirkliches *Glücksgefühl* bedarf hingegen eines konkreten Anlasses (einer erbrachten Leistung, einer konkreten Freundschaft oder Liebe).

Angst hat im Schlepptau die *Furcht*. Während Angst ein allgemeines, niederdrückendes Gefühl ist (wenn wir beispielsweise in einen dunklen unheimlichen Wald eintre-

---

[82] Vgl. Huntington (2004); Huntington (2015).
[83] Vgl. Francis (2015).

ten), ist Furcht auf konkrete Gefahrenmomente bezogen (kürzlich erst wurde ein Wolfsrudel in dem Wald gesichtet oder es hat ein Überfall stattgefunden).

Traurigkeit ist ein Grundgefühl, das uns manchmal ganz grundlos überfällt (sehr schön in Dürers Melancholia dargestellt), *Trauer* ist hingegen meist konkret (wir trauern um einen Menschen, um verlorenes Glück, um alte, gute Zeiten).

Ekel ist ein Grundgefühl, dass bei vielerlei Anlässen zum Tragen kommt (so wenn wir einer Situation, eines Zustandes oder anderer Menschen überdrüssig sind), *Widerwillen* hingegen ist meist auf ein Objekt gerichtet, das wir ablehnen (nur widerwillig gehen wir an eine uns übertragene Aufgabe, widerwillig lassen wir uns auf die Zusammenarbeit mit einer uns unsympathischen Person ein).

Wut ist ein Gefühl, das in uns hochkocht, manchmal ganz ohne Anlass, manchmal aus scheinbar nebensächlichen Gründen. Wut als Basis- oder Primäraffekt ist ähnlich wie Freude, Angst, Trauer, Ekel vorrangig psychobiologisch fundiert und dient der Erweiterung oder Verteidigung des Lebensraums bzw. der Sicherung von Grenzen. Wut ist mit einem gesteigerten vegetativen Erregungsniveau assoziiert und zeigt ein charakteristisches endokrinologisches Profil mit Anstieg von Noradrenalin und Testosteron bei gleichzeitig schwächerem Anstieg von Adrenalin. Man kann davon ausgehen, dass die Konvergenz von Erleben und Ausdruck für den Wutaffekt angeboren ist und einen wichtigen Selektionsvorteil darstellt.[84] *Hass* stellt dagegen die in Raum und Zeit konkretisierte Form von Wut dar. Wir hassen nicht an sich, sondern immer konkrete Verhältnisse, Zustände, Prozesse, Menschengruppen und Menschen. Die Gefühle von Hass setzen auf denen der Wut auf. Sie bedie-

---

[84] http://psychology48.com/deu/d/wut/wut.htm. Zugegriffen am 19.11.2019.

nen sich gleichsam der in der Evolution entstandenen, tief verankerten emotionalen Wertesysteme, die ihren Sitz primär im limbischen System haben und deshalb hochstabil sind und nur durch Mechanismen der emotionalen Labilisierung, massiver Verunsicherung, lang einwirkender schmerzlicher Erfahrung und kritischer Lebensereignisse aufgebrochen werden können.

„Hass ist ein heftiges Gefühl der Feindschaft gegen andere Menschen oder widrige Umstände. Der Hass entstammt dem Egoismus; er wendet sich gegen alles, was den eigenen Wünschen krass widersteht. Er kann sich derart steigern, dass er nach der Vernichtung des Feindlichen verlangt. Erst später tritt er in eine Beziehung zur Liebe, deren Gegenbild er ist … In größeren Gemeinschaften können die Hassgefühle zwischen ihren Teilnehmern nur in Schach gehalten werden, wenn man sie auf Außenseiter oder eine Feindgruppe ablenkt. Von Hass bestimmte Aggression ist eine allein dem Menschen eigene Verhaltensweise, die im Zusammenhang mit Kränkungen im Werteerleben (Narzissmus) auftritt und zu besonders heftigen Zerstörungen führt. Beispiele dafür sind Religionskriege oder ideologisch begründete Auseinandersetzungen."[85]

Schon eine solche ganz elementare Betrachtung hat einige unumstößliche Konsequenzen.

Zunächst liegen Gefühlen von Hass keine, wie immer gearteten, Formen von Wissen oder Fakten zugrunde, sondern emotionale Wertungen, und die Resultate sind Werte, Wertehaltungen, Werteüberzeugungen. Werte sind aber nicht wahr oder falsch, wie auch Emotionen nicht als wahr oder falsch charakterisiert werden können. Sie sind in einer konkreten Situation bestenfalls günstig oder ungünstig, ad-

---

[85] http://www.psychology48.com/deu/d/hass/hass.htm. Zugegriffen am 19.11.2019.

äquat oder inadäquat. Damit lassen sie sich auch nicht verifizieren oder widerlegen. Da Werte immer auf Grundlagen und Maßstäbe bezogen sind, kann man – sofern es sich um verifizierte Fakten oder sachlich begründete Einsichten handelt – versuchen, diese Fakten und Einsichten zu bekräftigen oder infrage zu stellen, auch wenn das meist ziemlich wirkungslos bleibt. Schon wenn es sich um Fake News handelt, kann man das nicht. Wenn es sich um Annahmen, Vermutungen, Behauptungen, Mystifikationen oder Glaubenssätze handelt, erst recht nicht.

> Es wird nur in den seltensten Fällen gelingen, Hass mit Vernunft zu besänftigen oder gar zu widerlegen. „Worte sind nicht ganz unnütz, aber sie allein bewirken nichts, sondern immer nur mit bewussten Emotionen oder besser noch mit unbewussten Emotionen …"[86]

Diese Einsicht ist leitend für die gesamte folgende Betrachtung. Mithilfe von schulähnlichen Veranstaltungen – Seminaren, Weiterbildungen, Stoffwiederholungen und -abfragen, Prüfungen, Zensuren usw. – lassen sich vor allem Sachverhalte und Fakten gut weitergeben: Sprechfertigkeiten, juristisches und behördliches Wissen, Fakten der jeweiligen Lebenswelt und Umwelt, soziokulturelle Regeln, vor allem solche, deren Nichteinhaltung geahndet wird. Auch beruflich benötigtes Wissen – nicht Fachkompetenzen! – und politisch relevante Gegebenheit können auf diesem Wege weitergegeben werden.

Wertungen und Werte lassen sich auf diesem Wege grundsätzlich weder weitergeben noch verändern, weil sie nicht nur kognitiv, sondern auch tief emotional verankert sind. „Kultur ist ein vom Standpunkt des Menschen aus

---

[86] Vgl. Roth (2014).

mit Sinn und Bedeutung bedachter endlicher Ausschnitt aus der sinnlosen Unendlichkeit des Weltgeschehens",[87] meinte ja Max Weber, wie man übrigens Geschichte generell als „Sinngebung des Sinnlosen"[88] fassen kann. Kulturelles Brauchtum, kulturelle Regeln, Gewohnheiten, Überzeugungen, Gewissheiten sind folglich so etwas wie „Haltegriffe" in der sinnlosen Unendlichkeit des Weltgeschehens. Gerade deshalb sind sie emotional so tief verankert und so schwer zu verändern. Sie sind nicht als richtig oder falsch zu begrüßen oder zu widerlegen. Sie haben sich schon früh, meist in der Kindheit, tief im emotionalen Grund der Persönlichkeit „eingebrannt". Will man sie beeinflussen oder ändern, muss man in diesen großenteils unbewussten Grund eindringen, muss alte Erfahrungen und Erlebnisse mit neuen, stark emotional wirkenden konfrontieren. Eine Art „Konfrontationstherapie" ist notwendig.

Wertungen, Werte werden nur angeeignet, wenn sie zu eigenen, tief emotional verankerten Emotionen umgewandelt werden; Worte allein bewirken dabei in der Tat fast nichts, sondern immer nur mit bewussten Emotionen oder besser noch mit unbewussten Emotionen. Diese emotionale Aneignung von Wertungen, von Werten in realen, seltener auch fiktiven Erfahrungs-, Erlebens-, Konflikt- und Praxissituationen nannten wir Interiorisation.

> Interiorisationsprozesse sind die Drehachse aller Werteaneignung.

---

[87] Vgl. Weber (1968, S. 180 f.).
[88] Vgl. Lessing (2018).

Wir haben schon auf die besonders tiefe emotionale Verankerung von Hassgefühlen verwiesen. Damit ist klar, dass sie sich durch historische Analysen, durch die Betrachtung katastrophischer Folgen, durch ethische und politische Argumente oder gar durch gut gemeinte allgemeinmenschliche Besänftigungen niemals abbauen lassen werden. Wer die emotional tief empfundene Jämmerlichkeit der persönlichen Lebenslage bestimmten politischen Strömungen oder gar bestimmten Politikerpersönlichkeiten zuschreibt, wird sich nie überzeugen lassen, dass er die Verhältnisse objektiv falsch einschätzt, dass seine Zuschreibungen falsch sind. Wer von Kindheit an lernt, wirkliche und vermeintliche Katastrophen Menschen einer anderen Gemeinschaft, eines anderen Volkes zuzuschreiben, und deshalb diese Menschen abgrundtief hasst, wird sich nicht von anderem überzeugen lassen.

Neu sind deshalb nicht der Hass, die Verankerung des Hasses und die irrationale Fundierung der Hassgefühle. Neu bei der Verbreitung von Hass im Netz ist die Geschwindigkeit der Kommunikation, die rasend schnelle Verbreitung von Hasswertungen, die fast ungehinderte Ausbreitung von Fake News, abenteuerlichen, scheinrationalen Begründungen und ungeprüften Behauptungen. Neu ist vor allem, dass das Hassobjekt sich kaum wehren kann und diese Wehrlosigkeit und Anonymität die biopsychische Wut unwidersprochen immer weiter anheizt. Je weiter das Objekt des Hasses von den Hassenden entfernt und je weniger Gegenwehr möglich ist, desto ungehemmter kann sich das „gesteigerte vegetative Erregungsniveau und das charakteristische endokrinologische Profil mit Anstieg von Noradrenalin und Testosteron bei gleichzeitig schwächerem Anstieg von Adrenalin" auswirken.

Hass im Netz verstärkt und beschleunigt lediglich einen Prozess der Herausbildung von „Ordnern der sozialen

Selbstorganisation", als welche Werte, wie wir gezeigt haben, zu beschreiben und zu verstehen sind. Das hat schon vor fast zwanzig Jahren Christof Nachtigall in seiner bereits herangezogenen wegweisenden Publikation „Selbstorganisation und Gewalt" eindrucksvoll beschrieben.[89] Es geht um die bis heute nur wenig verstandene „nicht organisierte kollektive Gewalt", um die „Eigendynamik und Selbstorganisation kollektiver Gewalt", die der Ordner der Selbstorganisation, also der Werte, direkt bedarf. Hass im Netz ist, wenn sie auf kollektive Aufnahme und Zusammenballung baut, nichts anderes als eine solche nicht organisierte kollektive Gewalt. Es handelt sich um virtuelle „Gewaltmassen".[90] Die Bekämpfung von Hass im Netz kann also nicht allein darin bestehen, die Äußerung und Kommunikation von Hasswertungen im Netz möglichst schnell aufzuspüren und möglichst wirkungsvoll zu unterbinden. Vorhandener Hass findet seinen Kommunikationsweg, auch im Netz – und mag er noch so verschlugen sein. Es gilt, den vorhandenen Hass aufzuspüren und ihm mit allen Mitteln der gezielten Werteentwicklung, der Beeinflussung und wo nötig vielleicht auch der Manipulation entgegenzuwirken, wie schwer das im konkreten Einzelnen auch sein mag.

> Eine wichtige Aufgabe der gezielten Werteentwicklung ist die Stärkung des Engagements von Kindern und Jugendlichen gegen Hass im Netz.[91]

Dabei handelt es sich immer um zwei Gruppen von Akteuren, nämlich zum einen um diese Kinder und Jugendlichen selbst, zum anderen um pädagogische Fach-

---

[89] Vgl. Nachtigall (1997, S. 22).
[90] Vgl. Paul und Schwalb (Hrsg.) (2015).
[91] Vgl. Helliwood (2019).

kräfte, deren Kernaufgabe unter anderem darin besteht, Wertehaltungen auszubilden und weiterzuentwickeln, die Kinder und Jugendliche dazu befähigen und ermutigen, sich einzumischen und eigene Positionen gegen Menschenfeindlichkeit, Diskriminierung und Hass zu entwickeln. Das soll immer unter Berücksichtigung der modernen, digitalen Medien erfolgen. Es soll zugleich zu einem demokratischen Verhalten erziehen. Dass dabei die Netzwelt eine zentrale Rolle spielt, ist klar. Aber wie auch immer die Kommunikationsmedien beschaffen sind, mit denen Erkenntnisse, Haltungen und Wertungen kommuniziert werden, bleibt doch das Grundproblem Interiorisation, das nicht primär mit technischen Mitteln zu lösen ist.

Die Aufgabe, vor der die pädagogischen Fachkräfte stehen, ist damit eine doppelte. Ihre Anliegen werden unglaubwürdig, wenn sie die modernen Kommunikationsformen nicht verstehen und beherrschen. Medienpädagogik und Mediendidaktik sind deshalb eine notwendige Voraussetzung, um ein gewisses Demokratieverständnis zu erzeugen und Formen von Hass im Netz abzubauen. Der zweite Teil ihrer Aufgabe ist jedoch ungleich schwieriger. Sie müssen sich aus den bisherigen Formen der Wissensvermittlung herauslösen, verstehen, dass Werte nicht gelehrt werden können, sondern nur in Formen eigenen Erlebens, tief greifender emotionaler Labilisierungen die Handlungen von Kindern und Jugendlichen real beeinflussen. Das erfordert eine völlig veränderte pädagogische Sicht. Der Aufbau emotional labilisierender, Werte verändernder Handlungssituationen ist oft schwierig und erfordert ein völlig verändertes pädagogisches Herangehen. Nicht die Lehr-Lern-Situation steht im Mittelpunkt, sondern – in dieser Reihenfolge – *Praxissituationen und -prozesse* (etwa Schulparlamente, die assistierende Teilnahme an demokratischen Beratungen, die echte Konfrontation mit Hassgegnern),

Coaching- und Mentoringprozesse (wobei es um die Beratung realer konfliktärer Situationen geht, die Kinder und Jugendliche sehr wohl in ihrem Umfeld wahrnehmen und verstehen) und schließlich *Trainingsprozesse*, die aber so gestaltet sein müssen, dass sie tatsächlich zu hoher emotionaler Labilisierung führen und nicht einfach als Spielsituationen verstanden werden. *Klassische Weiterbildungsformen* bergen hingegen selten ein wirkliches Potenzial emotionaler Labilisierung und führen damit kaum zu den erhofften Interiorisationsprozessen.

> Kompetenzentwicklung und Werteentwicklung benötigen folglich einen grundsätzlich neuen, sich um die Achse Werteverinnerlichung drehenden pädagogischen Ansatz.

Die wichtigste Akteursgruppe ist natürlich die Gruppe der Kinder und Jugendlichen selbst. Viele von ihnen hatten bereits intensiven Kontakt mit den neuen, digitalen Medien, sind es gewohnt, im Netz zu suchen und zu kommunizieren. Ihre Medienkenntnis und -erfahrung ist der ihrer Lehrer und Erzieher oft deutlich überlegen. Gravierende Defizite lassen sich auf ganz anderen Gebieten ausmachen. Sie sind wertemäßig hoch verunsichert, wechseln sehr schnell ihre Überzeugungen, auch unter dem Eindruck scheinbar plausibler Informationen, sie haben noch keine eigene Weltanschauung aufgebaut und sind damit sie bedrängenden Weltanschauungssurrogaten hilflos ausgeliefert. Sie sind offen für vielerlei Hassbotschaften und Verleumdungen, haben dem meist keine eigenen Werte, keine eigenen Erfahrungen, Überzeugungen und Haltungen entgegenzusetzen. Hier muss die pädagogische Arbeit beginnen – indem die Wertehaltungen und Überzeugungen der Kinder und Jugendlichen ganz ernst genommen, hochemotional begriffen und besprochen werden. Der Einsatz wirklicher Interiorisationsprozesse, die Ausführung eines wirklichen Wertemanagements in Bezug auf Einzelne oder auf Gruppen muss im Mittelpunkt stehen.[92] Nur so kann die Abwendung von Hass und Diskriminierung und die Akzeptanz von Demokratie nachhaltig in den Emotionen der Kinder und Jugendlichen verankert werden.

Schließlich muss die Werteentwicklung der Kinder und Jugendlichen im Netz reflektiert und gestaltet werden. Es ist dies eine spezielle Frage der Werteentwicklung im Netz[93] und sollte auch in diesem Zusammenhang behandelt werden. Es zeigt sich, dass es einen generellen Trend gibt, den Computer nicht nur als Lernwerkzeug, sondern als Lernpartner zu benutzen; vor allem aber sind die oft besprochenen und tatsächlich vielerlei Missbrauch offenstehenden sozialen Netze Orte intensiven sozialen Lernens und damit auch Orte der Werteaneignung, ob uns die angeeigneten Werte schmecken oder nicht. Soziale Kommunikation, face to face oder über das Netz, führt in der Regel zu emotionaler Berührung und Labilisierung manchmal geringer, manchmal aber auch sehr hoher Intensität. Ebenso, wie eine solche emotional wirksame Kommunikation den Teilnehmenden indoktrinieren und im Extremfall sogar in den Tod treiben kann, lässt sie sich für eine echte Werteentwicklung und -veränderung nutzen.

Der Zusammenhang von Wertebeeinflussung und Kommunikation im Netz muss deshalb ein wichtiger Gegenstand unserer weiteren Überlegungen sein. Dabei ist die Frage schon lange nicht mehr, ob man eine solche Kommunikation verbieten oder einschränken kann, sondern ob und wie man sie aufgrund ihrer emotional hochlabilisieren-

---

[92] Vgl. Erpenbeck und Sauter (2018).
[93] Vgl. Erpenbeck und Sauter (2007), vgl. Erpenbeck und Sauter (Hrsg.) (2017).

den Wirkung in der Werteerziehung und im Wertemanagement nutzen kann.

> Hass im Netz löst sich nicht auf, indem man die Hasskommunikation verbietet und verfolgt, sondern indem man eigene Kommunikationsformen und eigene Kommunikatoren, die Interiorisationsprozesse kennen, verstehen und beherrschen, dem entgegensetzt.

Natürlich ist die Ausbildung und Ausbreitung von Hass nicht auf Jugendliche und nicht auf das Netz beschränkt. Eine Fülle von Überlegungen hat dazu geführt, dass man die Reflexion von Hass, Zorn und Wut nicht nur der *Wissensgesellschaft* überlässt, die längst gute und tragfähige Gedanken zu ihrer Ablehnung und argumentativen Bekämpfung zusammengetragen hat. Diese und weitere Werte in ihrem Umkreis sind vielmehr zunehmend zum Gegenstand der Kommunikation innerhalb der Wertegesellschaft geworden – einer Kommunikation, die hochemotional und mit verschiedenen Grundüberzeugungen ausgeführt wird, wo es um Fragen nach dem Sinn, nach dem Glauben, nach dem Heil in der Gesellschaft geht; das sind zutiefst und vor allem Wertefragen. Fragen an die sich schnell wandelnde Wertegesellschaft.

Ein tief greifendes Problem dabei, gezielte Werteveränderungen und Werteentwicklungen – ob im Netz oder in der alltäglichen Welt – zu erzielen, liegt darin, dass immer wieder versucht wird, *Verfahrensweisen der Wissensgesellschaft auf die Wertegesellschaft zu übertragen*, sozusagen eine Vier-Ohren-Gesellschaft auf eine Ein-Ohr-Gesellschaft zu reduzieren. „Können Beweise an Überzeugungen rütteln?", fragt sich und uns Tali Sharot in ihrer grundlegenden Untersuchung „Die Meinung der Anderen" und stellt fest:

„Man könnte annehmen, die digitale Revolution habe ideale Voraussetzungen dafür geschaffen, Einfluss auf die Überzeugungen anderer Menschen zu nehmen. Wenn Menschen ein Faible für Informationen haben – welch bessere Möglichkeit kann es geben, ihr Denken und Handeln zu beeinflussen, als ihnen Daten vorzusetzen? Mit endlosen Datenmengen in Reichweite unserer Fingerkuppen und leistungsstarken Computern zu unserer ständigen Verfügung können wir uns nach Belieben kundig machen, um unser Wissen zu erweitern und die frisch gewonnenen Zahlen und Erkenntnisse mit anderen zu teilen. Das liegt doch auf der Hand, oder? … Sie können sich demnach meine Bestürzung vorstellen, als mir klar wurde, dass all diese Zahlen aus den vielen Experimenten und Beobachtungen darauf hindeuteten, dass Menschen in Wirklichkeit weder durch Tatsachen noch durch Zahlen oder Daten zu motivieren sind. Menschen sind nun weder dumm noch von lächerlicher Sturheit. Vielmehr ist die Verfügbarkeit großer Datenmengen, analytischer Werkzeuge und leistungsstarker Computer eine Erscheinung der letzten Jahrzehnte, während die Gehirne, die wir zu beeinflussen versuchen, das Produkt von Jahrmillionen sind … Das bedeutet, dass Daten nur sehr beschränkt in der Lage sind, die Meinung der Anderen zu verändern. Fest verwurzelte Ansichten können Veränderungen gegenüber extrem resistent sein – selbst wenn wissenschaftliche Beweise die besagten Überzeugungen widerlegen … Menschen mit höher entwickeltem analytischen Denken verdrehen Daten mit größerer Wahrscheinlichkeit als Menschen, die im logischen Schlussfolgern weniger geübt sind … Je umfangreicher ihre kognitiven Fähigkeiten, desto größer ist ihre Fähigkeit, Informationen nach Belieben auszulegen, zu begründen und Daten so zu drehen, dass sie ihren Ansichten entsprechen."[94]

---

[94] Sharot (2017, S. 25 f.).

Dieses Herangehen an die Wertegesellschaft mit Vorstellungen, die klar aus der Wissensgesellschaft stammen, lässt sich besonders deutlich in der Frühzeit des Internets beobachten. Die Internetprotagonisten verbanden „mit dem Internet immer noch die Möglichkeit, eine bessere Welt zu errichten. Diejenigen, die Zugang zur digitalen Kommunikation hatten, sahen sich untereinander als Community, als eine Gemeinschaft an. Eine weitere Neuigkeit war außerdem, dass es die Möglichkeit gab, dass jeder mit jedem in Kontakt kommen könnte, ohne irgendwelche Diskriminierungen zu erleiden … Die Erzählung zum Internet, eine bessere Welt zu ermöglichen, hat sich bis heute gehalten. Das kommt in der Erklärung des Facebook Gründers zum Ausdruck: Er verfolge die Idee eine ‚bessere, offenere, vernetzte Welt zu schaffen'. Das perfekte Werkzeug dazu sei Facebook …"[95]

In Wirklichkeit wurde und wird das Internet immer mehr zur Wertekommunikation und zum Wertestreit genutzt, auch zu allen möglichen Formen der Diskriminierung und Verunglimpfung.

„Wenn soziale Kreise, die eine spezielle Kultur mit eigenen Denk und Erklärungsweisen hervorbringen, in ihren eigenen Bereichen verbleiben, stößt sich kaum jemand an ihnen. Wenn aber die anderen von den eigenen Anschauungen überzeugt werden sollen, darüber hinaus der Zirkel leicht zu verlassen ist, dann kommt es schnell zu Kultur- und Interessenkonflikten. Dann ist es egal, ob es sich um Verschwörungstheoretiker, rechte Gesinnungsleute, Veganer oder Verbraucherinteressen handelt."[96]

---

[95] Stegbauer (2018, S. 15).
[96] Ebenda S. 15.

Verallgemeinert kann man von einem Zusammenprall von Kulturen sprechen, und da Kulturen vor allem Werteausdruck sind, ist auch der Zusammenprall von Kulturen in der digitalen Welt eine Angelegenheit der Wertegesellschaft.

„Der Zusammenprall von Kulturen in der digitalen Welt – das geht nur, wenn es unterschiedliche Kulturen gibt. Auch wenn alle Menschen in einem Staat bestimmte Kulturelemente teilen, so finden sich doch erhebliche Unterschiede. Diese wiegen in manchen Fällen schwerer, wenn sie nicht komplett auseinander liegen, wenn die Weltdeutungen, die Formelemente, die Symbole und Verhaltensweisen eine gewisse Nähe aufweisen. In solchen Fällen ist es notwendig, dass gegenseitig verstanden wird, was der andere will. Ein anderer Aspekt ist, dass Änderungen der allgemein gültigen kulturellen Grundlagen immer Konsequenzen für das haben, was Kultur ausmacht und ihr Bedeutung verleiht (die Art und Weise, wie wir miteinander umgehen und welches die Selbstverständlichkeiten im täglichen Leben sind). Natürlich gehören auch Werte dazu, die häufig Sinn stiftend sind; ebenso ist davon der gute Geschmack betroffen. Kultur ist auch sehr stark für Unterschiede in politischen Haltungen verantwortlich."[97]

Auch hier gibt es neben der Tagesansicht des Internets, die viele neue Möglichkeiten von persönlichen und fachlichen Kontakten, weltumspannender Zusammenarbeit und globalen Allianzen umfasst, eine von Hass, Zorn und Wut gezeichnete Nachtansicht:

„Besonders tragisch ist die Reduktion der Möglichkeiten der gegenseitigen Diskussion auf Internetforen, die von

---

[97] Ebenda, S. 163.

Massenmedien zur Verfügung gestellt werden ... Die Notwendigkeit, in Zukunft Hasskommentare zu löschen, wird zu einer weiteren Einschränkung des Rückkanals führen. Die Redaktionen sind kaum in der Lage, die Kosten für die Bereinigung ihrer Diskussionsseiten zu stemmen, also werden sie noch seltener solche Möglichkeiten anbieten ... Wir können sagen, dass die hier angestellten Betrachtungen nicht viel Hoffnung aufkeimen lassen, dass das Phänomen des Shitstorms an Bedeutung verlieren könnte. Vielmehr wäre die Prognose, dass sich aufgrund der Auseinanderentwicklung von Kulturen im Kleinen immer öfter Konflikte entwickeln. Das Internet und hier besonders die sozialen Medien bieten eine ideale Umwelt, in der sich entzündende Konflikte immer wieder entladen können."[98]

> Die Wertegesellschaft, von Shitstorms durchtost – keine besonders anheimelnde Zukunftsperspektive ...

Leider ist der Shitstorm nur eine einzelne, besonders eindrucksvolle Form der „Versklavung" der „Teilchen" – der einzelnen, sich beteiligenden Menschen – durch selbstorganisativ entstandene Werteordner der Wertegesellschaft. Das können kleinteiligere Werte sein, die in der Auseinandersetzung um einzelne Bauwerke, Naturschutzgebiete oder lokale Gegebenheiten entstanden sind. Es können aber ebenso Werte sein, die nationale oder globale, ethische oder politische Sachverhalte betreffen.

„Eine neue Ära hat begonnen ... ich nenne sie das ‚Zeitalter der Wut'. Diese Ära ist gekennzeichnet durch einen Teufelskreis aus emotional getriebenen Aktionen und Reaktionen. Ob in den sozialen Medien oder auf der Straße, Wut und Angst sind omnipräsent: Hassverbrechen erleben momen-

---

[98] Ebenda, S. 166.

tan innerhalb und außerhalb des Netzes ein Allzeithoch. Der Brexit und Donald Trump gehören zu den Produkten dieser globalen Zunahme der Wut, ebenso die Terroranschläge."[99]

Fieberhaft wird in einer Situation neuen „Umbruchs aller Werte" nach sinnstiftenden Wertehorizonten gesucht. Einer dieser Horizonte ist der Rechtspopulismus. Er darf, ungeachtet seiner oft kruden Argumentationen, nicht unterschätzt werden, weil er das tiefe und zunehmend unbefriedigte Verlangen nach Ordnern einer immer unübersichtlicheren sozialen Selbstorganisation auf nationaler und globaler Ebene zu erfüllen verspricht.

„Der Rechtspopulismus bietet ein Gegennarrativ, das die Schwächung traditioneller Werte und Gemeinschaften und die Bedrohung der ‚nationalen Stärken' auf globalisierungsbedingte Krisenerscheinungen zurückführt, die für eine große Bandbreite gesellschaftlicher Missstände verantwortlich gemacht werden. Die Lösung wird im gesellschaftlichen Rückzug aus der ‚globalen Moderne', aus Transnationalismus, Migration, Feminismus und Postmoderne gesehen. Dieses Narrativ schafft ideologische Orientierungen, welche den Unterstützern die eigene Lage erklären und Handlungskorridore eröffnen. Und mit einem konservativ-paternalistischen oder auch autoritären Staat, der vor allem gegenüber den Ansprüchen Fremder schützt und auch im Inneren wieder für ‚Struktur' sorgt, verspricht er, innere und äußere Verunsicherungen in einem starken Ordnungsmodell aufzuheben."[100]

Für uns ist an dieser Argumentation von Cornelia Koppetsch wichtig, dass sie sich nicht auf Vortrag und Wider-

---

[99] Ebner (3. Aufl. 2018, S. 31).
[100] Koppetsch (2019, S. 93).

legung einzelner Argumente dieses Narrativs einlässt, sondern es als das kennzeichnet, was es ist: ein Bündel von Ordnern, von Werten in einer rasend um sich greifenden globalen Selbstorganisation, das inneren und äußeren Verunsicherungen entgegenwirken will, ideologische Orientierungen schafft und Handlungskorridore eröffnet. Die argumentativen Irrtümer und Verzerrungen, in der Wissensgesellschaft ein völliges No-Go, stehen in der Wertegesellschaft nicht im Mittelpunkt:

„Damit soll keineswegs behauptet werden, dass rechte Narrative nicht auch auf gewaltigen Irrtümern und Verzerrungen beruhen. Wichtig ist jedoch zu sehen, dass dies für *alle* politischen Glaubenssysteme und Ideologien gilt, also auch für linke und linksliberale Gesellschaftsbilder. Politische Wahrheiten sind an soziale Standpunkte gebunden. Auch linksliberale Gesellschaftsbilder wurzeln in spezifischen Kontexten, wo sie ihre ‚Wahrheit' jeweils für ganz spezifische soziale Gruppen entfalten. Aus diesem Grund ist es auch nicht möglich, den Emotionen und Ängsten der Anhänger des Rechtspopulismus allein mit ‚Aufklärung' zu begegnen. Dem steht nicht zuletzt auch der anti-elitäre Impuls des Rechtspopulismus entgegen, der sich gegen wissenschaftliche Expertise wendet und stattdessen ein Recht auf unvermittelte und authentische Formen des Gefühlsausdrucks beansprucht."[101]

Zu Recht wendet sich die Autorin sowohl gegen den Funktions- wie gegen den Verführungsmythos: Die momentanen Erfolge des Rechtspopulismus kann man nicht so erklären, dass in der Bevölkerung vorhandene vorpolitische Gefühle von findigen, strategisch und rational handelnden Politikern für ihre Zwecke ausgebeutet werden.

---

[101] Ebenda, S. 258.

Dies würde zum einen in unzulässiger Weise festschreiben, dass bestimmte Verneinungsgefühle gegen moralisch Andere, Muslime, Flüchtlinge, Ausländer oder Juden in der Bevölkerung einfach vorhanden seien – darauf wartend, ausgenutzt zu werden. Vielmehr werden diese produziert, mobilisiert und verstärkt. Zum anderen weist diese Sichtweise den handelnden Politikern ein zu großes strategisches Verständnis zu – ein Missverständnis, das letztlich auch auf der unhaltbaren Trennung von Emotionen und Rationalität basiert. „Die Politiker werden hingegen selbst von der politischen Emotionalisierung affiziert.[102] Insgesamt muss die Mobilisierung von Gefühlen selbst als Teil des Politischen verstanden werden … Zugleich erscheint es mir wesentlich, die gesellschaftliche Wirkungsmacht von Gefühlen zu betonen."[103]

Tatsächlich geht es bei der politischen Verwendung von Emotionen wie Ekel, Hass, Verachtung, Angst, Sorgen, Schuld, Scham, Liebe, Hochmut, Lachen immer darum, diese Wirkungsmacht zu benutzen und auszubauen, der Wertegesellschaft das zu geben, was sie benötigt, aber oft im Sinne rechter und rechtsextremistischer Interessen. Allerdings darf das nie gemäß dem Verführungsmythos fehlinterpretiert werden. Werden Werte als Ordner des – in diesem Falle politischen – Handelns verstanden, ist das sofort völlig einsichtig.[104]

Der erste Schritt zur Bekämpfung von Hass, Zorn und Gewalt ist, sich die sich selbst organisierenden Prozesse politischen Handelns und der damit zwangsläufig verbundenen Ausbildung von Wertungen, Werten als Ordner dieses

---

[102] Affiziert: in den Bann gezogen.
[103] Ebenda, S. 170 f.
[104] Jensen (2017, S. 170).

Handelns klar zu machen. Er wird zwangsläufig an der gezielten Werteentwicklung von Persönlichkeiten anknüpfen, für die inzwischen viele auch ganz praktische Methoden vorliegen.[105] Er wird eine *Werteverdrängung* durch die eigenen, hass-, zorn- und gewaltfreien Werte anstreben.

Der zweite Schritt, Hass, Zorn und Wut in der Kommunikation zu schwächen, ist, Formen von Anstand durchzusetzen. Anstand meint dabei die Wahrung solcher Formen des äußern Verhaltens, die der Würde der Persönlichkeit im Menschen entsprechen.[106] Da der Anstand sich nur auf die *Form* der Handlungen bezieht, ist er vom ethischen Verhalten deutlich zu unterscheiden. Es geht also nicht um ethisch-moralische oder sozial-weltanschauliche Werte selbst, die über Formen der Werteverinnerlichung entwickelt werden müssten, sondern wirklich um die äußerlichen Formen des Verhaltens und Handelns. Sie lassen sich unabhängig von zugrunde liegenden Werteorientierungen trainieren und durchsetzen, wenn man das will. Das ist beispielsweise an der Ähnlichkeit von Büchern über „gutes Benehmen" in der DDR und der Bundesrepublik eindrucksvoll nachzuweisen.[107] *Anstandserziehung* wäre das Schlagwort für diesen zweiten Schritt.

Welches Dämpfungsvermögen eine solche „Anstandserziehung" hätte, beschreibt Carolin Emcke beeindruckend: „Es scheint fast, als hätten sich herkömmliche Erwartungen an das, was ein Gespräch sein sollte, umgekehrt. Als hätten sich die Standards des Miteinanders schlicht verkehrt: als

---

[105] Vgl. unsere ausführliche Darstellung in Erpenbeck und Sauter (2019).
[106] Vgl. Hacke (2017), vgl. Meynhardt (2011, S. 147 ff.).
[107] Vgl. Röseberg (2019).

müsse sich schämen, wer Respekt anderen gegenüber für eine so einfache wie selbstverständliche Form der Höflichkeit hält, und als dürfe stolz sein, wer anderen den Respekt verweigert, ja, wer möglichst laut Grobheiten und Vorurteile herausschleudert. Nun, ich halte es für keinen zivilisatorischen Zugewinn, wenn ungebremst gebrüllt, beleidigt und verletzt werden darf … Ich will die neue Lust am ungehemmten Hassen nicht normalisiert sehen. Weder hier noch in Europa noch anderswo. Der Hass, von dem hier die Rede sein wird, ist so wenig individuell wie zufällig. Er ist nicht einfach nur ein vages Gefühl, dass sich mal eben, aus Versehen oder aus vorgeblicher Not, entlädt. Dieser Hass ist kollektiv und er ist ideologisch geformt."[108]

Ein *dritter Schritt* ist immer, Hasskommunikation zu entlarven, sie zu bekämpfen und zu unterbinden, wo man persönlich davon berührt ist. Zumindest aber Herkunft, Legitimität und Sinnhaftigkeit des Hasses in Frage zu stellen, gemäß dem schönen Aphorismus von Carolin Emcke: „Am Hass zweifelnd lässt sich nicht hassen."[109]

Mit bewundernswertem Mut hat sich beispielsweise die Grünenpolitikerin Renate Künast gegen Hasspöbeleien im Internet gewehrt. Nach einem Beschluss des Berliner Landgerichts vom 9. September 2019 muss Künast auf Facebook getätigte Hasspöbeleien unter bestimmten Umständen hinnehmen. Das Gericht hält solche Pöbeleien gegen Künast für zulässig (!) weil sie „als Politikerin sich auch sehr weit überzogene Kritik gefallen lassen muss. Dass mit der Aussage allein eine Diffamierung der Antragstellerin beabsichtigt ist, … ist nicht feststellbar."[110] Beschämend ist nicht

---

[108] Emcke (2016, S. 15).
[109] Ebenda. S. 11.
[110] Vgl. Höhne und Reimann (2019).

allein das Urteil. Beschämend ist, mit welchen Winkelzügen das Gericht sein Urteil zu bekräftigen sucht. Beschämend ist, wie schwer es für die Politikerin ist, dagegen vorzugehen. Erst im Beschwerdeverfahren kam das Gericht zu einer teilweise anderen Meinung. Lediglich 6 der beanstandeten 22 Kommentare wurden als „gezielter Angriff auf die Ehre der Politikerin" angesehen.[111]

Auf die Frage „Was empfehlen Sie anderen Menschen, die täglich mit Hass aus dem Netz konfrontiert sind?" antwortet sie dann auch:

„Eigentlich empfehle ich ihnen, Rechtsmittel einzulegen. Deswegen habe ich auch mit ‚HateAid' zusammengearbeitet, die helfen, bei Beleidigungen im Netz den Rechtsweg zu wählen. Man muss darüber reden – und sich laut und entschieden gegen Hass im Netz wehren. Damit die Demokratie funktioniert, müssen Menschen sich engagieren, in Parteien, in NGOs. Wenn sich immer weniger engagieren – das betrifft besonders Frauen, auch aus Furcht vor Hass im Netz – gefährden wir unsere Demokratie …"

Hasskommentare zu entlarven hilft auch eine andere Methode.

Ein kurzes Schnippelchen aus dem amüsanten Buch von Hasnain Kazim: „Post von Karlheinz. Wütende Mails von richtigen Deutschen und was ich ihnen antworte":

„Essen Sie Schweinefleisch, Herr Kazim?
Nein, ich esse nur Elefant und Kamel. Elefanten immer gut durch. Kamel gern blutig.

---

[111] Vgl. https://www.e-recht24.de/news/sonstige/11877-kuenast-facebook-beleidigung.html.

> *Sie wollen Deutscher sein, Essen aber kein Schweinefleisch! Nein, Herr Kazim, Sie sind ein Islamist! Ein Islamistenschwein, hätte ich beinahe geschrieben, vielleicht sollte ich das auch, denn damit treffe ich Sie! Islamistenschwein!*
>
> *Mir war nicht klar, dass alle deutschen Schwein essen. Danke für Ihre Aufklärung. Jetzt weiß ich: Schweinefleisch ist deutsche Leitkultur …*
>
> *Sie nehmen den Mund ganz schön voll, Herr Kazim! Seien Sie mal ganz still als islamischer Gast in unserem Land! Was Sie mir schreiben, das erzählen Sie mir und meinen Freunden mal ins Gesicht! …*
>
> *Herr Kazim, Sie sind eine Schande für Deutschland!*"[112]

Sein Vorgehen hat Hasnain Kazim auf eine überzeugende Weise dargestellt und verallgemeinert:

> „Wenn heute von all dem Hass die Rede ist, der sich über Menschen ergießt, über Andersdenkende, Andersglaubende, Andersaussehende, Andersliebende, Anderslebende, dann klingt das oft so, als handle es sich um ein neues, erstaunliches Phänomen. Aber das ist nicht der Fall. Diesen Hass gab es schon immer. An Stammtischen, im privaten Kreis, in vertrauten Runden oder eben in anonym versandten Briefen. Doch Hass in Briefform kostete Zeit und Geld … Diese Mühe wollten sich etliche Menschen nicht machen.
>
> Neu ist also nicht der Hass an sich, sondern wie und wie sehr man ihn zu spüren bekommt. Die Kommunikation im Netz hat es leicht, vielleicht zu leicht gemacht, der Wut freien Lauf zu lassen … nicht der Hass, die Wut, die Unanständigkeit sind den neuen Kommunikationswegen geschuldet, sondern die Flut. Sie trifft heute viel mehr Menschen als früher."[113]

---

[112] Kazim (6. Aufl. 2018, S. 62).
[113] Ebenda, S. 12 f.

Er ist überzeugt: „Im Idealfall ist Humor auch eine Waffe, die sich gegen Hassbriefschreiber richtet, nämlich dann, wenn es gelingt, sie zu treffen, zu demonstrieren oder wenigstens zur Sache zu zwingen.[114] Das klappt nicht immer, aber doch oft genug, so dass es sich lohnt, diesen Weg zu beschreiten. Wichtig ist, niemals zurück zu hassen. Sonst hat man von vornherein verloren … In einigen Fällen ist es gelungen, dass die Briefeschreiber um Entschuldigung bitten, dass ihnen ihre Tiraden peinlich sind, dass sie zu Anstand und Benehmen zurückfinden. Das mögen zwei sehr unmoderne Tugenden sein, ich befürchte aber, wir haben sie heute dringender nötig denn je."[115]

> Hass, Wut und Zorn im Netz und in der Wertegesellschaft können nur in den seltensten Fällen mit Mitteln der Wissensgesellschaft, mit Fakten, Sachinformationen, Argumenten, Weiterbildungen und ruhigem Überzeugen bekämpft oder gemildert werden. Werteentwicklung benötigt einen sich grundsätzlich um die Achse Werteverinnerlichung drehenden pädagogischen Ansatz. Auch außerhalb der Pädagogik wird jeder ernsthafte Versuch, Hasskommunikation zu bekämpfen, nach Möglichkeiten gezielter Werteentwicklung Ausschau halten. Für eine weiter zu durchdenkende Möglichkeit halten wir, der Kategorie Anstand einen neuen und hohen Stellenwert zuzumessen, auf Anstand zu bestehen und ihn durchzusetzen. Schließlich gilt es, soweit möglich, Hasskommunikation direkt zu begegnen, wo nötig auch juristische Mittel einzusetzen, vor allem aber die emotionale Kraft von Humor voll zu nutzen.

---

[114] Vgl. Benesch (2018, S. 142).
[115] Kazim (6. Aufl. 2018, S. 31 f., 266).

Personen und Persönlichkeiten: Die Doppelbödigkeit der Identität – Lokalisten und Globalisten

„Die wohlfeilste Art des Stolzes hingegen ist der Nationalstolz. Denn er verrät in dem damit Behafteten den Mangel an individuellen Eigenschaften, auf die er stolz sein könnte, indem er sonst nicht zu dem greifen würde, was er mit so vielen Millionen teilt. Wer bedeutende persönliche Vorzüge besitzt, wird vielmehr die Fehler seiner eigenen Nation, da er sie beständig vor Augen hat, am deutlichsten erkennen. Aber jeder erbärmliche Tropf, der nichts in der Welt hat, darauf er stolz sein könnte, ergreift das letzte Mittel, auf die Nation, der er gerade angehört, stolz zu sein. Hieran erholt er sich und ist nun dankbarlich bereit, alle Fehler und Torheiten, die ihr eigen sind, mit Händen und Füßen zu verteidigen."[116]

Religiöse Intoleranz, Kolonialismus, Rassismus und eben Nationalismus sind Geißeln der Menschheit. Religiöse Intoleranz führte zum Dreißigjährigen Krieg, etwa sechs Millionen der deutschen Bevölkerung wurden ihr Opfer.[117] Kolonialismus rottete Stämme und Völker in Afrika, Asien, Australien und Lateinamerika aus.[118] Der deutsche Antisemitismus kostete Millionen Juden das Leben, Rassismus gehört bis heute zu den unbewältigten Problemen, nicht nur in den USA.[119] Mit der Neuerfindung der Nation und des Nationalismus[120] übernahm dieser die Führungsrolle im

---

[116] Schopenhauer (1851, S. 360).
[117] Vgl. Münkler (2. Aufl. 2019).
[118] Vgl. Osterhammel und Jansen (2017).
[119] Die Pointe des Rassismus ist, dass es so etwas wie menschliche „Rassen" gar nicht gibt. Vgl. Miles (2018); Fischer und Krause (2019, S. 33).
[120] Vgl. Anderson und Mergel (2005), vgl. Appiah (2019), vgl. Wehler (2019).

Vernichtungsgeschäft von Menschen, die Nationalsozialisten sind bei Weitem nicht die einzigen, obgleich mit allein 60 Mio. Kriegstoten und über 6 Mio. Juden die führenden Menschenvernichter. Gefühle religiöser Überlegenheit, völkischer Überlegenheit, rassischer Überlegenheit, nationaler Überlegenheit – „make our nation great again" – sind *Werteüberzeugungen*, die oft in brachial durchgesetzte Werteorientierungen münden. Sie haben mit Sachlichkeit, Sachwissen und rationalen Argumenten kaum etwas zu tun. Sie konstituieren irrationale, im Nachhinein oft unbegreifliche *Wertegesellschaften*. Die je gleichzeitigen *Wissensgesellschaften* stehen ihnen ratlos gegenüber, machen sich manchmal sogar lieb Kind bei ihnen durch wissenschaftlich verbrämte „Sachargumente", wie etwa in der „Deutschen Physik"[121] oder als Rassenkunde und Rassenhygiene in Deutschland.[122]

Wäre es nicht wunderbar, wenn wir diese irrationalen, todbringenden Werteüberzeugungen ein für alle Mal eliminieren könnten? Wenn wir, nachdem Klassenkampf und Kapitalismus ihre hoch gespannten Zukunftsziele höchstens kurzfristig realisieren konnten, nun doch noch zu einer Wertegesellschaft kämen, die menschheitlich akzeptabel wäre?

Zwei Wege scheinen sich anzubieten.

Der eine Weg wäre, der Wissensgesellschaft doch noch zum Sieg zu verhelfen. „Nur Wissen kann Wissen beherrschen", meint Bernd-Olaf Küppers und hofft: „Wir müssen dagegen den Blick nach vorne richten und werden uns darauf einstellen müssen, dass anstelle metaphysisch begründeter Verhaltensnormen in zunehmendem Maße wissenschaftliche, das heißt in verbindbarer Form formulierte Erkenntnisse das Leben und die Verhaltensweisen der Men-

---

[121] Vgl. Philipp Lenard (1936), vgl. Hoffmann und Walker (2006).
[122] Vgl. Günther (1939), vgl. Wallerstein und Balibar (2018), vgl. Hall (2018).

schen regeln werden."[123] Dazu geht er zurück auf die Devise „Wissen ist Macht" und erläutert: „Mit dieser Devise forderte der englische Staatsmann und Philosoph Francis Bacon vor vierhundert Jahren seine Zeitgenossen auf, sich Wissenschaft und Technik zuzuwenden. Bacon ließ sich von der Vision leiten, dass Wissenschaft und Technik die Menschheit eines Tages in eine neue Welt führen werden, die dem verloren gegangenen Paradies gleichkommt. Erst die totale Beherrschung der Natur durch den Menschen, so glaubte er, wird der Menschheit ein sorgen- und konfliktfreies Leben ermöglichen und ihr den sozialen und politischen Frieden bringen … Wir werden uns in der Wissensgesellschaft der Zukunft auf einen uneingeschränkten Szientismus[124] einstellen müssen, der unter der Vorherrschaft der Lebenswissenschaften die grenzenlose Manipulierbarkeit der Natur ermöglichen wird. Und wir werden es lernen müssen, den wissenschaftlich-technischen Fortschritt nicht als Fluch, sondern als Chance zu begreifen, uns endlich von den Fesseln und Widersprüchlichkeiten eines über zweitausend Jahre alten Natur- und Menschenbildes zu befreien." Küppers meint: „Die Grenzen, die Windelband und Rickert mit ihrer dualistischen Wissenschaftsauffassung gezogen haben, scheinen sich gegenwärtig wieder aufzulösen."[125]

Eine noch folgenreichere Variante, die Wissensgesellschaft in den Vordergrund zu rücken, ist die Forderung, die Demokratie durch eine gemäßigte Epistokratie, eine Herrschaft der Wissenden, zu ersetzen, die Politik „nicht den

---

[123] Küppers (2008, S. 13).
[124] Szientismus: Philosophische Position, die von der Annahme ausgeht, dass sich mit wissenschaftlichen Methoden alle sinnvollen Fragen des Lebens beantworten lassen; https://lexikon.stangl.eu/16931/szientismus/. Zugegriffen am 05.02.2020.
[125] Ebenda S. 277.

Unvernünftigen zu überlassen."[126] Epistokratie ruhe auf drei Säulen: Wahrheit, Wissen und Autorität. Wahrheit meine, „es gibt richtige Antworten auf politische Fragen ...", Wissen sei bei einigen Bürgern besser, bei anderen schlechter aufgehoben, Autorität folgere: „Wenn einige Bürger mehr wissen als andere oder besser in der Lage sind, die Wahrheit zu erkennen, ist es gerechtfertigt, ihnen politische Autorität über jene zuzugestehen, die weniger wissen." Das alles sind natürlich Postulate der Wissensgesellschaft.[127] Jason Brennans Argumentationskette geht davon aus, dass „die meisten Bürger und Wähler in den demokratischen Gesellschaften unwissende, irrationale, schlecht informierte Nationalisten" seien. Die Teilnahme der Bürger an der Demokratie stumpfe sie eher ab und korrumpiere sie. Die Teilnahme der Bürger an Wahlen schöpfe keineswegs ihre Fähigkeiten und Möglichkeiten aus, auch der symbolische Wert von Wahlhandlungen sei zweifelhaft; es gebe keine gute Begründung dafür, der Demokratie den Vorzug vor der Epistokratie[128] zu geben. Demokratien und Demokraten seien oft inkompetent. Das sei der Grund für ständige Auseinandersetzungen zwischen der Politik und den Mitbürgern.[129]

Diese Argumentationskette geht unseres Erachtens von zwei fatalen Irrtümern aus: Zum einen, es gebe richtige und falsche Antworten auf politische Fragen, ohne irgendein Wahrheitskriterium dafür anzugeben. Zum anderen, man könne Werte, Werteorientierungen, Wertetraditionen, insbesondere die völlig „irrationalen" unberücksichtigt lassen,

---

[126] Vgl. Brennan (2017).
[127] Ebenda, S. 39.
[128] Epistokratie: Dieses politische System verteilt die politische Macht entsprechend dem Wissen oder der Kompetenz der Bürger; https://de.wikipedia.org/wiki/Philosophenherrschaft. Zugegriffen am 15.02.2020.
[129] Brennan (2017), S. 45 ff.

die Wertegesellschaft auf Kosten der Wissensgesellschaft vernachlässigen.

Der andere Weg liegt vielleicht tatsächlich darin, die Wertegesellschaft in ihren eigenen Zusammenhängen, Formen und Funktionen zu begreifen, ihrer Geschichte, die sicher viel weiter zurückreicht als die der Wissensgesellschaft, zu folgen, die Erkenntnisse aus dem großen Werteumbruch um 1880 zu nutzen und schließlich im Selbstorganisationscharakter sozialer Entwicklungen und Strukturierungen die eigentliche Basis für das Verstehen und für wirksame Einflussnahmen auf Prozesse in der Wertegesellschaft zu entdecken. Natürlich lassen sich Teilprozesse und -strukturen der Wertegesellschaft sozusagen von *außen* mit strukturwissenschaftlichen, sozialwissenschaftlichen und geschichtswissenschaftlichen Methoden abbilden, wie schwierig sich das auch im Einzelnen gestaltet. In der Wertegesellschaft *innen* zu wirken, Wertevorstellungen gezielt zu entwickeln, Verbündete zu finden und eigene Überzeugungen durchzusetzen, Grundwerte zu festigen oder neue Werte zu propagieren, erfordert ganz andere Qualitäten, fordert, sich in das Auge des Wertetaifuns zu begeben.

Wir schreiben kein Handbuch für Weise, Wertestifter und Propheten. Uns interessiert, welche Möglichkeiten wir im Inneren der Wertegesellschaft haben, Werteentwicklungen anzustoßen, neue Werte einzuführen und zu verbreiten. Wir haben anderenorts zusammengetragen, wie gezielte Werteentwicklungen von Persönlichkeiten im Rahmen von Praxis, Coaching, Mentoring und Training erreicht werden können.[130] Wir wollen einige Formen aus der Perspektive ermöglichungsdidaktischer Bildung hinzufügen.[131]

---

[130] Vgl. Erpenbeck und Sauter (2019).

[131] Vgl. Erpenbeck und Sauter (2020b, S. 177–189).

Im Mittelpunkt *weiterer Überlegungen* soll dann aber eine letzte, für die Persönlichkeitsentwicklung grundsätzliche Frage stehen: Wie bilden sich in der Wertegesellschaft überhaupt *Identitäten* heraus, welches waren im 20. Jahrhundert, welches sind im 21. Jahrhundert die Hauptidentitäten und warum liegt gerade in dieser Frage so entsetzlich viel wertegesellschaftlicher Sprengstoff?

Traditionelle Bildung und Weiterbildung bemühen sich, wo sie „Werteerziehung" anstreben, jeweils vorgefundene Wertorientierungen und Normen Lernender gemäß geltenden Lehrzielvorstellungen zu verändern. Wenn sich jedoch der Pädagoge als Teilchen des Selbstorganisationsprozesses von Schulklassen, Teams, Organisationen, Unternehmen, Territorien, Ländern und Kulturen tausendfältig einbezogen fühlt, wird er über Werteentstehung und Werteaneignung anders nachdenken. Im Mittelpunkt stehen dann Interiorisationsprozesse. Je stärker die emotionale Labilisierung, desto nachhaltiger die Werteentwicklung. Dabei muss man beachten, dass, bei Überziehung dieses Ansatzes, ganz andere, auch entgegengesetzte, als die erhofften Werte interiorisiert werden können. Das Plädoyer namhafter Neuropsychologen für die Berücksichtigung der Emotionen für den Aufbau jeweils eigener Werteorientierungen ist der wichtigste Fingerzeig auf die Interiorisation.[132]

Unter Hinweis auf die modernen Verhaltenswissenschaften im Arbeitsprozess richten neuere Untersuchungen den Blick auf die Prospect-Theorie, die neue Erwartungstheorie (Kahnemann, Tversky),[133] das Debiasing,[134] das heißt die Verzerrungsvermeidung, und das Nudging, das „Anstup-

---

[132] Vgl. Roth (2003, 4. Aufl. 2019), vgl. Hüther (2016).
[133] Vgl. Lewis und Vogel (2018).
[134] Vgl. Gomez et al. (2019).

sen" (Thaler, Sunstein),[135] Erstere und Letztere mit je einem Nobelpreis bedacht. Es geht hier nicht darum, die Techniken der Prospect Theory, des Debiasing oder des Nudging im Einzelnen darzulegen. Entscheidend ist vielmehr, dass man mit ihrer Hilfe die Irrationalität des Menschen in der Wertegesellschaft versteht und diese Einsicht für Werteentwicklung nutzen kann.

Die Prospect Theory von Kahnemann und Tversky wie auch das Nudging von Thaler und Sunstein gehen von verhaltenspsychologisch bekannten Effekten aus, wie zum Beispiel dem Framing (der Abhängigkeit einer Entscheidung von der Formulierung des Problems), dem Status-quo-Bias (dem Wunsch, dass alles so bleibt, wie es ist), dem Besitztumseffekt (wonach der Wert von Gegenständen auch danach bemessen wird, ob man sie besitzt) und anderen.[136] Ohne weitere Einzelbeispiele auch nur zu kennen, genügt ein Blick auf diese Effekte, um zu sehen, dass sie vor allem von Wertungen hervorgebracht werden, ob es sich um wertende Formulierungen, Beharrungshaltungen, Besitzverhältnisse oder die Bewertung von Tatbeständen handelt.

Das *Debiasing*[137] versucht aufzuklären, inwieweit Unternehmensentscheidungen und Handlungsweisen in Unternehmen und anderswo durch gedankliche Übervereinfachungen beeinflusst sind, welche Rolle kognitive Beschränkungen und selektive Wahrnehmungen dabei spielen, wie eingefahrene Muster oder Bestätigungsfehler mitwirken, welche Auswirkungen übertriebener Optimismus oder Selbstüberschätzung und Gruppendenken haben und wie man Wege finden kann, all das zu vermeiden. Das alles gehört zu den „blinden Flecken" im Denken, die fast immer durch prob-

---

[135] Vgl. Thaler und Sunstein (2010).
[136] Vgl. Beck (2014).
[137] Bias: engl. wertende Befangenheit, Voreingenommenheit, Vorurteil.

lematische Wertehaltungen verursacht sind. Handelnde unterliegen ihnen meist unbewusst, sie beeinflussen aber deren Handeln massiv. Sie bewusst zu machen, führt zu gezielter Werteentwicklung. Ein für jedermann ausführbares Kartenspiel, „The Bias Tournament", umfasst allein fünfzig werteinduzierte Denkfehler und hilft, sie zu vermeiden.[138]

Nudging ist ein Ansatz, Menschen, die selbstverständlich oft irrational handeln, durch kleine Anstöße, durch „Stupser", zu einem vermutlich rationaleren Handeln zu bewegen. „Nudgings" sind Maßnahmen, die das Verhalten beeinflussen, aber nicht einschränken. Es geht um kleine „Stupser", also weder um Verbote noch um starke Anreize. Aus Sicht der Werteentwicklung bietet das Nudging aus dem Inneren von Selbstorganisationsprozessen heraus Möglichkeiten, Ordner, Werte zu beeinflussen und in eine bestimmte Richtung zu drängen, ohne Einschränkungen, Verbote oder starke Anreize. Wichtig ist, dass die Autoren auf die schmalen Trennlinien zwischen *Überzeugung, Motivation und Manipulation* hinweisen. Dennoch erscheint das Nudging als ein wichtiger Zugang, Werte als Ordner sozialer Selbstorganisation nicht nur neu zu begreifen, sondern auch wirkungsvoll aus der Wertegesellschaft heraus zu entwickeln und einzusetzen.

Dass gerade die irrationalen, sozialwissenschaftlich schwer zu fassenden Treiber der Wertegesellschaft kein Hinderungsgrund sind, in und für die Wertegesellschaft zu wirken, sei es Wertungen entwickelnd oder Fehlwertungen vermeidend, ist damit umrissartig gezeigt. Es bleibt die große, letzte, entscheidende Frage: Wie kommt es überhaupt zu Wertezuschreibungen, zu großen Strukturen der Wertegesellschaft, Glaubensgemeinschaften, Stämmen und

---

[138] Decision Labs (2018).

Völkern, angeblichen Rassen und oft ziemlich willkürlich festgelegte Nationen? Diese Frage führt zum Ausgangspunkt zurück.

> Selbstorganisation und Synergetik ist die alles entscheidende Frage nach dem Überleben oder Sterben der Wertegesellschaft.

Selbstorganisation heißt Strukturbildung. Nicht jede Strukturbildung ist Selbstorganisation, man denke nur an die Stricksocken der Großmutter. Aber jede Selbstorganisation führt zu neuen, „emergenten" Strukturen.[139] Hermann Haken erläutert:

„In früheren Zeiten betrachteten die Menschen Strukturen als gottgegeben, wie das zum Beispiel in der Schöpfungsgeschichte des Alten Testaments deutlich wird. Auch in der Wissenschaft befasste man sich lange nur mit der Frage, wie Strukturen aufgebaut sind, und nicht damit, wie sie entstehen. Erst in der neueren Zeit wendet sich das Interesse der Forschung immer mehr dieser letzten Frage zu. Will man nicht jedes Mal eine übernatürliche Macht zur Erklärung dieser Strukturen, das heißt jedes Mal einen neuen Schöpfungsakt bemühen, so steht die Wissenschaft vor der Aufgabe zu erklären, wie Strukturen von allein gebildet werden oder, mit anderen Worten, wie diese sich selbst organisieren … Hierbei werden wir auf ganz merkwürdige Gesetzmäßigkeiten stoßen, die sich wie ein roter Faden durch alle

---

[139] Emergenz: Möglichkeit der Herausbildung von neuen Eigenschaften oder Strukturen eines Systems infolge des Zusammenspiels seiner Elemente. Dabei lassen sich die emergenten Eigenschaften des Systems nicht – oder jedenfalls nicht offensichtlich – auf Eigenschaften der Elemente zurückführen, die diese isoliert aufweisen; https://de.wikipedia.org/wiki/Emergenz. Zugegriffen am 27.02.2020; vgl. Greve und Schnabel (2011).

Erscheinungen der Selbstorganisation hindurch ziehen. Wir werden erkennen, dass sich die einzelnen Teile wie von einer unsichtbaren Hand geführt anordnen, dass andererseits aber die Einzelsysteme durch ihr Zusammenwirken diese unsichtbare Hand erst wieder schaffen. Diese unsichtbare Hand, die alles ordnet, wollen wir den Ordner nennen."[140]

Jede soziale Struktur organisiert sich, mindestens teilweise, selbst. Wer sollte sie sich auch sonst ausdenken und zusammenfügen? Bei der Entstehung dieser Strukturen bilden sich Ordner heraus. Darauf sind wir schon eingegangen. Handelt es sich bei den Strukturen um Menschengruppen – etwa Teams, Organisationen, Glaubensgemeinschaften, territoriale oder nationalstaatliche Gruppen – bilden sich gruppenbezogene Ordner – in der Regel bei jeder neuen Struktur andere – heraus. Werte sind solche Order. Nicht die einzigen, aber die alle anderen beherrschenden.[141]

> Der wichtigste Ordner, der dominierende Wert oder das dominierende Wertebündel, betrifft die Identität der Gruppe selbst. Sie bildet sich in der Auseinandersetzung der Gruppe mit ihrer Umwelt, ihrer Lebenswelt, ihrer Handlungswelt heraus.[142]

Die Sozialwissenschaften untersuchen Strukturbildungen in den verschiedensten gesellschaftlichen Bereichen.[143]

---

[140] Haken (1995), S. 24.

[141] Ebenda S. 590: Sprache, Staatsform, Kultur, Rituale, Umgangsformen, Mode, Betriebsklima, Corporate Identity, Volkscharakter sind eindeutig Werte oder durch Werte charakterisiert.

[142] Jokisch (1996, S. 16): Die Theorie sozialer Systeme (Luhmann) stellt die System-Umwelt-Unterscheidung, die Theorie kommunikativen Handelns (Habermas) die System-Lebenswelt-Unterscheidung, die Theorie des allgemeinen Handlungssystems (Parsons) die System-Handlungs-Unterscheidung in den Mittelpunkt.

[143] Ebenda, S. 17: beispielsweise Technik, Erziehung, Politik, Wirtschaft, Wissenschaft, Religion, Kunst, Kultur, Sport, Geschlecht, Moral usw.

In allen diesen Bereichen gibt es viele Identitäten, etwa politische, wirtschaftliche, wissenschaftliche, religiöse, kulturelle und viele andere. „Identitäten – welcher Art auch immer – sind nicht vorgegeben, sondern stellen erst zu konstituierende Ereignisse dar, die über die Zeitdimension zu Strukturen (= Erwartungen) gerinnen."[144] Eben dieses „Gerinnen" ist ein sich selbst organisierender Prozess, die Erwartungen sind immer auch Werteerwartungen.

Der Begriff der Identität ist außerordentlich vielfältig und schillernd. Er hat eine individuelle psychologische Dimension, wonach jeder der über sieben Milliarden Erdenbürger eine individuelle Identität besitzt. Er hat eine Gruppendimension, die das Besondere, Einmalige einer bestimmten Menschengruppe kennzeichnet. Er hat Rousseau folgend eine politische Dimension, wonach Identität die Übereinstimmung von gesellschaftlichem Willen und individuellem Willen eines freien, natürlichen Menschen kennzeichnet.

In der Wertegesellschaft fließen diese drei Dimensionen zusammen: Die individuelle psychische Dimension ist mit der Gruppendimension über die Werteverinnerlichung eng verbunden, Gruppenwerte werden von den unterschiedlichsten Menschen geschaffen und „versklaven" dann – im Sinne der Synergetik – diese Menschen. Die Übereinstimmung von gesellschaftlichem und individuellem Willen kann real nur über die Verinnerlichung von gesellschaftlichen Werten zu Individual- und Gruppenwerten bewerkstelligt werden.

Francis Fukuyama hat uns die problematischen Seiten der Identität warnend vor Augen geführt. Wenn aber der wichtigste Wert einer Menschengruppe ihre Identität ist und die Wertegesellschaft sich aus solchen Identitäten speist, müssen wir auf diese Warnung angemessen reagieren!

---

[144] Vgl. ebenda.

Fukuyama erklärt:

> „Ich werde ‚*Identität*' in einem spezifischen Sinne verwenden, der uns verstehen hilft, weshalb sie für die gegenwärtige Politik so wichtig ist. Identität erwächst vor allem aus einer Unterscheidung zwischen dem wahren inneren Selbst und einer Außenwelt mit gesellschaftlichen Regeln und Normen, die den Wert oder die Würde des inneren Selbst nicht adäquat anerkennt …, da sich Menschen von Natur aus nach Anerkennung sehnen, schlägt das moderne Identitätsgefühl in Identitätspolitik um, die es Individuen ermöglicht, die öffentliche Bestätigung ihres Stellenwerts zu verlangen.
>
> Die *Identitätspolitik* umfasst mithin einen großen Teil des politischen Ringens der zeitgenössischen Welt: von demokratischen Revolutionen bis hin zu neuen sozialen Bewegungen, von Nationalismus und Islamismus zur heutigen Universitätspolitik. Der Philosoph Georg Wilhelm Friedrich Hegel führte aus, dass der Kampf um Anerkennung die höchste Antriebskraft der Menschheitsgeschichte sei."[145]

Halten wir hier erst einmal fest, dass es sich klar um einen Wertekonflikt zwischen den gesellschaftlichen Regeln und Normen der Wertegesellschaft und dem Wert und der Würde der Menschen in dieser Gesellschaft handelt.

> Fukuyama will zu einer Politik der Würde als Fundament der Wertegesellschaft gelangen. Würde ist aber nicht nur sprachlich mit dem Begriff Wert eng verwandt.[146] Wir sehen das als eine der wichtigsten Aufgaben in und für die Wertegesellschaft der Zukunft an.

---

[145] Fukuyama (2019, S. 26 f.).

[146] Würde (von althochdeutsch wirdî; mittelhochdeutsch wirde) ist sprachgeschichtlich verwandt mit dem Wort „Wert" und bezeichnete anfänglich den Rang, die Ehre, das Verdienst oder das Ansehen einer einzelnen Person; https://www.bing.com/search?q=W%C3%BCrde+Wortherkunft. Zugegriffen am 20.01.2020.

Um diesen würdevollen Schritt zu gehen, kritisiert er zunächst Wirtschafts- und Gesellschaftsmodelle der Wissensgesellschaft, die den fühlenden, emotional wertenden und oft irrationalen Menschen außer Acht lassen.

„In der Praxis setzen die meisten Ökonomen tatsächlich voraus, dass Nützlichkeit auf irgendeiner Art des materiellen Eigeninteresses basiert, die andere Motivationen übertrumpft. Diese Ansicht wird von zeitgenössischen Verfechtern der Marktwirtschaft und klassischen Marxisten geteilt, wobei die Letzteren behaupten, dass die Geschichte von gesellschaftlichen Klassen gestaltet werde, die ihr wirtschaftliches Eigeninteresse verfolgen. Während das herkömmliche Wirtschaftsmodell unzweifelhaft ein Gutteil des menschlichen Verhaltens erklärt, weist es auch etliche Schwächen auf. Im Laufe der beiden vergangenen Jahrzehnte haben Verhaltensökonomen und -psychologen wie Daniel Kahnemann und Amos Tversky die Grundvoraussetzungen des Modells attackiert, indem sie aufzeigten, dass Menschen in der Praxis nicht rational sind."[147]

Fukuyamas eigenes Modell gibt sich klar als eines der Wertegesellschaft zu erkennen. Dazu bedient er sich des griechischen Wortes „thymos", um zu betonen, dass die Gesellschaft nicht nur von physiologischen (Begehren) oder gedanklichen (Vernunft) Teilen der menschlichen Psyche angetrieben wird, sondern vor allem von wertenden, urteilenden:

„*Begehren* und *Vernunft* sind [zwei wichtige] Bestandteile der menschlichen Psyche (also der Seele), doch ein dritter

---

[147] Ebenda, S. 26.

Die Wertegesellschaft – Ausführung Personen ...

Teil, *Thymos, ist das Zentrum der Urteile über den Wert der Dinge* ... Menschen wünschen sich nicht nur externe Dinge wie Speisen, Getränke, Lamborghinis oder den nächsten Schuss, sie sehnen sich auch nach positiven Urteilen über ihren Wert oder ihre Würde. Solche Urteile werden zumeist von anderen Gesellschaftsmitgliedern gefällt, die ihren Wert anerkennen. Wenn ihnen ein positives Urteil zuteil wird, verspüren sie Stolz, und falls nicht, empfinden sie entweder Zorn (wenn sie meinen, unterbewertet zu werden) oder Scham (wenn sie begreifen, dass sie die Erwartungen der anderen nicht erfüllt haben). Dieser dritte Teil der Seele, Thymos, ist der Kern der heutigen Identitätspolitik."[148]

Davon ausgehend kann man weiter differenzieren:

„*Thymos*, den Teil der Seele, der *Anerkennung* durch andere begehrt, entweder in Form von *Isothymia*, dem Streben, die gleiche *Würde* wie die Mitmenschen zu empfangen, oder in Form von *Megalothymia*, dem Bedürfnis, im Vergleich mit anderen als *überlegen* zu gelten. Ein großer Teil dessen, was wir normalerweise für eine wirtschaftliche, von materiellen Bedürfnissen und Wünschen ausgelöste Motivation halten, ist in Wirklichkeit ein thymotisches Verlangen nach Anerkennung der eigenen Würde oder des eigenen Status."[149]
„Zahlreiche naturwissenschaftliche Indizien lassen vermuten, dass das Verlangen nach Status – Megalothymia – biologische Ursachen hat ..."[150]

Thymos, das „Zentrum der Urteile über den Wert der Dinge" ist, um die Begrifflichkeit aufzunehmen, das Zentrum der Wertegesellschaft. Das führt einerseits zur Achtung der Würde jedes Menschen, andererseits aber zur Förde-

---

[148] Ebenda, S. 36.
[149] Ebenda, S. 105.
[150] Ebenda, S.109.

rung von und Forderung nach Überlegenheit über andere Menschengruppen. Moderne Demokratien streben zumindest verbal die Verdrängung der Megalothymia durch die Isothymia an. Sie betonen die Würde des Menschen[151] und dass alle Menschen gleich geschaffen seien,[152] was eigentlich gesonderte Identitäten verhindern sollte. Das ist mitnichten der Fall.

Wenn aber nicht die Würde jedes Menschen akzeptiert wird, so wird „die universale Anerkennung immer wieder infrage gestellt durch partielle Varianten der Anerkennung, die auf Nation, Religion, Sektenzugehörigkeit, Rasse, Ethnizität oder Kindern beruhen oder durch Individuen, die als überlegen anerkannt werden wollen. Die Zunahme der Identitätspolitik in modernen liberalen Demokratien ist eine ihrer Hauptbedrohungen. Wenn es uns nicht gelingt, zu einem universellen Verständnis der menschlichen Würde zurückzukehren, werden wir zu ständigen Konflikten verurteilt sein"[153] „Nationalismus und Islamismus können als Spielarten der Identitätspolitik angesehen werden."[154] Wir müssen zu einem Multikulturalismus zurückkehren, der „jede separate Kultur und jede gelebte Erfahrung gleichermaßen schätzt und zuweilen besondere Aufmerksamkeit auf diejenigen lenkt, die in der Vergangenheit unsichtbar

---

[151] So der erste Satz des Grundgesetzes der BRD 1949: Artikel 1 (1) Die Würde des Menschen ist unantastbar. Sie zu achten und zu schützen ist Verpflichtung aller staatlichen Gewalt.

[152] Unabhängigkeitserklärung der USA 1776, 2. Absatz: Wir halten diese Wahrheiten für ausgemacht, dass alle Menschen gleich erschaffen wurden, dass sie von ihrem Schöpfer mit gewissen unveräußerlichen Rechten begabt wurden, worunter sind Leben, Freiheit und das Bestreben nach Glückseligkeit. – Als die Erklärung unterzeichnet wurde, gehörten weiße Männer ohne Eigentum, schwarze Sklaven, amerikanische Ureinwohner und Frauen diesem Kreis aller Menschen nicht an, so Fukuyama (2019, S. 41).

[153] Ebenda, S. 17.

[154] Ebenda, S. 95.

gewesen oder unterbewertet worden waren."[155] Dabei erweist sich die multikulturelle Gesellschaft als wichtiger Teil der Wertegesellschaft.[156]

Auch ein universelles Verständnis der menschlichen Würde bewahrt uns nicht davor, grundlegende Strukturen menschlicher Gesellschaften zu identifizieren und ihnen Wertedimensionen zuzuordnen. So lässt sich mit Luhmann das umfassende soziale System „Gesellschaft" in weitere soziale Systeme mit eigenen Wertedimensionen untergliedern, darunter: Wirtschaft (Reichtum), Recht (Gerechtigkeit), Wissenschaft (Wahrheit), Politik (Macht), Religion (Gottesnähe) und Erziehung (Liebe).[157] Jeder dieser Wertedimensionen kann man individuellen Lebensformen[158] zuordnen. Man kann sie aber auch immer zu identitären Konstrukten missbrauchen, indem man einem dieser sozialen Systeme und seiner Wertedimension einen höheren Rang einräumt, etwa der Religion im Gottesstaat.

Eine das ganze zwanzigste Jahrhundert im Pro und Contra durchziehende identitäre Strukturierung ist die der sozialen Klassen: „Die ganze Gesellschaft spaltete sich mehr und mehr in zwei große feindliche Lager, in zwei große, einander direkt gegenüber stehende Klassen: *Bourgeoisie und Proletariat*".[159] Die Identifikation mit der einen oder der anderen dieser Klassen konnte lebensentscheidende Konsequenzen haben, wenn die Klassenzugehörigkeit identitätspolitische Folgen hatte, wenn beispielsweise die Zulassung zum Studium davon abhängig gemacht wurde.

---

[155] Ebenda, S. 137.
[156] Vgl. Heilbronner et al. (2000).
[157] Wir haben von den symbolisch generalisierten Kommunikationsmedien Luhmanns Gebrauch gemacht und Transzendenz hier mit Gottesnähe bezeichnet.
[158] Vgl. Spranger (1921).
[159] Marx und Engels (1848, S. 4).

Heute wird dieser Identitätskonflikt von einer neuen und neuartigen identitären Strukturierung überdeckt: Dem Gegensatz von *Kommunitarismus* und *Kosmopolitismus*, beziehungsweise *Lokalismus* und *Globalismus*. Er hat einen zentralen, neuartigen Konflikt heutiger Wertegesellschaften im Visier: Werden politische Gemeinschaften und individuelle Identitäten durch Grenzen des *Lokalen*, des Nationalen, des Nationalstaates konstituiert und abgegrenzt (Kommunitarismus) oder gibt es *globale* moralische und politische Verpflichtungen gegenüber allen Menschen, auf die unsere Handlungen einen Einfluss haben (Kosmopolitismus)?[160] Kosmopolitische Eliten besetzen heute die Spitzenpositionen in Wirtschaft, Staat, Parteien und Medien. Kosmopolitische Wertehaltungen der Herrschenden wurden zu den herrschenden Werteorientierungen der meisten Wertegesellschaften. Traditionell konservative Werte wie Nation, nationale Identität, Leitkultur oder die Ausschließlichkeit der Mann-Frau-Ehe wurden in diesen Wertegesellschaften scheinbar anachronistisch. Verlierer in ihnen waren und sind die Mitglieder einer weniger gebildeten, vor allem männlichen Unter- und (unteren) Mittelschicht. Sie sehen sich als Verlierer der kulturellen Moderne und wehren sich oftmals in Form rechtspopulistischer und extremistischer Haltungen.[161]

Waren in den Wertegesellschaften des 20. Jahrhunderts Bourgeoisie und Proletariat, in denen des 21. Jahrhunderts Lokales und Globales (Kommunitarismus und Kosmopolitismus) die Leitidentitäten, zeichnen sich gegenwärtig ganz neue Leitidentitäten ab. Sie sind durch die neuen ökologischen Bewegungen zutage getreten. Bruno Latour nennt sie Außererdiges und Terrestrisches und erklärt:

---

[160] Zürn (2016, S. 8–9).
[161] Merkel (2016, S. 11).

„Das Terrestrische stellt nicht länger allein den Rahmen menschlichen Handelns dar, es ist vielmehr Teil davon ... (53) Keine menschliche Gesellschaft, wie weise, subtil, achtsam, vorsichtig wir sie uns auch vorstellen, musste sich bisher mit den Reaktionen des Systems Erde auf das Handeln von acht bis neun Milliarden Menschen befassen ... (55) Es gibt keine Erde, die dem endlosen Horizont des *Globalen* entspricht, zugleich aber ist das *Lokale* viel zu eng und zu winzig, als dass es die Mannigfaltigkeit der Wesen der irdischen Welt halten könnte ... (66) Sind wir noch modern oder schon terrestrisch"? (67)[162]

Die Betonung des Terrestrischen schafft eine veränderte Grundlage für alle Wertegesellschaften. „Wir verteidigen nicht die Natur, wir sind die Natur, die sich verteidigt," so Latour in seinem „Terrestrischen Manifest", „wir sind Terrestrische!"[163]

> Globales wie Lokales bieten nur unzureichende Zugriffe auf das Terrestrische. Europa steht vor der Aufgabe, das Terrestrische zur Grundlage seiner Wertegesellschaften zu machen. Dazu ist es notwendig, zu verstehen, was die Wertegesellschaft darstellt und warum sie sich von der Wissensgesellschaft und ihren ökologischen Erkenntnissen zwar beraten, aber kaum beeinflussen lässt und wie das auf ihre „Teilchen", Personen und Persönlichkeiten, zurückwirkt. Wir akzeptieren und unterstützen das „Terrestrische Manifest", weil wir es für eine wichtige Wertegrundlage künftiger Wertegesellschaften halten.

---

[162] Latour (2018, S. 53, 55, 66, 67).
[163] Ebenda, S. 101.

Die Wertegesellschaft: Ausführung Unternehmen und Organisationen

Fakten, Fakten, Fakten, die Ergebnisse von Wissenschaft und Technik, riesige Datenmengen und Tsunamis von Informationen treiben die Wissensgesellschaft, in der wir leben, immer schneller voran. Wer im Flugzeug sitzt möchte schon gern, dass Wissenschaft und Technik, Hardware und vor allem Software, die in diesem Wissensmonster zusammenfließen, in jedem Detail stimmen, dass alles Wissen wahr ist und der wichtigste Wert der Wahrheitswert sei.

Aber wenn wir genauer nachdenken, fließen in dieses Wissensmonster auch noch ganz andere Werte ein. Alles im Inneren ist darauf ausgerichtet, dass wir uns wohl fühlen, dass wir den Flug genießen. *Genusswerte* umgeben uns. Warum fliegen wir nach Wladiwostok und fahren nicht mit der Bahn, warum hetzen wir per Flug zum Arbeitsmeeting. *Nutzenwerte* treiben uns an. Ist es gerechtfertigt, mit dieser Dreckschleuder die Atmosphäre weiter zu vergiften, unseren Nachkommen zum Schaden. *Ethisch-moralische* Werte lassen uns am eigenen Handeln zweifeln. Dieser russisch –

deutsche Arbeitsvertrag, den wir ausgearbeitet haben, ist nicht nur sachlich-fachlich, sondern, so meinen wir, auch sozial und politisch äußerst wichtig. *Sozial-weltanschauliche Werte* begleiten unseren Flug.

Jeder dieser Basiswerte ist wiederum eingebettet und bezogen auf die die von Niklas Luhmann benannten grundlegenden sozialen Systeme Recht, Wissenschaft, Politik, Religion, Kunst, Erziehung, Wirtschaft.[1] (Fußnote!) Unser angestrebter russisch-deutscher Arbeitsvertrag muss beispielsweise den rechtlichen Normen in beiden Ländern genügen, Normen sind kodifizierte und sanktionierte Werte des Handelns. Unser Vertrag muss die Ergebnisse der Wissenschaften sowohl in Bezug auf den Arbeitsgegenstand als auch die Arbeitsverhältnisse in beiden Ländern berücksichtigen, also von Wahrheitswerten ausgehen. Er muss die sozial-weltanschaulichen politischen Verhältnisse im Blick haben und die religiösen Verhältnisse, sofern sie in Bezug auf den angestrebten Arbeitsvertrag wichtig werden, also politische und religiöse Werte berücksichtigen. Er muss, wo Weiterbildung und Bildungsabschlüsse eine Rolle spielen, Werte der Erziehung in beiden Ländern einbeziehen. Auch kulturell-künstlerische Werte, falls sie bei der Prägung der Arbeitenden oder in ihrem erwarteten Freizeitverhalten zum Tragen kommen. Unser Arbeitsvertrag muss schließlich mit den Wertevorstellungen, mit den Kulturen der beteiligten Unternehmen abgestimmt sein.

Unternehmen und Organisationen: Glieder der Wertegesellschaft

Heutige Unternehmen sind sowohl Teil der Wissensgesellschaft wie der Wertegesellschaft.

---

[1] Vgl. Reese-Schäfer (1999) S. 176 f.

Ein Unternehmen wie Siemens komprimiert in seinen Produktionsabläufen wie in seinen Produkten Unmengen von Wissen. Man bedenke, was in nur einem Teilbereich, Siemens Healthcare, alles zusammenfließt: physikalisches, chemisches, biologisches, medizinisches, verfahrenstechnisches und kuratives Wissen; hinzu kommt alles Wissen um Design und Produktgestaltung, Projekt- und Prozessmanagement, Ablaufplanung, generelles Management. Jedes gewerbliche Unternehmen ist ein Wissensmonster.

Trotzdem ist jedes Unternehmen, auch Siemens Healthcare, Teil der Wertegesellschaft. Sind technische Innovationen, Prozessinnovationen, Dienstleistungsinnovationen Trümpfe der Wissensgesellschaft, so sind wertehaltige, von den Mitarbeitern verinnerlichte unternehmenskulturelle Haltungen, Anschauungen und Orientierungen Trümpfe der Wertegesellschaft. So kann ein Healthcare-Unternehmen fraglos den Lebens*genuss* von Kunden steigern, macht sich *nützlich* durch die Gesundheitsvorsorge in großem Stil, erfüllt mit der Gesunderhaltung eine wichtige *ethische* Funktion und ist immer eingebettet in die jeweils aktuellen, sich oft ändernden sozialen und gesundheits*politischen* Anschauungen und Richtlinien.

Dass also Unternehmen Glieder beider Gesellschaften, der Wissensgesellschaft wie der Wertegesellschaft sind, ist offensichtlich. Die Frage, die uns in diesem Buch umtreibt, ist eine andere. Von den ersten Zeilen an haben uns Konstellationen beschäftigt, in denen die Wertegesellschaft die Wissensgesellschaft teils fördert, teils aber auch konterkariert, überrollt, aushebelt, dominiert, verdrängt und manchmal auch zerstört. Unser Glaube an die Vernunft ist da ziemlich eingeschränkt. Andererseits muss jedes Unternehmen, bei Strafe seines Untergangs, der Wertegesellschaft Tribut zollen. „Umstellt" von den vier Basiswerten und den aus den sozialen Systemen Recht, Wissenschaft, Politik, Religion, Kunst, Erziehung und Wirtschaft stammenden Werteanforderungen muss es sein Wissensmanagement, vor allem aber sein Wertemanagement, seine Unternehmenskultur und seine Außendarstellung danach ausrichten.

Zu Unternehmenskultur und Wertemanagement gehört, dass sich ein Unternehmen selbst darüber klar wird, welchen Werten es folgt, was seine Unternehmenskultur real ausmacht, wie es angesichts zukünftiger Aufgaben und strategischer Ausrichtungen seine Werte entwickeln will und wie die zu entwickelnden Werte von den Mitarbeitern zu eigenen Emotionen und Motivationen verinnerlicht werden, sodass sie im Interesse des Unternehmens denken und handeln.

> Werteerfassung und Werteentwicklung gehören deshalb heute zum Kerngeschäft des Unternehmens.

„In diesem Zusammenhang ist es wichtig zu erkennen, dass der Bereich der Wirtschaft einen Wertecharakter hat. Dies ist uns heute durch das Entstehen von so etwas wie Wirtschaftsethik viel evidenter geworden. Sie bestimmt die Ziele und Normen des individuellen und staatlichen wirtschaftlichen Handelns. Diese sind den Zwecken des ökonomischen Handelns übergeordnet … In diesem Sinne ist es zu verstehen, wenn wir von ‚*Wertegesellschaft*' sprechen und auch davon, dass Wirtschaft im ethischen Sinne ein Wert ist, sie ist ein wertvolles, nützliches Instrument im Gesamt des menschlichen Zusammenlebens."[2]

---

[2] Vgl. Lehmann (2008, S. 32, 34).

Abgesehen von der üblichen Vermengung ethisch-moralischer und sozial-weltanschaulicher Werte als „Wirtschaftsethik" weist diese Bemerkung von Karl Kardinal Lehman, von 1987 bis 2008 Vorsitzender der Deutschen Bischofskonferenz, sehr zutreffend auf die Überordnung der Wertegesellschaft gegenüber der ökonomischen Wissensgesellschaft hin. Diese Überordnung vereint deutliche Vorteile mit unvermeidlichen Nachteilen. Wenn Unternehmen und Organisationen nicht als starre, gleichsam mechanische Aggregate, sondern als sich selbst organisierende Systeme gefasst werden, wird klar, dass sie einerseits Werte als Ordner dieser Selbstorganisation zwingend benötigen, dass damit aber andererseits typische Werteprobleme unabweisbar werden:

Es gibt keine Wahrheit von Werten, sondern nur eine größere oder geringere Angemessenheit in Bezug auf Aufgaben und Ziele des organisationalen Handelns, es gibt immer Wertealternativen.

Werte sind immer vorläufig und zuweilen von ziemlich geringer zeitlicher Reichweite und Haltbarkeit, manche – oft unerwünschte – sind allerdings auch langlebig und schwer zu verändern.

Mit der Eingemeindung in die Wertegesellschaft können solche Werte das unternehmerische Handeln bestimmen, die spätere Generationen als völlig inadäquat, ja verabscheuungswürdig begreifen, etwa die bewusste sozial-weltanschauliche Indienststellung für ein verbrecherisches Regime.

Ebenso wird es Unternehmen als Gliedern der Wertegesellschaft aber auch möglich, bewusst Wertezielen wie einer

Erhöhung von Gemeinwohl oder einer unternehmerischen Gesellschaftsverantwortung[3] nachzukommen.

Der Einfluss außerökonomischer Werte, beispielsweise designerzeugter Genusswerte, kann eine ungeahnte ökonomische Schubkraft entfalten, wie das Apple-Beispiel schlagend zeigte. Die rasche Änderung sozial-weltanschaulicher Werte vieler Menschen in der Wertegesellschaft kann eine völlige Umstellung von Produktion und Produkten von Unternehmen erzwingen, wie das Beispiel der Einführung von Elektroautos demonstriert.

Haben wir im vorigen Kapitel Positionen von Individuen in der Wertegesellschaft und daraus resultierende Fragestellungen umrissen, wollen wir jetzt Positionen und Probleme von kollektiven Akteuren – Unternehmen und Organisationen – in der Wertegesellschaft erörtern und dabei die angedeuteten typischen Werteprobleme berücksichtigen.

Unternehmen und Organisationen: profilieren die Wertegesellschaft und profitieren von ihr

„Ebenso wichtig ist aber", schreibt Prof. Michael Otto im Geschäftsbericht der otto group, „dass wir auf unserem Weg weiterhin von unseren Werten geleitet werden. Im Unterschied zu vielen börsennotierten Digitalkonzernen treibt uns als familiengeführtes Unternehmen die Überzeugung an, dass wir als Teil der Gesellschaft eine besondere soziale und ökologische Verantwortung haben und leben. Dass sich

---

[3] CSR: Corporate Social Responsibility – gesellschaftliche Verantwortung des Unternehmens.

der Vorstand gemeinsam mit Kolleginnen und Kollegen sowie externen Partnern und Stakeholdern intensiv mit der Frage beschäftigt, wie die freiheitlichen und verantwortlichen Werte der Sozialen Marktwirtschaft in die digitale Welt transformiert werden können, ist uns als Gesellschaftern ebenso wichtig wie der geschäftliche Erfolg."[4]

Für große Unternehmen ist es zwischenzeitlich fast eine Selbstverständlichkeit, sich zum nachhaltigen Handeln und der sozialen Verantwortung zu bekennen. Der Wertebegriff der *„Corporate Social Responsibility – CSR"*, der gesellschaftlichen Verantwortung für Umwelt und Gesellschaft, die Unternehmen mit ihrem Handeln übernehmen, wurde mittlerweile in die Unternehmenssprachen integriert und weltweit immer öfter verwendet.[5] Die Gesellschaft insgesamt fordert zunehmend, dass Unternehmen nicht nur ihre ökonomische Wertschöpfung im Blick haben, sondern dass diese auch einem gesellschaftlich bedeutsamen Zweck dienen muss. Es geht also in erster Linie darum, einen gesellschaftlichen Mehrwert zu schaffen und dabei gleichzeitig weiterhin innovativ und unternehmerisch erfolgreich zu sein.[6] Die Wertekategorie des „Gemeinwohls" wird zu einem wichtigen Ziel modernen Wirtschaftens, unabhängig davon, ob man daraus sogleich eine Alternative zwischen Kommunismus und Kapitalismus schöpfen, oder aber vor allem die Wichtigkeit der Wertegesellschaft im Vergleich zur Wissensgesellschaft hervorheben will.[7]

---

[4] https://www.ottogroup.com/media/docs/de/geschaeftsbericht/Otto_Group_Geschaeftsbericht_2018_19_DE.pdf. Zugegriffen am 03.03.2020.
[5] Mast (2019, S. 495).
[6] Bucholz et al. (2019, S. 16).
[7] Vgl. Felber (4. Aufl. 2008), vgl. Meynhardt und Gomez (2015).

Entgegen der Sichtweise des Shareholder-Value-Ansatzes[8] mit sinnarmen Unternehmen zeigen viele Untersuchungen, dass die Verbindung von wirtschaftlichem Erfolg und nachhaltigen, gesellschaftlich wertvollen Zielen, von Werten für Mitarbeiter und andere Stakeholder, als auch von Werten für die Bevölkerung und die gesamte Volkswirtschaft, nicht in Widerspruch zueinander stehen.[9] Bereits vor hundert Jahren bewiesen Unternehmer wie Robert Bosch oder Werner von Siemens, dass es auch wirtschaftlich sinnvoll sein kann, eine wichtige gesellschaftliche Rolle zu übernehmen und entsprechende Werte zu verfolgen. Dadurch war es ihnen möglich, dank ihrer Sinnhaftigkeit eine starke Bindung und Identifikation der Mitarbeiter („Wir Siemensianer"), aber auch der Kunden und der Öffentlichkeit, zu schaffen.

Internationale Studien zeigen heute, dass nachhaltiges Wirtschaften die Mitarbeitermotivation steigert, kompetente Mitarbeiter anzieht und hält, die Reputation des Unternehmens verbessert, Kundenbeziehungen festigt und die Kosteneffizienz beim Einsatz von Energie und Materialien erhöht, sodass die Wettbewerbsfähigkeit steigt.[10] So gaben beispielsweise zwei Drittel der 30.000 Teilnehmer einer weltweiten Befragung an, dass sie lieber für ein Unternehmen mit einer nachhaltigen Unternehmensstrategie arbeiten, 55 % der Verbraucher sind bereit, für Produkte und Dienstleistungen von Unternehmen, die sich für positive soziale und ökologische Auswirkungen engagieren, einen Aufpreis zu zahlen.[11]

Eine Studie der Deutsche Bank Research bei 1600 Unternehmen ergab, dass die Aktienkurse von Unternehmen, die eine gute Presse in Sachen Klimawandel hatten, sich um

---

[8] Shareholder Value: Finanzieller Wert eines Unternehmens (Value) für die Eigenkapitalgeber bzw. Aktionäre (Shareholder).
[9] Vgl. Goffin (2020).
[10] Ebenda S. 245.
[11] Vgl. Nielsen (2014).

1,4 Prozentpunkte pro Jahr besser als der Index entwickelten; insgesamt lagen sie über den gesamten Zeitraum um 26 % höher. Umgekehrt entwickelte sich die Bewertung von Unternehmen mit entsprechend ungünstiger Nachrichtenlage unterdurchschnittlich. Und das betraf nicht nur die üblichen Verdächtigen aus Branchen wie Energie und Rohstoffe – sie waren nicht mal am stärksten betroffen.

Im zweiten Teil der Untersuchung geht es um die Kluft zwischen „grünen" Lippenbekenntnissen und tatsächlichem Kaufverhalten. Dieser langjährige Widerspruch von Reden und Handeln ist schlagartig geringer geworden. Deutsche Bank Research hat herausgefunden, dass in den vergangenen zwölf Monaten in Großbritannien doppelt so viele Verbraucher die Produkte von Unternehmen gekauft haben, die sich mit dem Klimawandel aktiv auseinandersetzen. Eine vergleichbare Entwicklung stellten die Analysten in den USA fest.[12]

Deshalb verwundert es nicht, dass der „Business Roundtable", der Dachverband der führenden Unternehmen in den USA wie Apple, Pepsi oder Walmart mit fast 200 Geschäftsführern und mehr als 15 Mio. Mitarbeitern sowie einem Jahresumsatz von mehr als 7 Billionen US-Dollar, sich im August 2019 ausdrücklich vom Konzept des Shareholder Value distanzierte und damit vom Prinzip der Gewinnmaximierung und der Erhöhung der Eigenkapitalrendite abrückte. Stattdessen soll der Fokus auf Investitionen in Mitarbeiter, Umweltschutz und einen fairen und ethischen Umgang mit Zulieferern gelegt werden.[13] Auch auf dem Weltwirtschaftsforum 2020 in Davos mit 3000 Topmanagern und Staatslenkern war Klimaschutz das Kernthema, auch wenn die meisten Teilnehmer mit Privatjets oder Luxuslimousinen anreisten.

---

[12] https://www.db.com/newsroom_news/2019/deutsche-bank-research-veroeffentlicht-analysen-speziell-fuer-unternehmenskunden-de-11588.htm. Zugegriffen am 17.02.2020.
[13] Die Zeit vom 20. August 2019.

Auch Großinvestoren machen Druck. So drohte der weltgrößte Vermögensverwalter Blackrock Klimasündern mit dem Abzug von Geldern. Gleichzeitig ist das Investorenunternehmen der Organisation *Climate Action 100+ (CA100+)* beigetreten, der mehr als 370 Finanzdienstleister mit 41 Billionen US-Dollar Investmentsumme angehören, und die sich auf folgende Zielsetzung verpflichtet hat : „Als institutionelle Investoren und im Einklang mit unserer treuhänderischen Pflicht gegenüber unseren Begünstigten werden wir mit den Unternehmen, in die wir investieren, zusammenarbeiten, um sicherzustellen, dass sie die Risiken minimieren und offenlegen sowie die Chancen, die der Klimawandel und die Klimapolitik bieten, maximieren."[14]

Corporate Social Responsibility ist allerdings kein Selbstläufer. Wer wirtschaftlichen Erfolg und gesellschaftliche Verantwortung gleichermaßen anstrebt, muss bereit sein, das Kerngeschäft nicht nur zu optimieren, sondern gleichzeitig permanent und zeitgemäßen Werten folgend zu erneuern. Dabei ist die Grenze zum Ökopopulismus fließend. Wer sich allerdings nur halbherzig auf das Thema einlässt und unter dem Mantel der Verantwortung etwa nur einzelne Unternehmensprozesse optimiert, steht schlechter da als Unternehmen, die gesellschaftliche, ökologische oder soziale Fragen konsequent ignorieren.[15]

Wie die Unternehmenskrisen bei BP aufgrund der Katastrophe der Öl-Plattform „Deepwater Horizon" im Golf von Mexiko, Volkswagen und Audi mit „Dieselgate" oder die Verfehlungen im Investmentbanking der Deutschen Bank AG aufgezeigt haben, können durch Fehlverhalten der Mitarbeiter enorme, teilweise existenzbedrohende Schäden entstehen, deren Risiko durch nachhaltiges Wirtschaften minimiert werden können. Deshalb ist es notwendig, diese Kultur auch auf Partner und Zulieferer zu übertragen.

---

[14] http://www.climateaction100.org
[15] Zimmermann et al. (2015, S. 3 ff.).

In Familienunternehmen prägen die Werte, Philosophien und Überzeugungen des Unternehmensgründers das Unternehmen oft für Generationen. Häufig bringen die Familienmitglieder neben den finanziellen Zielen auch spezielle familienimmanente Werte, wie Einfluss auf das Unternehmen oder die Erneuerung der Familiendynastie, mit ein. Dadurch können spezifische Handlungsweisen, die für Familienunternehmen typisch sind, erklärt werden. Oft finden wir in deutschen Familienunternehmen auch ein ausgeprägtes christliches Ethos, das sich auf das Verhalten gegenüber den Stakeholdern auswirkt. Auch soziales Engagement ist in diesem Zusammenhang ein wichtiger Aspekt. Nach den vorliegenden Untersuchungen zu Familienunternehmen sind in dem von uns entwickelten Wertemodell vor allem die Werte Respekt, Verantwortung, Beziehungen und Sicherheit von Bedeutung.[16] Als beispielsweise der schwäbische Familienbetrieb Trumpf 2008 in eine schwere Krise kam, entschied sich die Geschäftsleitung dafür, die gesamte Belegschaft zu halten und stattdessen die nicht für die Produktion benötigte Zeit der Mitarbeiter für intensive Fortbildung zu nutzen. Der Verzicht auf Kündigungen belastete das Unternehmen zwar mit hohen zusätzlichen Kosten. Die Motivation der Mitarbeiter blieb aber trotz Lohnverzicht und Kurzarbeit erhalten und der Maschinenbauer konnte bei erster Erholung mit voller Mannschaft an Bord ganzen Einsatz leisten.[17]

Corporate Social Responsibility bedeutet also nichts anderes, als den Unternehmenswert über einen langen Zeitraum zu maximieren, weil aus sozialen oder ökologischen Problemen langfristig finanzielle Probleme werden"[18] Deshalb hat beispielsweise die Zeitschrift Harvard Business Manager bereits 2015 das Ranking zur Ermittlung der besten Manager

---

[16] Vgl. Felden et al. (2019, S. 48 f.), vgl. Erpenbeck und Sauter (2019).
[17] Nach ebenda, S. 40.
[18] Soerensen in: Harvard Business Manager 11/2015.

grundlegend verändert. Beruhte es bis dahin ausschließlich auf Zahlen und nicht auf Reputation oder anekdotischen Befunden, wurde nunmehr die sogenannte *ESG – Environmental, Social and Governance* – in die Bewertung mit einbezogen. Damit werden auch ökologische, soziale und ethische Aspekte der Unternehmensführung bewertet.

> Unternehmen, die sozial und ökologisch wirtschaften wollen, müssen ihr Wertemanagement auf allen Ebenen – individuell, teambezogen und organisational – gezielt gestalten.

Die gezielte Werteentwicklung setzt voraus, dass wir verstehen, wie jeder einzelne Mensch seine Werte in der Wertegesellschaft entwickelt und wie eine solche Entwicklung ermöglicht und gefördert werden kann.

Unternehmen und Organisationen: Arbeit in der Wertegesellschaft

„Verantwortung des Menschen in der technischen Welt heißt … er muss inmitten der Planung und der Apparate lernen, Mensch zu bleiben. Vielleicht muss er in entscheidenden Punkten erst lernen, Mensch zu werden. So Mensch zu werden, dass er der Herr des Plans und der Apparate bleibt. Das etwa wäre der Inhalt einer Ethik der technischen Welt" bemerkte der Philosoph Carl-Friedrich von Weizsäcker einmal lakonisch.[19]

Die Treiber, die unsere gesamte Umwelt beeinflussen und verändern, können mit dem Akronym VUCA gut beschrieben werden.[20] VUCA steht für „volatility" (Volatilität

---

[19] Von Weizsäcker (1989, S. 110).
[20] Vgl. Bucholz et al. (2019, S. 8 ff.).

oder Unbeständigkeit), „uncertainty" (Unsicherheit oder Ungewissheit), „complexity" (Komplexität) und „ambiguity" (Ambivalenz oder Mehrdeutigkeit).

Volatilität bedeutet, dass sich unser gesamtes Umfeld durch andauernde Veränderungen in einem ständigen, dynamischen Umbruch befindet. Eine steigende Innovationsgeschwindigkeit, der globalisierte Markt und geringe Eintrittsbarrieren sorgen dafür, dass die Rahmenbedingungen wirtschaftlichen Handelns immer weniger stabil und berechenbar werden.

Unsicherheit hat zur Folge, dass in einem sich ständig verändernden Umfeld kausale Zusammenhänge immer weniger identifiziert werden können oder auch gar nicht existieren, wie bei Prozessen der Selbstorganisation. Dies bedeutet, dass es jederzeit zu unvorhergesehenen Ereignissen, wie aktuell die Corona-Krise, kommen kann, die den Wettbewerb verändern oder gesamte Märkte entstehen oder verschwinden lassen.

Komplexität bewirkt, dass durch die steigende Verflechtung der globalen Wirtschaft die Zusammenhänge immer vielschichtiger werden und damit das Gesamtkonstrukt so komplex wird, dass es niemand mehr ganzheitlich erfassen kann. Zusätzlich werden die politischen Rahmenbedingungen immer flexibler und unbeständiger.

Ambivalenz hat aufgrund der wachsenden Flut an Informationen, die sich häufig auch widersprechen, zur Folge, dass es nicht mehr möglich ist, diese eindeutig zu interpretieren. Dies führt wiederum dazu, dass einfache Kausalitäten nicht mehr gebildet werden können und es somit nicht möglich ist, standardisierte Muster oder Best Practices darauf anzuwenden.

Diese Rahmenbedingungen haben fundamentale Auswirkung auf alle Bereiche der Gesellschaft und besonders auf die Menschen. Mitarbeiter benötigen deshalb zunehmend die Fähigkeit, auf neue, unerwartete Herausforderungen selbstorganisiert und kreativ Antworten zu finden mit Tools, die heute oftmals noch nicht entwickelt sind. Dabei können sie immer weniger Lösungen oder Vorgaben von ihren Führungskräften erwarten.

Die wirtschaftliche Entwicklung der letzten Jahre zeigt, dass die immer bedeutender werdenden Möglichkeiten der digitalen Datenverarbeitung alle klassischen Aktivitätszweige durchdringen und damit das ganze wirtschaftliche Gefüge, inklusive der Arbeitsplätze und Produkte, sowie Wertschöpfungsprozesse dramatisch verändern. Insbesondere traditionelle deutsche Schlüsselindustrien, wie der Maschinenbau, die Autoindustrie, die elektrotechnische Industrie, die Raumfahrt- und Flugzeugindustrie, sind in diese Strukturentwicklung eingebunden und verdeutlichen die Verschmelzung von traditionellen Wirtschaftsbereichen mit System- und Informationstechnik.[21]

Es ist davon auszugehen, dass der Trend zur Automatisierung standardisierbarer Prozesse und Vorgänge zukünftig mit wachsender Danymik fortschreiten wird, ebenso wie der Trend zur Integration von Produktion und Verwaltung, der ein bislang unquantifizierbares Substituierungspotenzial birgt und weitreichende Veränderungen, auch die Gefahr von Strukturbrüchen, mit sich bringen kann.[22]

Der flächendeckende Einsatz humanoider Computer mit künstlicher Intelligenz für die qualifizierte Facharbeit ist nur noch eine Frage der Zeit. Es stellen sich deshalb schon heute Fragen nach den wünschenswerten und machbaren Effekten der Digitalisierung der Arbeitswelt und den Folgen des Technikeinsatzes auf gesellschaftlicher Ebene:[23] Sollen beispielsweise alle Möglichkeiten, Menschen durch Maschinen zu ersetzen, voll genutzt werden, auch wenn sie

---

[21] Lipp-Heinrich (2019, S. 315).
[22] Beckmann und Oerder (2017, S. 332).

zur Einschränkung der Lebensqualität der Menschen führen (Genusswertung)? Wie und an wen werden die Gewinne verteilt, die von diesen neuen Geschäftsmodellen erwirtschaftet werden (Nutzenwertung)? Gibt es ethische Grenzen der Digitalisierung auf betrieblicher Ebene, die es erfordern, die traditionellen Regelungen von Arbeitsbeziehungen neu zu verhandeln (ethisch-moralische Wertung)? Ist es auf Dauer akzeptabel, dass die vier Marktführer der Informationstechnik weder dem deutschen Arbeits- und Zivilrecht unterliegen noch kaum Steuern in Deutschland bezahlen (sozial-weltanschauliche Wertung)?

Zukünftig wird es immer mehr darum gehen, die Prozesse der digitalen Transformation aktiv für innovative und nachhaltige Produktionskonzepte sowie Geschäftsmodelle zu nutzen, die nicht nur die kurzfristigen Chancen aller Beschäftigten, sondern auch langfristig das Überleben der Menschen auf diesem Planeten sichern.

> Es geht somit in der Diskussion zu Arbeit 4.0 um viel mehr als den Erhalt betrieblicher Arbeit![24] Es geht um fundamentale Fragen der Wertegesellschaft.

Unternehmen und Organisationen: Trends

Die Arbeitswelt verändert sich mit zunehmender Dynamik. Agile Unternehmen sind dabei vor allem durch veränderte Werte und Kulturen, kollaborative Netzwerke und soziale Lernprozesse im Netz und im Prozess der Arbeit (Workplace Learning) gekennzeichnet.

---

[23] Ebenda, S. 333.
[24] Ebenda S. 337.

Hierbei sind insbesondere folgende *Trends* von Bedeutung,[25] die massiv auf die Wertegesellschaft einwirken:

Konsequente Kundenorientierung, die durch das Motto „Der Kunde – die Kommunikation und die Interaktion mit ihm – steht im Zentrum des Handelns" charakterisiert wird. Dementsprechend wird die Organisation immer konsequenter an den Bedürfnissen der Kunden ausgerichtet. Es gibt zwar meist immer noch eine klare Hierarchie, jedoch sorgen die persönlichen Netzwerke und gemeinsame Werte für eine koordinierte Gestaltung der Organisation mit dem Ziel zufriedener Kunden. Die Mitarbeiter agieren dabei relativ frei. Die notwendige Voraussetzung dieser Organisationen ist eine Kultur, die durch Zusammenhalt und ein Wir-Gefühl geprägt ist. Deshalb ist eine strikte Kontrolle nicht mehr notwendig. Die Mitarbeiter beginnen selbstständig nach Lösungen zu suchen, interagieren und kooperieren mit ihren Kollegen, treffen Entscheidungen und übernehmen Verantwortung für ihr Handeln. Dieser Ansatz erfordert eine hohe Kompetenz und damit entsprechende Werte der Mitarbeiter, damit sie die entstehenden Herausforderungen selbstorganisiert bewältigen und in der Kommunikation mit ihren Kollegen kreative Lösungen entwickeln können.[26] Diese Werte werden in die Wertegesellschaft eingebracht.

Entrepreneurship bedeutet, unternehmerische Chancen im eigenen Handlungsbereich aktiv zu nutzen, indem die jeweiligen Geschäftsmodelle gezielt gestaltet werden, um aktuelle Marktimpulse und Trends zu nutzen. Die Mitarbeiter werden dabei ermutigt und befähigt, Risiken einzugehen und Ideen voranzutreiben. Nach Josef Schumpeter,

---

[25] https://www.haufe.de/personal/hr-management/digitale-unternehmenskultur. Zugegriffen am 16. 01. 2020.

[26] Vgl. Sauter et al. (2018, S. 28 ff.).

dem bekannten österreichisch-amerikanischen Nationalökonomen, wird Entrepreneurship vor allem durch die Neuartigkeit einer Unternehmung geprägt. Diese zeigt sich beispielsweise durch die Herstellung eines neuen Gutes oder einer neuen Qualität eines Gutes, durch die Einführung einer neuen Produktionsmethode, die Erschließung neuer Absatzmärkte oder die Nutzung neuer Bezugsquellen oder die Neuorganisation einer Branche. Nach Schumpeter gilt, „dass jemand grundsätzlich nur Unternehmer ist, wenn er eine neue Kombination durchsetzt". Da Neues hier Altes ablöst, spricht er in diesem Zusammenhang auch von „schöpferischer Zerstörung".[27] Was als schöpferisch, was als zerstörerisch angesehen wird, ist Gegenstand eigener Bewertungen.

„*Unter Disruption* wird ein Prozess verstanden, bei dem ein bestehendes Geschäftsmodell oder ein gesamter Markt durch eine stark wachsende Innovation abgelöst beziehungsweise ‚zerschlagen' wird. Während es sich bei einer Innovation um eine Erneuerung handelt, die den Markt nicht grundlegend verändert, sondern lediglich weiterentwickelt, bezeichnet die disruptive Innovation eine komplette Umstrukturierung beziehungsweise Zerschlagung des bestehenden Modells."[28] Als Beispiel für eine normale Innovation wird oft die Erfindung der CD gegenüber dem klassischen Plattenspieler angeführt, während der digitale Musikvertrieb, wie z. B. über Spotify, und die Zerschlagung des lokalen Musikgeschäfts eine disruptive Innovation darstellt. Da große Technologieunternehmen, die mit disruptiven Innovationen einmal hoch erfolgreich waren, oft kaum noch ihr etabliertes Geschäftsmodell verändern können, sind gerade Neugründungen und bewegliche („agile") mit-

---

[27] Achleitner (2020).
[28] Gründerszenenlexikon (2017).

telständische Unternehmen viel eher in der Lage, neue Geschäftsmodelle einzuführen und ihre Mitarbeiter „mitzureißen". Dazu gehört aber, dass deren Kompetenzen mit den disruptiven Innovationen Schritt halten, ja dass sie diese Innovationen sogar benutzen können, um sie in Marktvorteile umzumünzen.

Disruption in diesem Verständnis berührt nicht nur Technologien und wirtschaftliche Faktoren. Auch Erkenntnisse aus der Gehirn- und Verhaltensforschung, Einsichten aus den Bereichen Datenschutz und Sozialökonomie, aus der modernen Bildungsforschung und Bildungsökonomie sowie Werte sind zu berücksichtigen.[29] Unternehmen, die aktiv disruptive Entwicklungen vollziehen wollen, benötigen die Fähigkeit, die damit verbundenen Einflüsse auf ihre organisationalen wie individuellen Wertestrukturen angemessen zu interpretieren und Strategien zur Anpassung zu entwickeln. Unternehmen können durch die systematische Diagnose der Umweltveränderungen und die Anpassung ihrer Wertestrukturen ihre Wandlungsfähigkeit verbessern.

Neue Geschäftsmodelle sind im Zeitalter der Digitalisierung vonnöten. Denn vor allem in der Digitalwirtschaft finden disruptive Innovationen gehäuft statt; diese Innovationen verdrängen und zerstören erbarmungslos bisherige Technologien, Vertriebsmodelle und Arbeitsplätze. Die betriebliche Bildung muss deshalb besonders auf die Entwicklung der Disruptionskompetenz gerichtet sein. Dabei ist festzuhalten, dass Kompetenzentwicklung schon per se das Potenzial in sich trägt, mit Disruptionen besser fertig zu werden, als klassische, auf Wissensweitergabe und Qualifikation ausgerichtete betriebliche Bildungsmodelle, da sie auf die Entwicklung von Fähigkeiten gerichtet ist, in offe-

---

[29] Vgl. Borell (2015).

nen Problemsituationen kreativ und selbstorganisiert zu handeln. Solche Situationen sind bestimmend für disruptive Innovationsprozesse. Sich im disruptiven Wettbewerb in Zeiten der Digitalisierung zurechtzufinden, bedarf tief verankerter, handlungsleitender Werte, die auf Erfahrungen und Überzeugungen beruhen.[30] Um damit umzugehen, muss parallel zum Kompetenzmanagement ein ausgeprägtes, durchdachtes Wertemanagement entwickelt werden. Während man sich in der Wissensgesellschaft das Navigieren bei klarer Sicht vorstellen kann, ist das Navigieren in der Wertegesellschaft immer ein Navigieren im Nebel.

Autonome Arbeitsbedingungen sind durch Freiräume zum eigenverantwortlichen, selbstorganisierten Arbeiten geprägt. Für die Gestaltung zukunftsorientierter Arbeitsprozesse sind auch die Erkenntnisse der Selbstorganisationstheorie und Neurobiologie fundamental.[31] Um in einer zunehmend agileren Welt zu handeln, benötigen wir mehr denn je Fähigkeiten, selbstorganisiert und kreativ zu handeln. Deshalb gehören Digitalisierung und Werte- sowie Kompetenzentwicklung zusammen. Dabei können wir davon ausgehen, dass die Menschen von Natur aus fähig sind, selbstorganisiert und kreativ – also kompetent – zu handeln. Die Modellierung des Gehirns durch die Selbstorganisationstheorie zeigt zudem, dass Informationen immer zugleich mit emotionalen Bewertungen, mit *Werten*, zusammen gespeichert werden. Deshalb muss Wissen durchgehend über eigene Erfahrungen emotional „imprägniert", es muss von „Wissen an sich" zu „Wissen für uns" werden. Digitale Medien ermöglichen dabei ganz neuen Formen des Umgangs mit anderen Menschen. Wissen kann im Netz inhaltlich wie emotional bei der kollaborativen Bearbeitung

---

[30] Vgl. Malik (2015).
[31] Vgl. Erpenbeck (2017, S. 93–114).

realer Herausforderungen entwickelt und geteilt werden. Durch die dabei entstehende „Imprägnierung" wandert es gleichsam aus der Wissensgesellschaft in die Wertegesellschaft.

Kollaboration beschreibt Prozesse in Organisationen, in denen die Mitarbeiter und Führungskräfte gemeinsam im Arbeitsprozess und im Netz ihre Herausforderungen in der Arbeitspraxis bewältigen. Kollaborative Arbeits- und Lernprozesse finden in der Projektarbeit, in der Produktentwicklung oder in gemeinsamen Beratungsprozessen bei Kunden statt. Sie laufen heute weitgehend netzbasiert ab. Es ist davon auszugehen, dass die zunehmende Komplexität und Dynamik der betrieblichen Herausforderungen dazu führen wird, dass kollaboratives Arbeiten und Lernen zu den wichtigsten Handlungsformen in den Unternehmen werden. Die kollaborative Unternehmung ist die Konkretisierung der Vision einer *„lernenden Organisation"*, weil die Werte- und Kompetenzentwicklung der Mitarbeiter im Prozess der Arbeit und damit laufend erfolgt.

Mitarbeiter und Führungskräfte lernen immer mehr von- und miteinander. Und das macht sie nachweislich erfolgreicher. Denn es hilft, persönliche Netzwerke auszubauen, auf die man in schwierigen Situationen zurückgreifen kann und deren Unterstützung man erfahren kann. Kollaboratives Lernen erfolgt beim gemeinsamen Erarbeiten einer Lösung für eine Praxisaufgabe, der kollaborativen Bearbeitung eines Projektes oder der gegenseitigen Reflexion und Bewertung. Das gemeinsame Lernen, z. B. in Form des Co-Coachings in Lerntandems oder in Communities of Practice, unterstützt die Verbindlichkeit, fördert die kritische Reflexion und baut Beziehungen auf.[32] Kollaboratives Lernen führt geradezu zwangsläufig aus der Wissensgesellschaft in die Wertegesellschaft hinein.

---

[32] Sauter (2019).

Digitale Technologien und digitale Transformationen im Zug der vierten industriellen Revolution sind das Ergebnis verschiedener technologischer Entwicklungen, die direkte Auswirkungen auf die betrieblichen und beruflichen Arbeits- und Bildungssysteme haben.[33] Keine technische Revolution hat unsere Arbeits- und Lernwelt so radikal verändert wie die aktuelle Digitalisierung und Vernetzung. Dabei ist Digitalisierung keinesfalls ein rein wissensgeprägter Vorgang, er führt unabweisbar auf massive Wertefragen. Im Zuge der Digitalisierung werden wir immer mehr selbstorganisiert handeln und eigenverantwortlich Entscheidungen treffen müssen. Dabei werden wir ständig mit neuen, unvorhersehbaren Entwicklungen hoher Komplexität konfrontiert. Dafür benötigen wir Orientierung durch Werte, die als Ordner des Handelns diese Selbstorganisation erst möglich machen. Deshalb kommt unseren Werten und unserem persönlichen Wertemanagement eine immer größere Bedeutung zu.

Digital Leadership erfordert dementsprechend Führungskräfte mit Visionen und klaren Strategien, die eine ausgeprägte Mitarbeiterorientierung besitzen und ihren Mitarbeitern einen hohen Grad an Vertrauen entgegenbringen. Sie nutzen konsequent digitale Lösungen und arbeiten mit ihren Teams unabhängig von Ort und Zeit zusammen. Im Zentrum ihrer Führungsleistung steht die Entwicklung und Pflege einer positiven Unternehmenskultur, die Qualität, Innovationsbereitschaft und Motivation der Mitarbeiter fördert. Um die dafür erforderlichen Werte zu entwickeln, sind Methoden und Instrumente des gezielten Wertemanagements einzusetzen.[34] Die Führungskräfte wandeln ihre Rolle vom Vorgesetzten zum Entwicklungs-

---

[33] Seufert et al. (2017, S. 439).
[34] Vgl. Erpenbeck und Sauter (2019).

partner oder Mentor ihrer Mitarbeiter. Dies setzt einen kooperativen Führungsstil voraus, der eine als angenehm empfundene, stressarme Arbeits- und Kommunikationskultur schafft, gleiche soziale und berufliche Chancen für Männer und Frauen ermöglicht, gezielte, personalisierte Entwicklungsmöglichkeiten für alle Mitarbeiter fördert, Modelle zur Vereinbarkeit von Familie und Beruf, insbesondere für Eltern, umfasst und Prävention und Gesundheitsmanagement sowie innovative soziale Dienstleistungen in besonderen Lebenslagen der Mitarbeiter mit einschließt.

Und schließlich: Agilität …

Agilität ist ein Merkmal, das in den Arbeits- und Lernprozessen der Industrie 4.0 immer mehr gefordert wird. Unter Agilität verstehen wir die Fähigkeit, sich kontinuierlich an seine komplexe, turbulente und unsichere Zukunft anzupassen.[35] Dabei ist Agilität mehr als nur eine Ansammlung von Methoden. Im Kern geht es vielmehr um eine Haltung beziehungsweise eine Denkweise (Mindset), die durch agile Praktiken unterstützt und gefördert wird. Diese Haltung basiert auf einem Gerüst an verinnerlichten, agilen Werten, die einen Kompetenzaufbau sowohl einfordern als auch unterstützen. Bereits im Jahre 2001 wurde durch siebzehn Hauptakteure aus dem Bereich der Softwareentwicklung das sogenannte agile Manifest formuliert, da die Kunden und deren Anforderungen immer anspruchsvoller und somit die Produkte und ihre Entwicklung komplexer wurden. Daraus entstanden Anstrengungen mit dem Ziel, diese Herausforderungen besser zu meistern. Zwischenzeitlich wurde dieses Wertegerüst in vielen Unternehmen auf die gesamten Arbeitsprozesse übertragen.

Modern Agile ist ein Ansatz, der sich bewusst von der Softwareentwicklung gelöst hat und versucht, die Werte des

---

[35] Häusling und Fischer (2014, S. 30).

Manifests allgemeingültig umzusetzen.[36] Moderne Agilität ist durch folgende Prinzipien der Wertegesellschaft geprägt:

Sie macht Menschen großartig: Organisationen legen den Fokus verstärkt auf die eigenen Mitarbeiter und versuchen, ihnen die bestmöglichen Voraussetzungen zu schaffen, um ihre Aufgaben zu erledigen. Dies stärkt die innere Motivation und führt zu engagierten Menschen, die ihr Bestes für den gemeinsamen Erfolg geben.

Sie liefert fortlaufend Wertvolles: Die schnelle Lieferung eines Mehrwerts für interne als auch externe Kunden fördert Vertrauen und Zusammenarbeit. So ist es möglich, partnerschaftlich an Themen zu arbeiten und das Feedback von Kunden flexibel in die Arbeit einfließen zu lassen. Dies führt zu besseren Ergebnissen, da der Kunde genau das bekommt, was er will.

Sie macht Sicherheit zu einer Grundvoraussetzung: Damit Menschen ihre ganzen Stärken ausspielen und für ihre Organisation einsetzen können, müssen sie sich in ihrem Umfeld auch sicher fühlen. Selbst organisiertes Arbeiten im direkten Kontakt mit dem Kunden erfordert mutiges Auftreten. Das ist nur möglich, wenn der Mitarbeiter sicher ist, auch in schwierigen Fällen die volle Rückendeckung seiner Kollegen und der gesamten Organisation zu haben.

Sie experimentiert und lernt zügig: In Umgebungen, die sich immer schneller verändern, ist es notwendig, sich entsprechend weiterzuentwickeln. Dies ist nur möglich, wenn die Mitarbeiter experimentieren, kontinuierlich lernen und sich laufend weiterentwickeln können. Dadurch sind sie immer auf dem aktuellen Stand und lernen, mit neuen Herausforderungen flexibel und pragmatisch umzugehen. Die Anforderung der Agilität hat zur Folge, dass gepauktes Wissen auf Vorrat und Fertigkeiten zunehmend weniger gefragt sind. Gesucht sind vielmehr Werte und Kompetenzen, sich

---

[36] Vgl. Sauter et al. (2018, S. 18 ff.).

schnell verändernden, heute oftmals unbekannten Rahmenbedingungen, wechselnden Anforderungsprofilen sowie Herausforderungen anzupassen.

Sie setzt Teamarbeit voraus: Deshalb gilt nicht der einzelne Mitarbeiter, sondern das Team als die kleinste Einheit. Dies bedeutet jedoch nicht, dass das Individuum keine Bedeutung in Bezug auf die Agilität hat. Im Rahmen selbstorganisierter Arbeitsprozesse ist es vielmehr notwendig, dass die Individuen gemeinsam die Verantwortung übernehmen und in einem Teamsetting Lösungen entwickeln. Die Teammitglieder, die sich regelmäßig austauschen, lernen voneinander und entwickeln sich dadurch weiter.

Humanität, Wertearbeit, Sicherheit, Lernoffenheit, Gemeinschaftlichkeit sind durch die Agilität in die Wertegesellschaft eingebrachte wichtige Werte.

In der unternehmerischen Praxis haben sich zwischenzeitlich eine Vielzahl von agilen Methoden, wie *Scrum, Kanban, Pulse, Design Thinking, Holokratie, Lean Start-up* oder das *kollegial geführte Unternehmen*,[37] durchgesetzt. Viele weitere Ansätze und Bewegungen, wie beispielsweise *Responsive Org*,[38] *Teal Organization*[39] oder *Soziokratie*,[40] die auf dem Prinzip der Agilität basieren, führen diese Methoden konsequent weiter.

Entscheidend für den Erfolg agiler Methoden in der Praxis sind die Mitarbeiter, die diese Methoden anwenden. Auch wenn eine agile Methode optimal eingeführt wurde,

---

[37] Vgl. dazu Sauter et al. (2019, S. 21 ff.).

[38] Responsive Organization: Organisation, die schnell lernt und reagiert, indem sie den offenen Informationsfluss optimiert, Experimente und Lernen in schnellen Zyklen fördert und sich als Netzwerk von Mitarbeitern, Kunden und Partnern organisiert, die durch gemeinsame Ziele motiviert sind, vgl. ebenda S. 21.

[39] Teal Organization: Organisation, die durch Selbstführung, evolutionären Sinn und Ganzheitlichkeit geprägt ist, vgl. ebenda S. 21.

[40] Soziokratie: Organisationsform auf Basis des systemischen Ansatzes, in der konsequent Selbstorganisation umgesetzt werden kann, vgl. ebenda S. 21.

das Team aber die notwendigen Werte nicht verinnerlicht hat, wird das mögliche Potenzial dieser Ansätze nicht ausgeschöpft. Es ist sogar davon auszugehen, dass die erzielten Effizienzsteigerungen bald wieder auf das ursprüngliche Niveau oder gar darunter sinken. Nur Mitarbeiter, Teams und Organisationen, die sowohl die Werte als auch die Prinzipien agilen Arbeitens und Lernens verinnerlicht haben, werden eine kulturelle Veränderung und damit eine Steigerung der Performanz erreichen. Alle agilen Ansätze sind deshalb wertebasiert und versuchen eine Kultur in der Organisation zu etablieren, in der jeder Mitarbeiter als Sensor seine eigenen Wahrnehmungen aufnimmt und diese zu verarbeiten sucht, um sie für die Organisation einzusetzen.

Agile Mitarbeiterentwicklung hat zum Ziel, den selbstorganisierten Aufbau von Werten und Kompetenzen der Mitarbeiter zu ermöglichen, damit sie sich kontinuierlich an ihre komplexe, turbulente und unsichere Zukunft anpassen können.[41] Entsprechend muss sich die betriebliche Lernwelt verändern. Wir bevorzugen in diesem Zusammenhang den Begriff Entwicklung, weil er im Gegensatz zum Lernen den ganzen Menschen in seinem Fühlen, Denken und Handeln umfasst und sich nicht nur auf Fachziele oder -inhalte bezieht. Diese Mitarbeiterentwicklung zielt damit auf den selbstorganisierten Aufbau von agilen Werten und Kompetenzen.

Voraussetzung dafür ist die Entwicklung einer agilen Entwicklungskultur. Diese ist geprägt durch die Übertragung herausfordernder Arbeitsaufgaben und Projekte mit hoher Fehlertoleranz auf die Mitarbeiter. Die Bearbeitung dieser Herausforderungen wird beispielsweise durch agile Werte bestimmt wie[42]

---

[41] Nach Häusling und Fischer (2014, S. 3).
[42] Sauter, Sauter, Wölfig S. 72.

- *Mut*, die Bereitschaft, Entscheidungen zu treffen und neue Wege selbstorganisiert zu gehen;
- *Fokus*, die Konzentration auf die vereinbarten Praxisaufgaben und -projekte, um zielorientiert und kreativ zu arbeiten und zu lernen;
- *Commitment*, um im Rahmen verbindlicher Vereinbarungen Verantwortung zu übernehmen;
- *Respekt*, sodass die Mitarbeiter ihre Entwicklungspartner achten und sie als gleichwertig betrachten;
- *Offenheit*, die durch die Bereitschaft geprägt ist, auf Veränderungen zu reagieren, sich mit Entwicklungspartnern offen auszutauschen und sein eigenes Wissen zu teilen;
- *Wertschätzung*, sodass jeder Mitarbeiter sein Bestes im Sinn des Teams und der Organisation leistet und wertschätzendes Feedback gibt und erfährt, sowie
- *Vertrauen*, das jedem Mitarbeiter grundsätzlich entgegengebracht wird.

Agile Mitarbeiterentwicklung basiert auf der Selbstorganisationsfähigkeit im Prozess der Arbeit. Dies erfordert anstatt vorgegebener Curricula individuelle Werte- und Kompetenzziele, die der Mitarbeiter selbst formuliert. Sie zielt nicht mehr auf vorgegebene Inhalte oder Methoden, sondern will die Entwicklung der Mitarbeiter als Ganzes, um ihnen den Aufbau ihrer individuellen Werte und Kompetenzen zur selbstorganisierten Bewältigung von Herausforderungen in agilen Arbeitsprozessen, und damit ihrer Performanz, zu ermöglichen. Dies ist nur bei der selbstorganisierten Bewältigung realer Herausforderungen in individuellen und kollaborativen Entwicklungsprozessen möglich.

Die Werte- und Kompetenzentwicklung der Mitarbeiter setzt die notwendige Interiorisation, die emotionale Verankerung von Werten und die damit erfolgende emotionale

Imprägnierung des Informations- und Handlungswissens über dissonante, widersprüchliche, emotional anrührende, also labilisierende Situationen voraus. Dies ist aber nur in der Praxis über Transferaufgaben, Praxisprojekte oder Herausforderungen am Arbeitsplatz möglich. Man kann Wertungen, man kann Werte noch so oft predigen, gleich ob es sich um religiöse, kulturelle, ethnische, ethische, politische oder unternehmensbezogene handelt, ihre Wirkung muss in emotional anrührenden Situationen selbst erfahren, selbst erlebt werden. Deshalb ist es so wichtig, der Praxis den höchsten Stellenwert bei der Entwicklung von Werten und Kompetenzen zuzuschreiben und jedem zu misstrauen, der behauptet, er könne diese Anforderungen auf dem Wege der Wissensweitergabe oder Qualifizierung fördern. Die volle, die wirkliche Lebenspraxis bildet das Eingangstor zur Wertegesellschaft.

Nicht überall, wo Werte- und Kompetenzentwicklung drauf steht, ist auch Werte- und Kompetenzentwicklung drin.[43] Da dies mit dem tradierten Vorratslernen nicht zu leisten ist, ist ein Paradigmenwechsel in der betrieblichen Mitarbeiterentwicklung erforderlich. Die notwendigen Fähigkeiten für die Herausforderungen der Wertegesellschaft können nicht in tradierten Lehrsystemen, zum Beispiel in Seminaren oder Workshops, vermittelt werden, auch wenn dies immer wieder behauptet wird.[44]

Die Unternehmen benötigen anstatt der heutigen zentralistischen Personalentwicklung ein Werte- und Kompetenzmanagement, das es den Mitarbeitern gezielt ermöglicht, die erforderlichen Kompetenzen selbstorganisiert und kreativ im Arbeitsprozess und im Netz aufzubauen. Dabei

---

[43] Dabei können sogenannte agile Lernformate, wie *Hackathon, Working Out Loud, Rotation Days* (regelmäßiger Austausch von Mitarbeitern zwischen Teams) oder *TED Talks* nützlich sein, ersetzen aber keine Konzeption für Social Workplace Learning.

[44] Vgl. Erpenbeck et al. (2017), Reinmann (2017).

wachsen Arbeiten und Lernen zusammen. Dies setzt veränderte Arbeitsmethoden und Lernarrangements für personalisierte Werte- und Kompetenzentwicklungsprozesse im Arbeitsprozess, digitalen Ermöglichungsraum für kollaboratives Arbeiten und Lernen sowie ein Veränderungsmanagement mit dem Ziel der Selbstorganisation voraus. Die gezielte Werte- und Kompetenzentwicklung erfordert damit maßgeschneiderte, unternehmensspezifische Lernräume, die die Mitarbeiter selbstorganisiert nutzen können.

Das Corporate Learning in den Unternehmen wird zunehmend durch individuelle Werte- und Kompetenzziele bestimmt, die in Transferaufgaben oder in Praxisprojekten erreicht werden sollen. Dies wird ermöglicht, indem die Mitarbeiter mit Hilfe einer professionellen Werte- und Kompetenzerfassung auf Basis ihrer selbstdefinierten Werte- und Kompetenzziele mit ihrer Führungskraft herausfordernde Praxis- und Projektaufgaben definieren, in denen sie ihre Werte und Kompetenzen selbstorganisiert und eingebunden in ein Netzwerk bearbeiten. Die Entwicklungskonzeptionen umfassen auch agiles Lernen in Anwendungsbereichen, die vorab mit der Führungskraft oder dem Lernbegleiter abgestimmt wurden. Dabei wird der wertefreie Wissensaufbau in Blended-Learning-Arrangements mit praxis- und projektorientiertem Lernen zum Aufbau von wertebeladenem Erfahrungswissen zunehmend kombiniert. Die Lernprozesse sind weiterhin teilweise fremdgesteuert, werden aber durch selbstorganisierte Phasen der Wissenserarbeitung sowie Werte- und Kompetenzlernphasen bestimmt. Eine zentrale Rolle in den selbstorganisierten Entwicklungsprozessen nehmen menschliche Lernpartnerschaften ein, die systematisch in die Lernkonzeptionen eingebunden werden. Das Erfahrungswissen wird in Communities of Practice ausgetauscht und gemeinsam weiterverarbeitet.

Diese Trends haben Konsequenzen für die Lebensrealitäten und die Ansprüche der Mitarbeiter. Die Studie „Wertewelten Arbeiten 4.0" auf Basis von 1200 IT-gestützten qualitativen Interviews des BMAS[45] unterscheidet sieben idealtypisch beschriebene Wertewelten mit in sich geschlossenen Sichtweisen auf das Thema Arbeiten.

Übertragen auf unser Wertemodell®[46] fand die größte Zustimmung der Wert *Sicherheit*, in einer sicheren Gemeinschaft sorgenfrei von der Arbeit leben zu können. Weitere Werte sind *Gemeinnutz*, eine Arbeitswelt, die durch Loyalität, Wertschätzung der Leistungen und Teilhabe an der Solidargesellschaft gekennzeichnet ist; *Lebensstandard*, den jeder erreichen kann, der sich anstrengt; *Verantwortung* für die Bewältigung von Herausforderungen in der Arbeitswelt 4.0; *Ideale*, die Mitarbeiter im Arbeitsprozess selbst verfolgen können; *Familie*, indem sie ihre Arbeit mit ihren persönlichen Verhältnissen, individueller Selbstverwirklichung und gesellschaftlicher Mitgestaltung vereinbaren können, sowie *Ideale*, die sie auch außerhalb der Arbeit anstreben können.

In wenigen Jahren, wenn sich Systeme mit Künstlicher Intelligenz (KI) durchsetzen, werden Entwicklungsprozesse in erster Linie durch aktuelle Praxisprobleme oder Projektaufträge bestimmt, die die Lerner mithilfe ihres Lernpartners Computer und menschlicher Lernpartner selbstorganisiert lösen. Im Rahmen fiktiver Realitäten können auch geplante Werte- und Kompetenzlernprozesse initiiert werden, da die Lerner in diesen Simulationen bzw. Spielsituationen nicht mehr zwischen Fiktion und Realität unterscheiden. Die Mitarbeiter planen und organisieren ihre Lernprozesse selbst. Sie reflektieren regelmäßig ihre persönlichen Werte und Kompetenzen aus strategischer, ganzheit-

---

[45] Vgl. Bundesministerium für Arbeit und Soziales (2018).
[46] (2020a).

licher Sicht. Daraus leiten sie, eventuell in Abstimmung mit ihren Führungskräften, persönliche Werte- und Kompetenzziele ab. Berufliche und persönliche Wertesphäre vermischen sich in der modernen Wertegesellschaft immer mehr. Ob man das positiv oder negativ bewertet, muss jeder für sich entscheiden.

Unternehmen und Organisationen: Problematische Beiträge zur Wertegesellschaft

Sieben Jahre, nachdem in einem Vorort der Hauptstadt von Bangladesch, Dhaka, ein Fabrikgebäude einstürzte, bei dem 1127 Arbeiterinnen und Arbeiter starben sowie über 2400 verletzt wurden, hat sich trotz vielfältiger Bemühungen wenig verändert. Warum fällt es den Konsumenten immer noch leicht, sich mehrere Jeans in einem Jahr zu kaufen, wo sie doch wissen, dass eine einzige Hose einen Verbrauch von 8000 Litern Wasser verursacht? Wieso bieten Supermärkte und andere Warenhäuser T-Shirts für drei Euro an? Irgendwer muss doch die Baumwolle säen und pflücken, einer muss sie spinnen, einer färben, wieder ein anderer nähen und so weiter. Der Erfolg der Textilindustrie, mit 35 Mrd. Jahresumsatz eine unserer umsatzstärksten Branchen in Deutschland, basiert dabei weiterhin in großem Maße auf Menschenausbeutung und undurchsichtigen Lieferketten.

Auch in anderen Ländern werden die Hersteller der Produkte ausgebeutet. In Äthiopien erhalten Näherinnen beispielsweise 23 Euro Basislohn, im Monat! Die Erzeuger von Schokolade bekommen 7 Cent vom Preis einer Tafel. Bei Bananen liegt der Erzeugerpreis bei 14 Cent je Kilo …[47]

---

[47] Vgl. Kiyak (2019).

Mehr als 70.000 Tote hat der Krieg im Jemen bis Anfang 2020 in drei Jahren durch Bomben auf jemenitische Städte, Dörfer, Schulen, Hochzeitsfeiern und Beerdigungen gefordert. Dabei ist dieser Krieg vor allem auch ein europäischer und amerikanischer Krieg. Die Bomben kommen vor allem aus den USA und Großbritannien, die Kampfflugzeuge aus Deutschland, Großbritannien und Spanien, die Ausbildung der Piloten erfolgte in Großbritannien und in den USA, die Radartechnik stammt aus Deutschland und Frankreich, die Munition stammt aus einer von Deutschen gebauten Rüstungsfabrik, Motoren für Militärfahrzeuge wurden in Deutschland produziert, Hubschrauber in Frankreich und Deutschland – die Liste ließe sich fortsetzen. Die tödliche Technik ist oft Made in Europe.[48]

Die Wirtschaftskriminalität sorgt trotz verschärfter Gesetze branchenübergreifend für hohe Umsatzverluste. In Deutschland liegen diese laut einer vom Institut der deutschen Wirtschaft (IW) Köln vorgelegten Studie mit 853 Unternehmen bei rund 18 %. Korruption mit 412 Mrd. und unerlaubte Kartelle mit 472 Mrd. Euro richten dabei den größten Schaden an. Jedes zweite Unternehmen rechnet wegen Bestechung und Schmiergeldern im geschäftlichen Verkehr mit Einbußen von bis zu 30 %. In den Fällen verbotener Kartellabsprachen gehen die Unternehmen sogar von Verlusten in Höhe von 40 % aus. Wie die IW-Forscher erläutern, steigt mit der Zahl der Mitarbeiter auch die Anfälligkeit für Preis- und Mengenabsprachen deutlich an. Die Ergebnisse zeigen, dass Korruption, Kartelle und Schwarzarbeit selbst in gut entwickelten, erfolgreichen Volkswirtschaften eine größere Gefahr darstellen, als vielfach vermutet.[49]

Diese und andere Beispiele zeigen, dass in vielen Bereichen der Wirtschaft ethisch-moralische und sozial-

---

[48] Vgl. Funk (2019).
[49] Vgl. Institut der deutschen Wirtschaft (2019).

weltanschauliche Werte sowohl auf Seiten der Unternehmen als auch der Konsumenten eine geringe Bedeutung haben. Es dominieren Nutzenwerte wie Belohnung und Lebensstandard, während Werte wie Verantwortung, Respekt, Norm und Gesetz sowie Gemeinnutz, aber auch Ideale in den Hintergrund rücken.

Durch die Werteorientierung eröffnen sich für Unternehmen aber auch neue Gestaltungsräume, indem sie Wertebewusstsein, auch im gesellschaftlichen und ökologischen Sinne, zu ihrem Wettbewerbsfaktor machen. Kunden müssen sich sicher fühlen, dass ihre persönlichen Daten nicht missbraucht werden, Geschäftspartner sollen sich darauf verlassen können, mit einem fairen Partner zu handeln. Damit solche Werte für alle Unternehmen verbindlich werden, hat zum Beispiel die Otto Group eine europaweite Initiative zur Corporate Digital Responsibility gestartet, mit der sie verschiedene Player aus Wirtschaft, Wissenschaft, Politik, Medien und Zivilgesellschaft an einen Tisch holt, um eine digitale, soziökologische Marktwirtschaft voranzutreiben. Das Ziel ist, den Diskurs zur Digitalisierung zu versachlichen, das Schüren von Ängsten und Gegeneinanderausspielen von Staat und Wirtschaft hinter sich zu lassen. Es geht darum, die Chancen der Digitalisierung zu heben, die Risiken zu minimieren und in diesem Rahmen die freiheitliche demokratische Gesellschaftsordnung weiter voranzubringen, um innovativ zu sein und sich trotzdem an sinnvollen und menschenfreundlichen Werten zu orientieren.[50]

Die Plattform Fashion for Good,[51] ursprünglich initiiert von der C&A Foundation und dem weltweit größten Accelerator Plug and Play, einer Instituion, die die Entwicklung

---

[50] Otto Group Geschäftsbericht 2018/19, https://www.ottogroup.com/media/docs/de/geschaeftsbericht/Otto_Group_Geschaeftsbericht_2018_19_DE.pdf. Zugegriffen am 16.02.2020.

[51] https://fashionforgood.com/about-us/. Zugegriffen am 17.02.2020.

von Start-up-Unternehmen fördert, ist ein Zusammenschluss großer Player in der Textilwirtschaft und der digitalen Welt. Gute Mode ist für die Mitglieder keine Mode, die einfach nur gut aussieht, sondern fünf Bedingungen erfüllt:

- *Gute Materialien* – sicher, gesund und für Wiederverwendung und Recycling konzipiert
- *Gute Wirtschaft* – wachsend, kreisförmig, geteilt und zum Nutzen aller
- *Gute Energie* – erneuerbar und sauber
- *Gutes Wasser* – sauber und für alle verfügbar
- *Gutes Leben* – Lebens- und Arbeitsbedingungen, die gerecht, sicher und würdig sind

Getragen wird diese Plattform u. a. von Adidas, PVH, der Otto Group oder der Galeries Lafayette Group. Im Alltagsgeschäft konkurrieren diese Konzerne durchaus. Die Idee der Plattform ist jedoch, die unterschiedlichen Akteure – Marken, Einzelhändler, Lieferanten, gemeinnützige Organisationen, Entwickler, Geldgeber und die Öffentlichkeit – zu vernetzen, um gemeinsam Lösungen zu finden. Das Ziel ist, Textilien ohne Ausbeutung, Umweltverschmutzung und sinnlose Ressourcenverschwendung zu ermöglichen. Ein Team von Analysten sucht über die verschiedenen Stufen der textilen Herstellung nach innovativen Lösungen für Baumwollanbau, Herstellung synthetischer Fasern, Faser- und Textilproduktion, Flächenherstellung oder Färben und Waschen bis hin zum ökologischen Umgang mit der Mikroplastikablagerung in der Hauswäsche. Die Initiative „Take Action. Change Fashion" richtet sich aber auch an die Kunden. Diese werden aufgefordert, beim Kauf weniger auf Masse denn auf Qualität zu achten, alte Kleidung weiterzugeben oder dem Lieblingslabel mit Nachfragen zu Produktionsbedingungen auf den Zahn zu fühlen. Bis zum Jahr 2022 sollen durch die Bemühungen von Fashion for Good jährlich fast 15 Mio. Tonnen CO_2 eingespart werden.

Technische Innovationen und Kreativität, das weitere Wachstum unseres Wissens sind notwendige Voraussetzungen der Zukunftsfähigkeit, reichen alleine aber bei Weitem nicht aus. Dies wird am sogenannten Reboundeffekt deutlich, bei dem alle Umweltentlastungen durch das noch schnellere Wachstum des Konsums und der Umsätze neutralisiert werden. Deshalb muss zugleich mit dem wissensmäßigen und technischen Wandel eine Veränderung der Werte erfolgen, die dem Fortschritt eine grundlegend neue soziale Richtung gibt.

> Im Bereich der Ökonomie ist davon auszugehen, dass die zunehmende Komplexität und Dynamik der betrieblichen Herausforderungen dazu führen, dass kollaboratives Arbeiten und Lernen zu den wichtigsten Handlungsformen in Unternehmen, aber auch im gesellschaftlichen Bereich werden, was ebenfalls eigene, angepasste Werte erfordert. Studien zeigen, dass Unternehmen und Organisationen, die den Einsatz von Social Media stark fördern, einen höheren Nutzen feststellen als Unternehmen, die in diesem Bereich noch nicht so weit entwickelt sind.

Unternehmen und Organisationen: Ihre Kulturen in der Wertegesellschaft

„Alle meine Erfahrungen zeigen, dass … Organisationen mächtige Kulturen entwickeln, die das Denken und Verhalten aller Mitarbeiter bestimmen" stellte der Organisations- und Managementpsychologe Edgar Schein fest.[52]

Kulturen wurden durch Parsons und Shils bereits 1951 als Systeme beschrieben, die durch bestimmte Charakteristika, insbesondere durch ihre Werte, gekennzeichnet sind. Dadurch

---

[52] Schein (2010, S. 13).

werden sie einzigartig.[53] Unternehmen benötigen das Vertrauen ihrer Stakeholder einschließlich der Öffentlichkeit, damit ihr Handeln glaubwürdig und authentisch erscheint. Verlieren Sie dieses Vertrauen, kann dies existenzbedrohend sein, z. B. wenn Investoren den Glauben an die Zukunftsfähigkeit verlieren und ihr Kapital abziehen oder wenn kompetente Mitarbeiter die Organisation nicht mehr als attraktiv empfinden. Haben die Mitarbeiter kein Vertrauen mehr, sodass Zukunftsängste entstehen, und identifizieren sie sich nicht mehr mit dem Unternehmen, entwickeln sich „innere Kündigungen" bis hin zur bewussten Schädigung des Unternehmens.[54]

„Der Begriff der Kultur ist ein Wertbegriff".[55]

Auf diese Feststellung Max Webers haben wir bereits öfter zurückgegriffen.

In Bezug auf die Wertesphäre von Unternehmen und Organisationen können wir beobachten, dass die Menschen zunehmend sensibler geworden sind im Hinblick auf die darin „gelebten" Werte. Auch können sie durch die gesteigerte Transparenz immer leichter feststellen, ob die behaupteten Werte der Unternehmenskultur mit den „gelebten" Werten tatsächlich übereinstimmen.[56]

> Werte erfahren aktuell aufgrund der ökologischen Krise, aber auch technologischer Sprünge und dem damit verbundenen Zuwachs menschlicher Fähigkeiten einen bisher nicht thematisierten Bedeutungszuwachs.

---

[53] Vgl. Parsons (1951), vgl. auch Kroeber und Kluckhohn (1952, S. 1–23, 189).
[54] Vgl. Janke (2015, S. 30).
[55] Zit. nach Weiß (2010, S. 53).
[56] Vgl. Hemperl (2019, S. 185–207).

Im Zuge der digitalen Revolution werden wir Menschen immer handlungsmächtiger und können mithilfe zunehmend leistungsfähigerer Software Herausforderungen mit wachsender Komplexität bewältigen. Die digitale Transformation und die damit einhergehenden agilen Arbeitsmethoden stellen immer höhere Anforderungen an die Fähigkeiten zum selbstorganisierten Handeln der Mitarbeiter. Da die Mehrheit der Mitarbeiter jedoch in Arbeits- und Lernsystemen sozialisiert wurde, die durch Fremdsteuerung geprägt waren, und ihnen oftmals die notwendige Orientierung für selbstorganisiertes, eigenständiges Handeln fehlt, fällt es ihnen schwer, diesen Anforderungen gerecht zu werden.

Wir vernetzen uns gleichzeitig immer stärker mit Menschen aus völlig anderen Kulturen, die wir vorher nur schwer erreichen konnten, aber auch zunehmend mit Maschinen und Produkten, und steigern damit unsere Handlungsfähigkeiten weiter.

Unsere Welt wird unberechenbarer und die Unsicherheit sowie die Komplexität nehmen zu. Die Digitalisierung der Arbeitswelt schreitet voran und Arbeits- und Lernprozesse verändern sich dadurch zunehmend. Die Unternehmen haben schon längst auf diesen Trend reagiert und neue, agile Arbeits- und Lernmethoden eingeführt. Wir sind darauf bereits eingegangen. Im Arbeitsprozess setzen sich deshalb zunehmend vor allem Selbstorganisationsmethoden durch. Jedoch setzen Arbeitsmethoden der Selbstorganisation zwingend einen Kulturwandel voraus. Eine global angelegte Studie der Strategieberatung Capgemini Consulting[57] hat ergeben, dass 62 % der Teilnehmer der im März und April 2017 weltweit durchgeführten Umfrage die etablierte

---

[57] Vgl. Capgemini Consulting (2017).

Unternehmenskultur als eines der größten Hindernisse auf dem Weg zu einer digitalen Organisation sehen. In Deutschland liege der Wert mit 72 % sogar leicht darüber.

Zu ähnlichen Ergebnissen kamen Umfragen von den Unternehmensberatungen Etventure[58] und Bearing Point.[59] Auch hier wurde die aktuelle Unternehmenskultur, die durch die Verteidigung von bestehenden Strukturen geprägt ist, als größte Hürde für die Umsetzung der digitalisierten Transformation genannt. Ein wesentlicher Grund dafür liegt darin, dass die Digitalisierung und die damit einhergehenden agilen Arbeitsmethoden immer höhere Anforderungen an die Selbstorganisationskompetenzen der Mitarbeiter stellen.

Die digitale Transformation der letzten zwei Jahrzehnte hat fundamentale Veränderungen in unserer Gesellschaft bewirkt. Auf der einen Seite entstanden internationale, mächtige Organisationen, wie z. B. Google, Facebook oder Amazon. Andererseits entwickelten sich gemeinnützige und sich selbst organisierende Netzwerke, „Commons", wie z. B. Wikipedia oder die Open-Data-Bewegung, die einen enormen Einfluss in unserer Gesellschaft haben. Die Kultur der Digitalität bestimmt immer mehr unsere Kommunikation im persönlichen, betrieblichen oder politischen Bereich. Es haben sich dabei Netzwerke als eine Form eines neuen Gesellschaftstyps herausgebildet, die nach und nach die traditionellen, hierarchischen Organisationsmodelle ablösen und erweitern. Wichtige gesellschaftliche Funktionen werden heute in Netzwerken organisiert, die eine eigene Dynamik besitzen. Durch die Entwicklung des Internets wird dieser Trend zur Netzwerkgesellschaft befördert. Dies

---

[58] Vgl. Etventure (2019).
[59] Vgl. Bearing Point (2016).

hat tief greifende Konsequenzen für unsere Denk- und Handlungsweisen, unsere Kultur und damit auch für unser Lernen.

Das Verständnis von Kultur ist ebenso vielfältig wie die zahlreichen Manifestationen der Kultur selbst. In der Literatur finden sich etwa 150 verschiedene Definitionen von Kultur.[60]

> Als Unternehmenskultur verstehen wir ein System von gemeinsamen Werten sowie Normen und Denkhaltungen, die die Entscheidungen sowie das Handeln der Mitarbeiter auf allen Ebenen prägen und die sich als „gemeinsames mentales Modell erweist".[61]

Die Kultur ist dabei die Summe aller gemeinsamen, selbstverständlichen Werteannahmen, die eine Gruppe in ihrer Geschichte erlernt hat. Die Mitarbeiter leben in ihrer Unternehmenskultur, reflektieren sie aber oftmals nicht. Konkretisiert wird die Unternehmens- und Lernkultur letztendlich in den Handlungen, die sich aus den Werten der Mitarbeiter ableiten. Dabei gestalten und beeinflussen alle Mitarbeiter, aber auch Anteilseigner und Führungskräfte und Externe wie Lieferanten und Kunden die Unternehmenskultur mit. Jeder nimmt diese dabei in seiner eigenen Art wahr und alle beeinflussen sich gegenseitig in einer andauernden Wechselwirkung.[62]

Nach Edgar H. Schein (2010) können drei Ebenen der Kultur unterschieden werden:

---

[60] Vgl. Martz-Irngartinger (2010).
[61] Nach Schein (2010, Kap. 1.3).
[62] Vgl. Hempel (2019, S. 168).

- Die sichtbare Ebene zeigt sich durch Artefakte, z. B. Lernrahmen, Medien oder Symbole, sowie Handlungsweisen, z. B. durch Führungskräfte oder Coaches.
- Wertevorstellungen und Einstellungen zeigen sich z. B. durch rechtskonformes Handeln, diskriminierungsfreien Umgang miteinander oder aktive Weitergabe von Wissen.
- (Nicht hinterfragte und oft falsche) Grundannahmen zeigen sich z. B. dadurch, dass ältere Mitarbeiter angeblich kaum mit digitalen Lösungen umgehen oder mit neuen Medien lernen können.

Kultur ist damit die unausgesprochene soziale Ordnung eines Unternehmens. Sie prägt Überzeugungen und Handlungsweisen auf sehr unterschiedliche und nachhaltige Weise. Kulturelle Normen definieren, was von einer Gruppe unterstützt und gefordert wird und was nicht, und genauso, was sie akzeptiert oder ablehnt. Wenn eine Kultur gut auf die persönlichen Werte, Motivationen und Bedürfnisse abgestimmt ist, kann sie eine Menge Energie freisetzen. Sie kann helfen, sich flexibel und eigenständig an veränderte Gegebenheiten anzupassen und Chancen sowie Anforderungen zu erkennen und zu erfüllen.[63]

Die Kultur wird dabei jeweils durch Attribute geprägt, die in der Organisation akzeptiert sind:[64]

Sie ist *geteilt*, d. h. sie ist ein Gruppenphänomen, das sich in einem eigenen Prozess entwickelt. Deshalb ist sie nicht der Durchschnitt individueller Eigenschaften. Sie wird vor allem durch gemeinschaftliches Handeln sowie gemeinsame Werte geprägt und entwickelt sich jeweils in eigenen Prozessen. Deshalb sind die organisationalen oder teambe-

---

[63] Groysberg et al. (2018, S. 22).
[64] Ebenda, S. 22 ff.

zogenen Werte auch nicht die Summe der einzelnen Werte der Mitarbeiter.

Sie ist *allgegenwärtig* und durchdringt alle Ebenen, sodass sie sich in der gesamten Organisation auswirkt. Sie zeigt sich in kollektivem Verhalten, im physischen Umfeld, in Gruppenritualen, sichtbaren Symbolen, Erzählungen und Legenden, aber auch in Denkweisen, Motivationen und unausgesprochenen Haltungen. Eine besondere Rolle spielen mentale Modelle, mit denen die Mitarbeiter ihr Umfeld interpretieren und Lösungen entwickeln.

Sie ist *überdauernd* und entwickelt sich deshalb in einem sich selbst verstärkenden sozialen Muster, das in hohem Maß resistent gegen Wandel und äußere Einflüsse ist, weil sich im Lauf der Zeit dort Menschen sammeln, die sich zu der jeweiligen Kultur hingezogen fühlen.

Zudem ist Kultur *stillschweigend*, sodass sie meist instinktiv erfahren wird. Die Mitarbeiter leben in ihrer Organisationskultur, reflektieren sie aber oftmals nicht.

Zwischen der Wahrnehmung der Wirklichkeit und der Vorstellung der passenden Unternehmenskultur vermittelt ein ständiger Erkenntnis- und Wertungsprozess. Die Differenzen oder Widersprüche, die in diesem Wertungsprozess deutlich werden, münden in Regeln, Normen und verinnerlichten Werten, aber auch in verschiedenen kommunikativen Formen wie Bräuchen, Ritualen oder Artefakten wie Architektur, Formgestaltung oder Moden.

Die Unternehmenskultur bildet den handlungsprägenden Rahmen aller Mitarbeiter. Probleme entstehen meist dann, wenn die Unternehmenskultur, die nach außen kommuniziert wird, deutlich von der im Inneren gelebten abweicht. Die Gründe dafür können sein, dass es keine vereinbarte Unternehmenskultur gibt, dass eine angestrebte Unternehmenskultur nicht zum Leben erweckt wurde oder dass sich die Werte und Normen evolutionär entwickelt haben, sodass sie unreflektiert über einen längeren Zeitraum gewachsen sind. In jedem Fall ist es eine notwendige Voraussetzung für einen gezielten Veränderungsprozess, die organisationalen Werte, und damit die Unternehmenskultur, zu erfassen, zu analysieren und zu bewerten.

> Man kann Werte und Kulturen nicht „vermitteln". Man kann aber viel für die Wert- und Kulturentwicklung tun, sie ermöglichen, fördern, antreiben, verstetigen. Werte- und kompetenzorientierte Lernsysteme setzen eine Unternehmenskultur voraus, in der Führungs- und Lernkultur eine Einheit bilden.

Unternehmen und Organisationen: Nachhaltigkeit als Schlüsselwert der Wertegesellschaft

„Eine Firma kann gute Löhne zahlen, Luft und Wasser schonen, Betriebskitas finanzieren – während dessen Zulieferer Regenwälder abholzen!"[65]

1986 wurde auch in Deutschland der Begriff des „Shareholder Value", vor allem durch ein Buch von Alfred Rappaport,[66] bekannt. Diesem *Shareholder-Ansatz* liegt die Prämisse zugrunde, dass Unternehmen, die sich am Gewinnziel bzw. an der Maximierung des Aktienkurses orientieren, durch die damit erzielte optimale Kapitalallokation auch ihrer gesellschaftlichen Verantwortung gerecht würden. Die Umsetzung dieses theoretischen Konzeptes ließ in der Praxis nicht lange auf sich warten. So definierte der damalige Vorstandsvorsitzende Josef Ackermann für die Deutsche

---

[65] Vgl. Oermann und Hauser (2020).
[66] Vgl. Rappaport (1986).

Bank AG das Ziel einer Eigenkapitalrendite von 25 %, was sich nicht nur als völlig unrealistisch erwiesen hat, sondern den Keim für die späteren kriminellen Machenschaften im Investmentbanking dieses Finanzdienstleisters mit legte.

Mit dem *Stakeholder-Ansatz* wurde diese verengte Sichtweise auf eine breitere Basis gestellt. Edward Freeman, der am meisten zitierte Autor der Stakeholder-Literatur, erfasste mit diesem Begriff neben den Eigentümern alle von den Entscheidungen der Unternehmen Betroffenen, wie Mitarbeiter, Führungskräfte, Kunden, Lieferanten oder Kreditgeber, sowie alle, die auf sie Einfluss nehmen können, z. B. die Öffentlichkeit, staatliche Institutionen, Mitbewerber oder Verbände und Interessenvertretungen.[67] Das Unternehmen wird als Organisation betrachtet, in der verschiedene Interessengruppen (Stakeholder) zusammenwirken. Das Management vermittelt zwischen den unterschiedlichen Gruppen, um das Zusammenwirken aller im Rahmen der unternehmerischen Leistungserstellung zu sichern und um die Verteilung des erwirtschafteten Unternehmenserfolgs zu regeln.

Der Berliner CSR-Konsens zur *Unternehmensverantwortung in Liefer- und Wertschöpfungsketten* wurde vom Nationalen CSR-Forum der Bundesregierung beschlossen, einem Multi-Stakeholder-Gremium, welches die Bundesregierung in Fragen der Unternehmensverantwortung berät.[68] Er ist das erste einvernehmlich beschlossene Dokument aller für CSR relevanten Stakeholder in Deutschland, das die Anforderungen an ein verantwortliches Management von Liefer- und Wertschöpfungsketten in einer globalisierten Wirtschaft beschreibt. Das Ziel ist es, Unternehmen branchenübergreifend Werteorientierungen zu geben, wie die

---

[67] Vgl. Freeman (1984).
[68] Nationales CSR-Forum der Bundesregierung (2018).

unternehmerische Verantwortung im Hinblick auf soziale, ökologische und menschenrechtliche Sorgfalt angemessen ausgeübt werden kann. Aus dieser Aktion sind Initiativen wie der Grüne Knopf,[69] das Bündnis für nachhaltige Textilien[70] oder das Forum nachhaltiger Kakao[71] entstanden.

Mit der im Jahr 2015 verabschiedeten Agenda 2030 hat sich die Weltgemeinschaft unter dem Dach der Vereinten Nationen zu siebzehn globalen Zielen – „Sustainable Development Goals" (SDG) – für eine bessere Zukunft verpflichtet (Tab. 1). Leitbild der Agenda 2030 der Bundesregierung, das darauf aufbaut, sind die Werteziele, weltweit ein menschenwürdiges Leben zu ermöglichen und gleichzeitig die natürlichen Lebensgrundlagen dauerhaft zu bewahren. Dies umfasst ökonomische, ökologische und soziale Aspekte. Dabei unterstreicht die Agenda 2030 die gemeinsame Verantwortung aller Akteure: Politik, Wirtschaft, Wissenschaft, Zivilgesellschaft – und jedes einzelnen Menschen.[72]

Die SDG setzen somit auch Maßstäbe für werteorientiertes Unternehmertum. Sie stellen Unternehmen vor neue Herausforderungen und bieten gleichzeitig die Chance, sich zu positionieren, neue Geschäftsfelder zu erschließen und zu einer nachhaltigen Entwicklung beizutragen. Beispiele dafür können erneuerbare Energien, Verzicht auf Kinder- und Zwangsarbeit, hohe Standards bei der Arbeitssicherheit oder ein angemessenes Einkommen, aber auch die Verhinderung von Korruption und Bestechung sowie die Verknüpfung von Vorstandsvergütungen mit Nachhaltigkeitszielen sein.[73]

---

[69] https://www.gruener-knopf.de
[70] https://www.textilbuendnis.com
[71] https://www.kakaoforum.de
[72] https://www.bundesregierung.de/breg-de/themen/nachhaltigkeitspolitik/die-un-nachhaltigkeitsziele-1553514
[73] Vgl. Oermann und Hauser (2020, S. 44 ff.).

Tab. 1 Nachhaltigkeitsziele der Vereinten Nationen

Keine Armut	Kein Hunger	Gesundheit und Wohlergehen	Hochwertige Bildung	Geschlechtergleichheit	Sauberes Wasser und Sanitäreinrichtungen
Bezahlbare und saubere Energie	Menschenwürde, Arbeit und Wirtschaftswachstum	Industrie, Innovation und Infrastruktur	Weniger Ungleichheiten	Nachhaltige Städte und Gemeinden	Nachhaltiger Konsum und Produktion
Maßnahmen zum Klimaschutz	Leben unter Wasser	Leben an Land	Frieden Gerechtigkeit und starke Institutionen	Partnerschaften zur Erreichung der Ziele	

Dass dies nicht nur Wunschdenken ist, zeigt eine Befragung der Industrie- und Handelskammer München, wonach fast drei Viertel der Unternehmen, die die SDG kennen, den Nachhaltigkeitszielen der Vereinten Nationen eine hohe oder sehr hohe Bedeutung für ihr Unternehmen beimessen. Die SDG erleichtern danach die Ausrichtung der Unternehmensstrategie auf die Bedürfnisse der Gesellschaft, zeigen neue Innovationsfelder auf und erschließen neue Märkte. Befragt nach ihrem möglichen Beitrag zu diesen Nachhaltigkeitszielen setzen die Unternehmen Ziele wie „Menschenwürdige Arbeit und Wirtschaftswachstum" und „Forderung einer belastbaren Infrastruktur nachhaltiger Industrialisierung und Innovationen" auf die vorderen Ränge. Ein Großteil der Unternehmen sieht seinen Beitrag jedoch auch in sozialen und ökologischen Handlungsfeldern, allen voran zu den Zielen „Gleichstellung der Geschlechter" und „Maßnahmen zum Klimaschutz".[74]

Nachhaltig geführte Unternehmen zeichnen sich vor allem durch sieben Wertemerkmale aus:[75]

Übergeordneter, höherer Sinn – „Purpose": Der Begriff Purpose stammt aus der angloamerikanischen Motivationsforschung und kann mit Sinn, Sinnerfüllung, Sinnziele oder Zweck beschrieben werden.[76] In nachhaltigen Unternehmen basiert deren Orientierung auf ihrem Purpose, mit der die Sinnhaftigkeit, das „Wozu?", aber auch Zweck und Orientierung des konkreten unternehmerischen Handelns beschrieben wird.[77]

Die Vision und Mission beschreiben dagegen das „Wohin?", die verbindenden Werte, die es als Ordner des selbst-

---

[74] Industrie- und Handelskammer München und Oberbayern (2017).
[75] Goffin (2020, S. 242 ff.).
[76] Vgl. Ayberk et al. (2017, S. 183).
[77] Vgl. Bucholz et al. (2019, S. 12 ff.).

organisierten Handelns ermöglichen, innovative Produkte, Dienstleistungen und Prozesse mit gesellschaftlichem Wert zu schaffen. Diese Kultur schafft ein Gefühl der Zugehörigkeit, auch in Unternehmen, die global und dezentral organisiert sind. Eine starke Unternehmenskultur bildet gleichzeitig einen immateriellen Vermögenswert, der durch Wettbewerber nicht kopiert werden kann.

Langfristiges Denken und Handeln: Werteorientierte Investitionen, insbesondere in die Mitarbeiter, sind wichtiger als kurzfristige Gewinnoptimierung. Unternehmen, deren Mitarbeiter sich mit ihnen identifizieren, haben sich langfristig als erfolgreicher erwiesen, weil Demotivation, Leistungsverweigerung, Weggang kompetenter Mitarbeiter und die verminderte Attraktivität an den Arbeits- und Produktmärkten erhebliche wirtschaftliche Konsequenzen haben.

Emotionales Engagement bedeutet, dass alle Führungskräfte, insbesondere aber das Topmanagement, sich aktiv im Prozess der Werte- und Kulturentwicklung („symbolische Führung") engagieren. Dadurch identifizieren sich auch die Mitarbeiter stärker mit ihrem Unternehmen, da sie einen emotional erfüllenden, gesellschaftlichen Nutzen erfahren.

Gesellschaftliches Engagement von Unternehmen, die sich für übergeordnete gesellschaftliche und staatliche Ziele engagieren, steigert die Attraktivität dieser Unternehmen für Mitarbeiter und Kunden.

Gesellschaftlicher Sinn, den Unternehmen als gesellschaftlichen Nutzen schaffen, eröffnet Chancen für neue Produkt- und Geschäftsinnovationen, weil ihnen durch Kunden und die Gesellschaft mehr Vertrauen entgegengebracht wird.

Vertrauen in Menschen und Beziehungen hat zur Folge, dass Mitarbeiter eigenverantwortlich und selbstorganisiert handeln und dadurch ein höheres Engagement und eine verstärkte Kreativität entwickeln. Es entstehen informelle

Netzwerke, die die formelle Unternehmensstruktur erweitern und neue Chancen eröffnen.

Die Welle der Nachhaltigkeitsziele erzeugt aber auch einen Zwang zur Selbsterklärung und Selbstrechtfertigung der Unternehmen, der sich teilweise in hohlen Ritualisierungen, Berichtskosmetik, Greenwashing (sich ein „grünes Mäntelchen" umhängen) oder sinnentleerten Wertekatalogen niederschlägt.[78] Nachhaltigkeitsberichte haben sich im Berichtswesen von Unternehmen etabliert und einen festen Platz im Corporate-Publishing-Mix eingenommen. In integrierter Form mit dem Geschäftsbericht oder als eigenständige Publikation informiert der Nachhaltigkeitsbericht über die Strategien, Projekte und Maßnahmen im Bereich Corporate Social Responsibility (CSR). Die Inhalte und sprachlichen Merkmale der Nachhaltigkeitsberichte zeigen, dass sie neben ihrer Informationsfunktion als imagebildende Publikation eingesetzt werden und somit auch eine Appellfunktion besitzen.[79]

Dabei haben viele Unternehmen das Problem, dass sie zwar in einigen Bereichen ihre Nachhaltigkeitsziele erreichen, dafür aber andere Problemfelder erst schaffen. Zunehmend setzt sich die Erkenntnis durch, dass mit einem werteorientierten Management auch wirtschaftliche Vorteile erzielt werden können. So können am Markt höhere Umsätze und Preise erzielt werden, wenn Produkte ökologisch wertvolle Eigenschaften aufweisen. Dies zeigt sich beispielsweise am Erfolg der Biobranche. Die Volkswagen AG wirbt wegen ihrer katastrophalen Erfahrungen mit dem „Dieselskandal" heute damit, dass sie ökonomische, soziale und ökologische Ziele gleichrangig und gleichzeitig anstrebt, um dauerhafte Werte zu schaffen, gute Arbeitsbedin-

---

[78] vgl. Oermann und Hauser (2020, S. 44).
[79] Vgl. Bucholz et al. (2019, S. 48 ff.).

gungen zu bieten und sorgsam mit Umwelt und Ressourcen umzugehen.[80]

Umweltverschmutzung, Kinderarbeit und sonstige Verfehlungen sind nicht nur Konsumenten zunehmend ein Dorn im Auge. Wie Unternehmen mit der Umwelt und mit Menschen umgehen, spielt für immer mehr Unternehmen wie beispielsweise die eben aufgeführten eine zentrale Rolle. Eine Studie von Bain & Company zeigte folgende Ergebnisse:[81] 15 % der Angestellten in Industrie- und Schwellenländern verzichten auf höheres Gehalt, um für ein „grünes" Unternehmen zu arbeiten; mehr als die Hälfte der unter 40-jährigen Jobsuchenden legt bei der Wahl eines Arbeitgebers Wert auf eine glaubwürdige Nachhaltigkeitsstrategie. Am wichtigsten sind ihnen der Verzicht auf Kinderarbeit, Senkung der Emissionen sowie umweltgerechtes Verhalten im Alltag; faire Arbeitsbedingungen und die Schonung der Umwelt liegen 70 % der Beschäftigten am Herzen.

> Nachhaltigkeit wird damit immer mehr zum Schlüssel für erfolgreiches Personalmanagement.

Jeder Einzelne, aber auch Organisationen und Teams verfügen heute über ein unvergleichlich höheres Potenzial zur Weiterentwicklung, wenn sie die Praxis der Konkurrenz verlassen und gegenüber den Kollegen, Kunden oder Lieferanten in einen Modus der Offenheit und Konstruktivität wechseln.

Der Wettbewerb der Zukunft erfordert werteorientierte Netzwerke auf Augenhöhe. Es geht um eine nächste Ent-

---

[80] https://www.volkswagenag.com/de/sustainability.html
[81] https://www.karriere.at/blog/csr-recruiting.html

wicklungsstufe von Ökonomie, die den Chancen und Herausforderungen gesamtsystemisch nachhaltig, sozial, innovativ und agil gerecht wird und dabei alle auf der Basis eines breiten gesellschaftlichen Konsenses mitnimmt. Das Ziel ist eine zukunftsweisende und hochattraktive Wirtschaftsweise, die auf Werten wie Teilhabe, Empathie, Transparenz, Resilienz, Nachhaltigkeit, gesamtsystemischer Verantwortung, individueller und kollaborativer Potenzialentfaltung, Selbstverantwortung und Subsidiarität aufbaut.[82]

Auf diesem Weg sind innovative Konzeptionen der Organisations-, Team- und Mitarbeiterentwicklung mit dem Ziel der Werte- und Kompetenzentwicklung erforderlich. Wir sehen dabei die Werte- und Kompetenzentwicklung als die Bildung der Zukunft! Erst der moderne Kompetenzbegriff erfasst die menschlichen Fähigkeiten, in offenen Situationen selbstorganisiert und kreativ zu handeln. Der so gefasste Kompetenzbegriff ist der moderne Bildungsbegriff. Werte bilden die Kerne von Kompetenzen und dienen den Mitarbeitern und Teams dabei als Ordner ihres selbstorganisierten Handelns. Die Wertegesellschaft vereinnahmt uns alle.

Unternehmen und Organisationen: Gezieltes Werte- und Kulturmanagement

„Kulturentwicklung braucht Leidensdruck. Wer gewachsene Wertevorstellungen ändern will, stößt an Gewohnheiten und eingefahrene Regeln, die Halt und Sicherheit versprechen."[83]

---

[82] Vgl. www.weq-alliance.net. Zugegriffen am 12.12.2019.
[83] Kobi (2005, S. 25).

Wenn sich eine Organisation entwickelt, dann verändert sie ihren Rahmen bzw. ihre Struktur, d. h. ihre Fähigkeiten und ihr konkretes Tun. Organisationale Entwicklung muss deshalb bei der Gestaltung der erforderlichen Strukturen und Rahmenbedingungen ansetzen. Es entwickelt sich das „Ganze" – und das ist bekanntlich nicht die Summe seiner Teile, sondern etwas anderes.[84]

Organisationales Werte- und Kulturmanagement
Veränderungsprojekte, die nur auf die Ausformulierung von hehren Leitbildern und Grundsätzen abzielen, können allein keine Veränderung auslösen. Die Mitarbeiter sehen, dass auf die proklamierten Wertelisten in Hochglanzbroschüren oder auf der Website keine Taten folgen und es macht sich Zynismus breit. Deshalb schaden solche Kulturinitiativen oft mehr, als sie nützen.[85]

Die Anpassung des Systems „Organisation" erfordert deshalb ganzheitliche Konzepte, die nicht einseitige, isolierte Lösungen anstreben. In diesem Zusammenhang muss insbesondere die Selbstorganisation der Organisationsmitglieder, die ihre Potenziale und ihr Wissen einbringen, gefördert werden. Organisationales Werte- und Kompetenzmanagement hat dabei das Ziel, die Werte und Kompetenzen der Organisation sowie der Teams und Mitarbeiter im Sinne der Unternehmensstrategie zu verändern, auch wenn diese manchmal im Widerspruch zu den individuellen Werten stehen.

> Organisationales Werte- und Kulturmanagement ist ein geplanter, gelenkter und systematischer Prozess mit dem Ziel, die organisationalen Werte und damit die Unternehmenskultur im sozialen System Organisation von innen heraus zu optimieren, damit die strategischen Unternehmensziele erreicht werden.

---

[84] Vgl. Radatz (2011, S. 90 ff.).
[85] Vgl. Ibold et al. (2018).

Damit wird direkt ein Beitrag zur Entwicklung der Wertegesellschaft geleistet.

Das unternehmensweite Werte- und Kompetenzmanagement leitet sich aus den strategischen Anforderungen ab. Deshalb kommt der oberen Führungsebene eine zentrale Bedeutung als Initiator und Begleiter von Prozessen des Werte- und Kompetenzaufbaus in der Organisation zu. Das Topmanagement initiiert das organisationsweite Werte- und Kompetenzmanagement und sichert den Rahmen für eine erfolgreiche Umsetzung. Gleichzeitig macht es die hohe Bedeutung der Werte und Kompetenzen für den Erfolg der agilen Organisation deutlich. Im Einzelnen werden von der oberen Leitung folgende Bereiche definiert:

Die *Strategievorgaben* machen deutlich, welche Ziele die Organisation mittel- und langfristig erreichen will und welche grundlegenden Anforderungen sich daraus für die organisationalen Werte und die Kompetenzen der Mitarbeiter aus Sicht der oberen Leitung ergeben.

Die *Prozessvorgaben* begrenzen die relevanten Anwendungsbereiche und damit das Entstehen organisationaler Werte. Es ist deshalb zu definieren: Welche *Themenbereiche* sollen für die Werte- und Kompetenzentwicklungsprozesse bevorzugt gewählt werden? Welche „*Spielregeln*" sind bei diesen Prozessen grundsätzlich einzuhalten?

Die *Kommunikationsvorgaben* legen fest, wie die Kommunikation der organisationalen Werte und der Kompetenzanforderungen in der Organisation grundsätzlich erfolgen soll.

Im nächsten Schritt hat die Geschäftsführung die Aufgabe zu lösen, die notwendige *Struktur* für ein systematisches organisationales Werte- und Kompetenzmanagement zu schaffen. Dafür müssen ausreichende personelle, technische und räumliche sowie finanzielle Ressourcen zur Verfügung gestellt werden.

Die obere Führung hat eine *Signalfunktion* für die Werte- und Kompetenzentwicklungsprozesse auf allen Ebenen. Führungskräfte handeln nicht einfach, sie inszenieren ihr Handeln und versehen es mit Deutungs- und Regieanweisungen.[86] Das Ziel ist dabei, dass die obere Leitung möglichst viele Anlässe zur Kommunikation mit den Mitarbeitern nutzt, um organisationale Werte und die Kompetenzanforderungen zu thematisieren, und ihr eigenes Handeln danach ausrichten.

Großflächige *Veränderungsprojekte* versanden häufig in der Alltagsroutine, weil sich die Beteiligten mehr mit dem Abbau von Widerständen als mit Veränderungen des eigenen Handelns und dem Aufbau innovativer Entwicklungssysteme beschäftigen. Die Erfahrungen in Praxisprojekten zeigen, dass die Veränderung bestehender Strukturen deshalb meist viel zu lange dauert. Folglich ist es überlegenswert, ob es im Bereich des Werte- und Kulturmanagements nicht besser ist, zunächst in einem abgegrenzten Bereich bzw. Projekt innovative Lösungen grundlegend neu zu „erfinden". Damit wird es möglich, in einer schlanken, agilen Start-up-Struktur ein grundlegend neues Modell zu entwickeln und zu erproben. Wenn sich die neue Konzeption dann in der Praxis bewährt hat und Akzeptanz aufgebaut wurde, kann mit einem überschaubaren Risiko in einem flächendeckenden Veränderungsprozess auf das gesamte Unternehmen übertragen werden.

Diese „*Beibootstrategie*" kann im Bereich des Werte- und Kompetenzmanagements wie folgt gestaltet werden. Die Unternehmensleitung schafft für diesen Bereich die Struktur eines systematischen Werte- und Kompetenzmanagements, indem personelle, technische, räumliche sowie finanzielle Ressourcen für dieses agile „Start-up-Projekt" zur Verfügung gestellt werden. Sie installiert ein *Werte- und*

---

[86] Vgl. Neuberger (2002), vgl. Stiefel (1999).

Kompetenzmanagementteam, das als Motor der Neugestaltung eingerichtet wird, die Strategie für diesen ausgewählten Bereich definiert und einen Prozess zur Entwicklung und Erprobung eines innovativen Entwicklungssystems definiert.

Das Werte- und Kompetenzmanagementteam agiert als Initiator des Wertewandels indem es die Strategie des Werte- und Kompetenzmanagements definiert und auf Basis der Unternehmensvisionen einen unternehmensweiten Prozess zur Entwicklung verbindlicher Organisationswerte initiiert. Mit dieser Struktur soll ein dynamischer Prozess der laufenden organisationalen Werte- und Kompetenzentwicklung ermöglicht werden. Insbesondere sind die *Definition* der Ziele, die Gestaltung neuer *Kernprozesse* sowie die Festlegung der *Kommunikationsstrukturen* Aufgabe des Teams.

Eine wesentliche Voraussetzung für den Erfolg des Werte- und Kompetenzentwicklungsprojektes ist eine hohe, *organisationsweite Transparenz* über die Bedeutung des Mitarbeiter-Werte- und Kompetenzmanagement miteinander verknüpft. Es ist eine wesentliche Anforderung, allen Mitarbeitern und Führungskräften die Möglichkeit zu geben, sich über die entscheidenden Wertefragen zu informieren und ihre eigene Sicht, ihre Erwartungen oder Befürchtungen einzubringen und über alle Hierarchieebenen hinweg zu diskutieren.

Wir haben dabei die Erfahrung gemacht, dass die Werteerfassung sowie das gezielte Werte- und Kulturmanagement in Unternehmen einen ganzheitlichen Ansatz erfordert, der auf drei Ebenen – Organisation, Teams und Mitarbeiter– miteinander verknüpft erfolgt. Dabei hat es sich als sinnvoll erwiesen, zunächst auf der Organisationsebene, und damit auf der organisationalen Kulturebene, zu starten, um daraus die Soll-Werte- und Kompetenzziele auf Organisationsebene und die Rahmenbedingungen für die teambezogene und mitarbeiterorientierte Werte- und Kompetenzentwicklung abzuleiten. Am Anfang des organisationsweiten Entwicklungsprozesses steht deshalb die Erfassung der

Istwerte, aber auch der Wunschwerte in einer Organisation durch alle Mitarbeiter.

Werteerfassung

„Mit einer der üblichen Mitarbeiterbefragungen hätten wir nicht annähernd so viele Erkenntnisse gewinnen können wie über die Werteerfassung."[87]

So die Reaktion auf eine unternehmensweite Werteerfassung, die wir in einem Pilotprojekt durchführten.

Mit einem Team aus Fach- und Führungskräften sowie den Wertemanagern werden in einem ersten Schritt das Wertemodell, aber auch die Wertebeispiele den Rahmenbedingungen, der Kultur und der Sprache des jeweiligen Unternehmens bzw. Teams angepasst. Wir geben ein Beispiel in Abb. 1.

Weiterhin definiert das Team, welche Auswertungsoptionen als Basis für die Analyse und Bewertung der Ergebnisse durch das System generiert werden sollen, u. a. im Vergleich von Mitarbeitern in verschiedenen Niederlassungen bzw. Ländern und in der Zentrale, von Frauen und Männern, jungen, mittleren

Respekt

Es ist dem Team wichtig, dass seine Mitglieder und Führungskräfte sich auf Augenhöhe begegnen und gegenseitig unterstützen, z.B. dass

- alle ohne Rücksicht auf Hierarchien miteinander wertschätzend kommunizieren und arbeiten können
- allen Teammitgliedern, unabhängig von Herkunft oder Religion, mit Verständnis und ohne Vorbehalte begegnet wird
- fremde Familien- und Lebensverhältnisse ohne Vorurteile betrachtet und andere kulturelle, religiöse und politische Überzeugungen grundsätzlich respektiert werden
- mit anderen Teammitgliedern tolerant umgegangen wird

Abb. 1 Beispiel einer angepassten Werteformulierung mit vier teamspezifischen Beispielen. (Quelle: Erpenbeck, Sauter und Sauter)

---

[87] Jörg Monsig, Betriebsleiter Lang Metallwarenproduktion Neubrandenburg GmbH.

und älteren Mitarbeitern, Führungskräften und Mitarbeitern oder Mitarbeitergruppen mit unterschiedlichen Aufgaben, z. B. Verwaltung, Forschung, Vertrieb, Produktion oder Versand.

Die Mitarbeiter schätzen dann auf dieser Basis organisationsweit die Ist- und ihre Wunschwerte für die gesamte Organisation ein. Die einzelne Erfassung der Ist- und Wunschwerte erfordert ca. fünfzehn Minuten Zeitaufwand. Dabei ergibt sich beispielsweise folgendes Bild im Vergleich der Ist- und Wunschwerte der Mitarbeiter für eine von uns betreute Organisation (Abb. 2).

Die Ergebnisse und die Konsequenzen aus den Unterschieden der Werteeinschätzungen werden in einem Work-

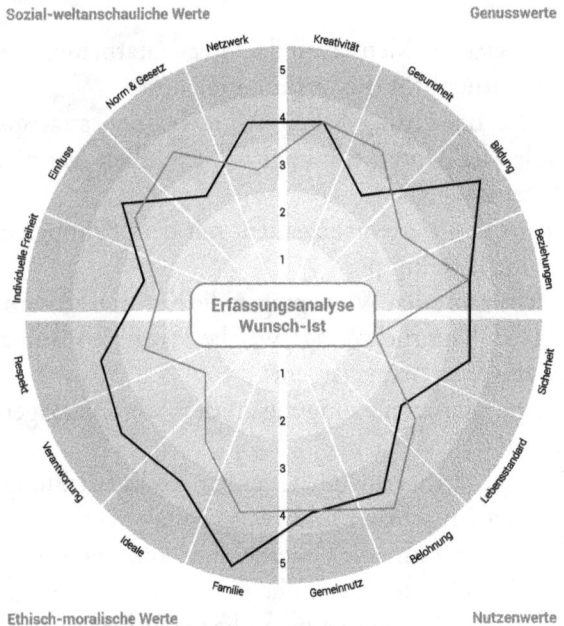

Abb. 2 Beispiel zur Einschätzung der organisationalen Istwerte (innen) und der Wunschwerte (außen). (Quelle: Orgabrain)

shop mit Fach- und Führungskräften aus der Organisation gründlich analysiert und bewertet. Daraus werden in einem intensiven Diskussionsprozess die *Sollwerte* bzw. den Werterahmen abgeleitet, die zukünftig die Leitschnur bzw. den Werterahmen für das Wertemanagement auf allen Ebenen der Unternehmung bilden. In einem intensiven Diskussionsprozess legt das Team beispielsweise die drei zentralen Werte der Organisation fest, die nach einem Abstimmungsgespräch mit der Geschäftsführung als primäre Ziele des organisationsweiten Wertemanagements kommuniziert werden.

Das gleiche Team übernimmt nunmehr die Aufgabe, als verbindliche Leitlinie des Wertemanagements dessen vorläufige Mission zu formulieren. Hierbei werden insbesondere folgende Aspekte bearbeitet:

- Von welchem Menschenbild ihrer Mitarbeiter, Kunden und Partner geht die Organisation aus?
- Welche Bedeutung haben Werte für den strategischen Erfolg der Unternehmung? Welche Ziele verfolgt das Wertemanagement?
- Wie ist das Wertemanagement mit dem Kompetenzmanagement verknüpft?
- Welche zentralen Werte prägen die Kultur und damit das Bild der Unternehmung? Welche Prinzipien kennzeichnen das Wertemanagement?
- Welche Rahmenbedingungen des Wertemanagements werden sichergestellt?
- Nach welchen Prinzipien werden die Entwicklungsprozesse der Mitarbeiter und Teams gestaltet?
- Was unternimmt das Unternehmen konkret, um die angestrebten Werte zu erreichen?
- Welche Rolle übernehmen die Mitarbeiter, die Führungskräfte, das obere Management sowie das Wertemanagement?
- Wie wird der Erfolg gemessen?

Dieser Entwurf wird anschließend organisationsweit in einem digitalen Kommunikationsraum zur Diskussion gestellt und in einem abschließenden Workshop mit einem Kernteam auf Basis der Beiträge der Mitarbeiter überarbeitet.

Gezielte Werte- und Kulturentwicklung
Die notwendigen Entwicklungsschritte auf allen drei Ebenen – Organisation, Teams, Mitarbeiter – haben wir detailliert ausgearbeitet und dargelegt.[88] Daran knüpfen wir hier an, skizzieren allerdings nur kurz die erforderlichen Schritte. Es kommt uns hier nicht darauf an, ein solches Wertemanagement im Detail und praktisch nachvollziehbar darzustellen. Vielmehr wollen wir zeigen, wie sich der Umgang von Unternehmen und Organisationen mit dem Werte- und Kulturmanagement der Wertegesellschaft anpasst und wie die Wertegesellschaft massiv, fördernd oder zerstörerisch auf Unternehmen und Organisationen zurückwirkt.

Der von uns entwickelte Gesamtprozess, hat sich in Unternehmen mit unterschiedlichen Mitarbeiterzahlen bewährt. Unsere Vorgehensweise hat die Gestaltung der jeweiligen Unternehmenskultur nachhaltig beeinflusst, was sich wiederum positiv auf die wirtschaftlichen Ergebnisse auswirkt.

In ausgewählten Organisationsbereichen wurden, in enger Abstimmung mit den jeweiligen Führungskräften, die dafür Interesse gezeigt hatten, *Pilotprojekte* mit einer Laufzeit von mehreren Monaten durchgeführt.

Die organisationsweite Entwicklung von Werten und der Kultur kann auf Basis der festgelegten Sollwerte sowie der Mission über die Bearbeitung von *Korridorthemen* durch alle Mitarbeiter und Teams einer Organisation ermöglicht werden. Mit dem Begriff des Korridorthemas soll zum Aus-

---

[88] Vgl. Erpenbeck und Sauter (2018).

druck kommen, dass eine im Unternehmen entwickelte strategische Marschrichtung gleichsam wie auf einem Gang von oben nach unten und von unten nach oben durchgesetzt wird. In diesem Gang gibt es „Türen", durch die einzelne Führungskräfte und Mitarbeiter ihre Probleme einbringen und auf dem Korridor kommunizieren können.[89]

Korridorthemen für das Werte- und Kulturmanagement können nach folgenden Kriterien identifiziert und bearbeitet werden:

- Die ausgewählten Themen zum Wertemanagement haben einen direkten Bezug zum Arbeitsalltag sowie zu den Herausforderungen im Wertebereich aller Mitarbeiter.
- Die behandelten Wertebereiche besitzen eine strategische Relevanz, da sie in einem direkten Zusammenhang mit der Durchsetzung der Unternehmensstrategie stehen.
- Die obere Führung startet jeweils die Bearbeitungszyklen der Korridorthemen mit einem symbolischen Akt, zum Beispiel durch ein Video mit einer klaren Botschaft zu den angestrebten Werten.
- Der Entwicklungsprozess wird durch das Wertemanagementteam gesteuert und begleitet. Alle Führungskräfte werden bei der Bearbeitung der Korridorthemen mit ihren jeweiligen Bedürfnissen und Problemstellungen einbezogen – einmal als Führungskräfte und einmal als Geführte; sie übernehmen in ihrem jeweiligen Verantwortungsbereich die zentrale Rolle als Wertemanager.
- Der Bearbeitungszeitraum umfasst im Regelfall drei bis sechs Monate.

Auch im *Bereich der Mitarbeitergewinnung* spielen Werte und die Unternehmenskultur eine zunehmende Rolle. Je stärker die Selbstorganisation bei den ausgeschriebenen

---

[89] Ebenda, S. 72.

Stellen ins Gewicht fällt, desto wichtiger ist es, Mitarbeiter zu gewinnen, die mit ihren Werten zum Unternehmen passen. Aus dem Kampf um die Besten wird eine Suche nach den kulturell Passenden. „Hire for attitude, train for skills", lautet das Credo. Wer die kulturell passenden Bewerber auswählt, wird dauerhaft die Fluktuation senken, innere Motivation fördern und die Wertebasis des Unternehmens stärken.[90] Im Wettlauf um die besten Köpfe („war for talents") gewinnen insbsondere auch nachhaltige und authentische Arbeitgebermarken an Bedeutung. Das Ziel ist, eine signifikante Profilschärfung zu erreichen, die Arbeitgeber nach außen wie nach innen als glaubwürdig und attraktiv positionieren und positiv von ihrer Konkurrenz abgrenzen. Dies wird jedoch nur dann möglich sein, wenn die in der Mitarbeiterakquise kommunizierten Werte auch tatsächlich gelebt werden.

Das unternehmensübergreifende Werte- und Kulturmanagement auf allen Ebenen erfordert einen *Ermöglichungsraum,* der auf Basis eines *Learning Experience Ecosystem (LXP)* die Planung, den Aufbau von Wissen und den Austausch von Erfahrungen, aber auch die Kommunikation und die Kollaboration sowie das Feedback im Netz ermöglicht. In diesem netzbasierten Entwicklungsrahmen finden die Mitarbeiter somit alle Tools und Kontakte für ihre selbstorganisierte Werte- und Kompetenzentwicklung im Prozess der Arbeit.

Kommunikationskonzept
Das Wertemanagementteam schafft die notwendigen Voraussetzungen für die Einbeziehung aller Mitarbeiter einer Organisation durch die Einrichtung eines *unternehmensweiten, digitalen Kommunikationsraumes,* zu dem unter anderem ein persönlicher Blog der oberen Geschäftsführung, Themenforen sowie diverse Videos, PDF und Lernprogramme gehören.

---

[90] Meyer und Dietz (2019, S. 65).

Vorab kann allen Mitarbeitern und Führungskräften die Gelegenheit gegeben werden, beispielsweise in einem eintägigen *Barcamp*, ihre eigenen Gedanken, Ideen und Fragen, aber auch Erwartungen und Befürchtungen in den Prozess einzubringen und zu diskutieren. Jeder Mitarbeiter kann damit als „Teilgeber" Themenvorschläge zum Wertemanagement einbringen.

Der folgende organisationsweite Kommunikationsprozess über die Bedeutung des Wertemanagements für die Unternehmung und die Ziele des individuellen, des teambezogenen und des organisationalen Wertemanagements umfasst neben der Einstimmung und einem Kick-off-Seminar mehrere Sprints und weitere Workshops, die das Wertemanagement, z. B. mittels erster Pilotprojekte, allen Mitarbeitern zur Diskussion stellen, konkrete Entwicklungsmaßnahmen anregen und schließlich zu ihrer Realisierung führen. In einem abschließenden Workshop, zu dem sich eine begrenzte Zahl von Mitarbeitern anmelden kann, werden die Ergebnisse dieses Kommunikationsprozesses zusammengeführt und dokumentiert.

Anschließend kann die gemeinsam entwickelte Konzeption organisationsweit *ausgerollt* werden. Hierbei wird das *Konzept von Korridorthemen* auf allen drei Ebenen der Organisation aufgegriffen. Dies können stark wertebeladene Herausforderungen wie z. B. Compliance, Retention Management, interkulturelle Herausforderungen oder werteorientiertes Onboarding sein.[91]

Die gezielte Werteentwicklung auf individueller Ebene wird insbesondere über *Social Blended Learning Arrange-*

---

[91] *Compliance*: Die Regeltreue von Unternehmen, die Einhaltung von Gesetzen, Richtlinien und freiwilligen Kodizes. *Retention Management*: Managementaktivitäten, durch die bestimmte Mitarbeiter motiviert werden sollen, im Unternehmen zu verbleiben. *Onboarding*: Das „An-Bord-Nehmen", das Einstellen, die Aufnahme neuer Mitarbeiter durch ein Unternehmen und alle Maßnahmen, die deren Integration fördern.

ments initiiert, in denen selbstorganisierte Entwicklungsprozesse der Werte und Kompetenzen im Rahmen von herausfordernden Praxisaufgaben, mit Unterstützung eines professionellen Lernbegleiters, geplant und umgesetzt werden. Vorab erfolgt ja bereits eine Werteerfassung, meist in Verbindung mit einer Kompetenzmessung. Der Lernbegleiter berät den jeweiligen Mitarbeiter bei der Analyse und Bewertung seiner Ergebnisse, sodass er seine individuellen Werte- und Kompetenzziele formulieren kann. Diese bilden wiederum die Basis für Entwicklungsgespräche mit der jeweiligen Führungskraft, in denen die Gesprächspartner konkrete Entwicklungsmaßnahmen im Arbeitsprozess oder in Praxisprojekten vereinbaren. Diese personalisierte Mitarbeiterentwicklung wird dabei durch Co-Coaching der Lernpartner, durch Communities of Practice, durch die professionelle Lernbegleitung der bisherigen Trainer und Experten sowie durch das Mentoring der Führungskräfte unterstützt. In regelmäßigen Abständen werden die Werte- und Kompetenzziele mit Selbst- und Fremdeinschätzungen erfasst, so dass die personalisierte Werte- und Kompetenzentwicklung jeweils neu angepasst werden kann. Der Lernerfolg zeigt sich dann jeweils in der erzielten Performanz.

Mit dieser Vorgehensweise wird es möglich, die gezielte Werteentwicklung, ausgehend von der organisationsweiten Werteerfassung, in die gesamt Organisation zu tragen.

Der Gesamtzusammenhang zwischen den einzelnen Organisationen und der Wertegesellschaft ist dabei ziemlich klar. Jedes Unternehmen, jede Organisation ist Glied der Wissensgesellschaft, weil ihre Produkte, Prozesse, Projekte zumeist auf wissenschaftlich-technisches und soziales Wissen gegründet sind. Aber jedes Unternehmen, jede Organisation ist zugleich Glied der Wertegesellschaft, da ihre Produkte, Prozesse, Projekte auf vielfältige gesellschaftliche und individuelle Werte gegründet sind. Die ethisch-moralischen und sozial-weltanschaulichen Überzeugungen ihrer Zeit und ihrer Zeitgenossen entwickeln eine direktive Kraft, der sie sich kaum und höchstens im erklärten Widerspruch entziehen können. Direktiv in Form von Normen, Gesetzen und Verordnungen, direktiv aber vor allem durch Eingang in die Unternehmenskultur, durch Aufnahme in Ziele und Strategien.

Unternehmen und Organisationen: Fazit

Die neue Arbeitswelt, häufig Industrie 4.0 genannt, bedingt eine grundlegende Veränderung der Denk- und Handlungsweisen aller Mitarbeiter: geprägt durch Selbstorganisation, Eigenverantwortung, Entscheidungsfähigkeit, Zielorientierung, Kommunikation, Kollaboration, auch durch Verantwortung, Respekt, Ideale, Kreativität oder Gemeinnutz. Es geht also primär um Kompetenzen, um Fähigkeiten, selbstorganisiert und kreativ noch unbekannte Herausforderungen zu bewältigen. Und es geht um Werte, die als Kerne von Kompetenzen den Mitarbeitern als Ordner ihres selbstorganisierten Handelns heute und in der Zukunft dienen. Diese neuen Herausforderungen erzeugen naturgemäß auch Ängste, die aber nach unserer Meinung überwindbar sind:

> *„Viele Menschen treibt die Sorge um, dass sie im Zuge der digitalen Transformation ihre Arbeit verlieren werden. Diese Sorge sehen wir als unbegründet an, wenn die Menschen sich auf das konzentrieren, was sie besser können als Maschinen, nämlich Werte, Überzeugungen, unabhängiges Denken, Teamwork, Mitgefühl".*[92]

Ein tiefer lotendes Plädoyer für die dominierende Wertegesellschaft gegenüber der Wissensgesellschaft ist kaum zu leisten.

---

[92] Ma (2019).

Literatur

Achleitner, A. (2020): Schumpeter-Unternehmer in: Gabler Wirtschaftslexikon, abgerufen unter https://wirtschaftslexikon.gabler.de/definition/schumpeter-unternehmer-52241, abgerufen am 12.10.2019

Adorno, Th. W. (1940; 2003a): Über das Problem der individuellen Kausalität bei Simmel. In: Tiedemann, R. (Hrsg.), Frankfurter Adorno-Blätter VIII, Wallstein, Göttingen

Adorno, T. (1997): Vermischte Schriften (2 Bd.) in: Gesammelte Schriften in 20 Bänden, Band 20. Suhrkamp Frankfurt am Main

Albert, H., Topitsch, E. (3. Aufl. 1990): Werturteilsstreit. Wissenschaftliche Buchgesellschaft Darmstadt

Allen, D., Fallows, J. (2015): Getting things done: The art of stress-free productivity. Penguin New York

Aly, G. (2006): Hitlers Volksstaat: Raub, Rassenkrieg und nationaler Sozialismus. Frankfurt am Main Fischer

Anderl, S. (2013): Forschung über Wahrheiten. In: FAZ NET am 22.3.: https://www.faz.net/aktuell/feuilleton/forschung-und-lehre/wissenschaftsphilosophie-forschung-ueber-wahrheiten-12119901.html

Apel, K.-O. (1979): Towards a transformation of philosophy (International Library of Phenomenology and Moral Sciences). Routledge & Kegan Paul Earthscan

Arendt, H. (1998): Vom Leben des Geistes: Das Denken, Das Wollen, Piper München

Arnold, R., Erpenbeck, J. (2014): Wissen ist keine Kompetenz: Dialoge zur Kompetenzreifung (Grundlagen der Berufs- und Erwachsenenbildung). Schneider Hohengehren

Altschuller, G. (1986): Erfinden – Wege zur Lösung technischer Probleme. Verlag Technik Berlin

Anderson, B., Mergel, T. (2005): Die Erfindung der Nation: Zur Karriere eines folgenreichen Konzepts. Campus Frankfurt am Main

Appiah, K. (2019): Die Fiktionen der Zugehörigkeit. Hanser Berlin

Ayberk, E.-M., Kratzer, L., Linke, L.-P. (2017). Weil Führung sich ändern muss. Aufgaben und Selbstverständnis in der digitalisierten Welt. Wiesbaden: Springer Gabler

Baran, P. (1990): Werte. In: Sandkühler, H. J. (Hrsg.): Europäische Enzyklopädie zu Philosophie und Wissenschaften, Meiner Hamburg

Barker, D., Marietta, M. (2019): Duell der Fakten. Menschen nutzen ihren Kopf nur, um ihr Bauchgefühl zu rechtfertigen. Das zeigt sich derzeit in den USA. In: Der Tagesspiegel, Nr. 23 836/26.05.2019

Bearing Point (2016): Digitalisierungsmonitor 2016, abgerufen unter https://www.bearingpoint.com/de-de/unser-erfolg/insights/digitalisierungsmonitor-2016/ am 12.08.2019

Beck, H. (2014). Behavioral Economics. Eine Einführung (S. 145–197). Google Scholar Wiesbaden

Becker, H. (1979): Albert Einstein und Arthur Schopenhauer. Berlin Frohnau: http://www.arthur-schopenhauer-studienkreis.de/Albert-Einstein/albert-einstein.html

Beckmann, M., Oerder, K. (2017). Produktivitätsschwache Dienstleistungen? Warum wir ein neues Verständnis von Produktivität brauchen (WISO Direkt). FES Bonn

Bendikowski, T. (2014): Sommer 1914: Zwischen Begeisterung und Angst – wie Deutsche den Kriegsbeginn erlebten. Bertelsmann München

Benesch, S. (2018): Was Humor gegen Hass im Netz ausrichten kann. Der Spiegel Nr. 47/17.11.2018, S. 142

Berger, M., de Castro, I., Kurella, D. (2019): Azteken. München Hirmer; http://www.indianer-welt.de/meso/aztek/aztek-myth.htm (abgerufen am 07.02.2020)

Borell, N. (2015): disruption – Das Spiel mit Technologien und Paradigmen: Psychologie, Philosophie, Technologie – Next Generation Portals – SharePoint, Office 365, Windows Azure, tredition Hamburg

Bloch, E. (1909): Kritische Erörterungen über Heinrich Rickert und das Problem der Erkenntnistheorie, Diss., Baur Ludwigshafen am Rhein

Bloch, E. (1985): Das Prinzip Hoffnung – 3 Bände, Suhrkamp, Frankfurt am Main

Bloch, E. (2018): Geist der Utopie: Erste Fassung, Suhrkamp Frankfurt am Main

Bradter, W., Hanke, H. (1976): Moral, Motiv, Verhalten. Das moralische Motiv der marxistisch-leninistischen Ethik. Deutscher Verlag der Wissenschaften Berlin

Brecht, B. (1953): Das Leben des Galilei. Versuche. Aufbau Berlin

Bregmann, R. (2019): Utopien für Realisten. Rohwolt Hamburg

Bremer, A., unter Mitwirkung zahlreicher bekannter Persönlichkeiten (1910, Neuauflage 2017): Die Welt in 100 Jahren. Olms Berlin. Hildesheim, Zürich, New York

Brennan, J.(2017): Gegen Demokratie. Warum wir die Politik nicht den Unvernünftigen überlassen dürfen. Ullstein Berlin

Buchholz, K., Latocha, R., Peckmann, H., Wolbert, K. (2001): Die Lebensreform. Entwürfe zur Neugestaltung von Leben und Kunst um 1900 (2 Bde.). Häusser Darmstadt

Bucholz, U. et al. (2019): Werte und Metaphern in der Unternehmenskommunikation, Springer Berlin

Buhr, M., Kosing, A. (2013): Kleines Wörterbuch der Marxistisch-Leninistischen Philosophie. Springer Berlin. S. 46–51

Buhr, M. (Hrsg.) (1988): Enzyklopädie zur bürgerlichen Philosophie im 19. und 20. Jahrhundert. Leipzig VEB Bibliographisches Institut. S. 39

Bundesministerium für Arbeit und Soziales (2018): Arbeiten 4.0, Berlin, unter www.arbeitenviernull.de am 12.11.2019

Burger, R. (2014): Die Inflation der Werte. In: Die Presse. Vom 27.6. Wien. S. 8

Capgemini consulting (2017): The digital culture challenge: Closing the employee-leadership gap, abgerufen unter https://www.capgemini.com/consulting/wp-content/uploads/sites/30/2017/07/dti_digitalculture_report.pdf am 13.10.2019

Ciompi, L. (4. Aufl. 1997): Die emotionalen Grundlagen des Denkens. Entwurf einer fraktalen Affektlogik. Vandenhoeck & Ruprecht Göttingen

Daston, L., Galison, R. (2017): Objektivität. Suhrkamp Frankfurt am Main

d'Alembert, J., Mensching, G. (2004) Einleitung zur Enzyklopädie (1751). Meiner Hamburg

Decision Labs.(2018): The Bias Tournament. Spielerisch 50 Denkfehler lernen (2. Aufl.). MPI Bonn

Dilthey, W. (1883): Einleitung in die Geisteswissenschaften. Versuch einer Grundlegung für das Studium der Gesellschaft und der Geschichte. Bd. 1. Duncker & Humblot Leipzig

Dilthey, W. (2015): Das Erlebnis und die Dichtung. Aischines Verlag Paderborn. S. 71

Draschoff, S. (2000) Lernen am Computer durch Konfliktinduzierung. Waxmann Münster, New York, München, Berlin

de Laat, M., & Simons, R.-J. (2007). Kollektives Lernen – Theoretische Perspektiven und Wege zur Unterstützung vernetzten Lernens. Berufsbildung, Nr. 27.

De Solla Price, D. (1974): Little Science, Big Science. Suhrkamp Frankfurt am Main

Deutsche Bank AG (2019): Corporate Bank Research, abgerufen unter https://www.dbresearch.com/PROD/RPS_EN-PROD/PROD0000000000500284.alias, abgerufen am 12.01.2020

Dilthey, W. (1883): Einleitung in die Geisteswissenschaften. Versuch einer Grundlegung für das Studium der Gesellschaft und der Geschichte. Bd. 1. Duncker & Humblot Leipzig

Dilthey, W. (2015): Das Erlebnis und die Dichtung. Aischines Paderborn

Ebeling, W., Feistel, R. (1994): Chaos und Kosmos. Prinzipien der Evolution. Spektrum Heidelberg, Berlin, Oxford

Ebner, J. (3. Aufl. 2018): Wut. Was Islamisten und Rechtsextreme mit uns machen. WGB Theiss Darmstadt

Einstein, A. (1905): Ist die Trägheit eines Körpers von seinem Energieinhalt abhängig? In: Annalen der Physik. Band 323, Nr. 13, Bern, abgerufen unter https://onlinelibrary.wiley.com/doi/abs/10.1002/andp.19053231314

Emcke, C. (2016): Gegen den Hass. Fischer Frankfurt am Main

Engels, F. (1845, 2018): Die Lage der arbeitenden Klasse in England. Nach eigner Anschauung und authentischen Quellen. Dearbooks Berlin

Engels, F. (2013): Dialektik der Natur. Edition Holzinger Berlin

Epstein, S. (2003): Cognitive-experiential self theory of personality, In: T. Millon, M. L. Lerner, I. B. Weiner (eds.), Handbook of Psychology: Handbook of Psychology, Vol. 5, Personality and social psychology, New York: John Wiley & Sons, Inc., 159–184.

Erpenbeck, F. (1936): …aber ich wollte nicht feige sein! Verlagsgenossenschaft Ausländischer Arbeiter in der UdSSR Moskau, Leningrad

Erpenbeck, J. (1981): Nachbetrachtungen zu Positionen der Kritischen Psychologie. In: Holzkamp-Osterkamp, U. (Hrsg.): Motivationsforschung. 2 Bde., Verlag der Wissenschaften, Berlin, S. 528–548

Erpenbeck, J. (1984a): Motivation. Ihre Psychologie und Philosophie. Akademie Verlag Berlin

Erpenbeck, J. (1984b): Heillose Flucht. Mitteldeutscher Verlag Halle/Saale

Erpenbeck, J. (1984c): Erkenntnistheorie und Psychophysik kognitiver Prozesse. Dissertation Berlin

Erpenbeck, J. (1993): Wollen und Werden. Ein psychologisch-philosophischer Essay über Willensfreiheit, Freiheitswillen und Selbstorganisation. Universitätsverlag Konstanz

Erpenbeck, J. (2012): Zwischen exakter Nullaussage und vieldeutiger Beliebigkeit. Hybride Kompetenzerfassung als künftiger Königsweg. In: Erpenbeck, J. (Hrsg.): Der Königsweg zur Kompetenz. Grundlagen qualitativ-quantitativer Kompetenzerfassung, Waxmann Münster, New York, München, Berlin, S. 6 f

Erpenbeck, J. (2017): Selbstorganisation, Neuropsychologie und Werte. In Erpenbeck, J.; Sauter, W. (Hrsg.) Handbuch Kompetenzentwicklung im Netz. Bausteine einer neuen Bildungswelt. Schäffer Poeschel Stuttgart S. 93–114

Erpenbeck, J., unter Mitarbeit von Sauter, W. (2018): Wertungen. Werte. Das Buch der Grundlagen für Bildung und Organisationsentwicklung, Springer Berlin

Erpenbeck, J., Sauter, W. (2007): Kompetenzentwicklung im Netz – New Blended Learning mit Web 2.0. Luchterhand Köln

Erpenbeck, J., Sauter, W. (2018): Wertungen. Werte. Das Fieldbook für ein erfolgreiches Wertemanagement, Springer Berlin

Erpenbeck, J., Sauter, W. (2019): Wertungen. Werte. Das Buch der gezielten Werteentwicklung von Persönlichkeiten, Springer Berlin

Erpenbeck, J., Sauter, W. (2016, 2. Aufl. 2019): Stoppt die Kompetenzkatastrophe! Wege in eine neue Bildungswelt, Springer Berlin

Erpenbeck, J., Sauter, W. (Hrsg.) (2017): Handbuch Kompetenzentwicklung im Netz. Bausteine einer neuen Lernwelt. Schäffer Poeschel Stuttgart

Erpenbeck, J., Sauter, W. (2020a): Wertemessung und Wertemanagement, Essential. Springer Berlin

Erpenbeck, J, Sauter, W. (2020b): Werte und Normen in der Berufsbildung. In: Arnold, R., Lipsmeier, A. Rohs, M. (Hrsg.) Handbuch Berufsbildung, 3. Aufl. Springer Wiesbaden S. 177–189

Erpenbeck, J., Weinberg, J. (1993): Menschenbild und Menschenbildung. Waxmann Münster, New York, München, Berlin

Ette, O. (2009): Alexander von Humboldt und die Globalisierung. Das Mobile des Wissens. am Main

Etventure (2019): Studie Digitale Transformation 2019. Die Zukunftsfähigkeit deutscher Unternehmen, abgerufen unter https://service.etventure.de/hubfs/01_Homepage/11%20 Landingpages/09_Deutschlandstudie_2019/etventure%20 Studie%202019.pdf?utm_campaign=Deutschlandstudie%20 2019&utm_source=hs_automation&utm_medi-

um=email&utm_content=77030401&_hsenc=p2ANqtz-9bp
8N9K7ON4oPBQRAuOyYU7xBPkZcX1pyXWzIA9u_8Zz
q2qYhotPdkgG7rX0MwdAmnJWgHajupigh1JT65n
9zZJja39w&_hsmi=77030401 am 12.12.2019

Evangelische Akademie Tutzing (2012): Die Große Transformation. Die Herausforderung der ökologischen, sozialen und wirtschaftlichen Krisen annehmen, abgerufen unter https://web.ev-akademie-tutzing.de/cms/fileadmin/content/Die%20Akademie/Aktuelles/pdf/Transformateure_Grundsatzpapier_8._Mai_2012.pdf, am 20.01.2020

Felber, Ch. (4. Aufl. 2008): Neue Werte für die Wirtschaft: Eine Alternative zu Kommunismus und Kapitalismus. Zsolnay Wien

Felden, B. et al. (2019): Management von Familienunternehmen, Springer Berlin

Fellmann, F. (1993): Lebensphilosophie: Elemente einer Theorie der Selbsterfahrung. Rowohlt Hamburg

Fischer C. A. (2019): Werte als Kerne von Kompetenzen. Eine theoretische Studie mit einer empirischen Analyse in Montessori-Schulen, Waxmann Münster, New York, München, Berlin

Fischer, M., Krause, J. (2019): Wir waren alle mal schwarz. Der Zoologe Martin Fischer und der Paläogenetiker Johannes Krause erklären, wieso es keine menschlichen „Rassen" gibt. In: Süddeutsche Zeitung Nr. 271, 23./24. November, S. 33

Focke-Museum (Hrsg.) (2013): Graben für Germanien. Archäologie unterm Hakenkreuz. Theiss Stuttgart

Francis, S. (2015): Alles steht Kopf. Das Buch zum Film. Köln. Egmont Köln

Fraenkel, E. (3. Aufl. 2012): Der Doppelstaat. CEP Europäische Verlagsanstalt Hamburg

Frank, A. (2016): Digitale Kompetenz – Was Unternehmen jetzt wissen müssen. Verlag WerbeCheck Ellwangen

Freeman, E. (1984): Strategic Management. A stakeholder approach, Cambridge

Fukuyama, F. (2019): Identität. Wie der Verlust der Würde unsere Demokratie gefährdet. Hoffman & Campe Hamburg

Fulda, H. F. (1999): Heinrich Rickerts Anpassung an den Nationalsozialismus. In: Deutsche Zeitschrift für Philosophie, 1999, S. 253–269

Fulda, H. F. (2008): Krise und Untergang des südwestdeutschen Neukantianismus im „Dritten Reich", In: H J. Sandkühler (Hrsg.): vergessen? verdrängt? erinnert? Schriftenreihe der deutschen Abteilung des europäischen UNESCO-Lehrstuhls für Philosophie. Paris, Bremen, S. 75–90

Funk, V. (2019): Endet die Moral der EU an ihren Grenzen? In: Frankfurter Rundschau vom 28.03.2019

Gasch, B. (1984): Psychologie in der DDR: Positionen und Entwicklungen 1978–1982. IGW Erlangen

Gates, B., Hemingway, C. (1999): Digitales Business. Heyne München

Gigerenzer, G. (2008): Bauchentscheidungen: Die Intelligenz des Unbewussten und die Macht der Intuition. Goldmann München

Von Glasersfeld, E., Schmidt, S.J. (1997): Radikaler Konstruktivismus: Ideen, Ergebnisse, Probleme. Suhrkamp Frankfurt am Main

Goethe, J.W., Schiller, F. (1797): Xenien, Aus dem Schillerschen Musenalmanach des Jahres 1997. Nr. 181.: Verlag von Philipp Reclam jun. Leipzig

Goethe, J.W. (1988): Werke, Hamburger Ausgabe, Bd. 3, Dramatische Dichtungen I, Faust I. DTV München. S. 38

Groysberg, B., Lee, J. Price, J., & Yo-Jud Cheng, J. (2018): Eine Frage der Kultur. Harvard Business Manager, 2018(3), 21–31

Greve, J., Schnabel, A. (2011): Emergenz: Zur Analyse und Erklärung komplexer Strukturen. Suhrkamp Frankfurt am Main

Gründerszenenlexikon. (2017). Stichwort Disruption, abgerufen unter https://www.gruenderszene.de/lexikon/begriffe/disruption. Zugegriffen: 17. Jan. 2018.

Günther, H. (1939): Kleine Rassenkunde des deutschen Volkes. Lehmann Berlin

Gundlach, H. (2017): Wilhelm Windelband und die Psychologie. Das Fach Philosophie und die Wissenschaft Psychologie im Deutschen Kaiserreich. Heidelberg University Publishing, Heidelberg

Hacke, A. (2017): Über den Anstand in schwierigen Zeiten und die Frage, wie wir miteinander umgehen. A. Kunstmann Verlag München; Meynhardt, T. (2011): Anstand – ein zeitloser Wert. In: Metelmann, J., Beyes, T. (Hrg.): Anstand. University Press Berlin

Hahn, T. (1985): Motivation, Motivforschung, Motivtheorien. Verlag der Wissenschaften Berlin

Haken, H. (1983): Synergetik: Eine Einführung. Nichtgleichgewichts-Phasenübergänge und Selbstorganisation in Physik, Chemie und Biologie. Springer Berlin, Heidelberg, New York, Tokyo

Haken, H. (1995): Erfolgsgeheimnisse der Natur. Synergetik: Die Lehre vom Zusammenwirken. DVA München

Haken, H. (1996): Synergetik und Sozialwissenschaften. In: Ethik und Sozialwissenschaften 7, Heft 4, S. 588 ff

Haken, H., Wunderlin, A. (1980): Die Selbststrukturierung der Materie. Synergetik in der unbelebten Welt. Vieweg Braunschweig

Haken, H., Wunderlin, A. (1991): Die Selbststrukturierung der Materie. Synergetik in der unbelebten Welt. Vieweg Braunschweig

Hall, S. (2018): Das verhängnisvolle Dreieck: Rasse, Ethnie, Nation. Suhrkamp Frankfurt am Main

Hartmann, W., Hundertpfund, A. (2015): Digitale Kompetenz: Was die Schule dazu beitragen kann. hep Bern

Häusling und Fischer (2014): Mythos Agilität oder Realität. In: Personalmagazin, 2014 (4), 30–33

Heartfield, J. (1932): Millionen stehen hinter mir. Fotomontage. In: Arbeiter Illustrierte Zeitung Jhg.XI, Nr. 42, vom 16.10.1932

Helliwood (2019): Boostcamps für mehr Demokratie. Demokratiebildung am Smartphone – so geht's! Berlin Fachkonferenz

Hempel, A. (2019): Wie ethische Unternehmenskultur die Heterogenität der Welt 2030 positiv nutzbar macht, in: Buchenau, P. (Hrsg.): Chefsache Zukunft, Springer Gabler Wiesbaden

Gebauer, T. (2016): Es wird Zeit für Utopia, in: Frankfurter Rundschau vom 25. 03. 2016, abgerufen unter https://www.fr.de/wirtschaft/wird-zeit-utopia-11126538.html am 01.02.2020

Geiss, I. (1991): Die Habermas-Kontroverse. Ein deutscher Streit. Siedler München

Goffin, H. (2020): Erfolgsunternehmen – empirisch belegte Wege an die Spitze, Springer Berlin

Gomez, P., Meynhardt, T., Lambertz, M. (2019): Verantwortungsvoll führen in einer komplexen Welt: Denkmuster – Werkzeuge – Praxisbeispiele. Haupt Bern

Habermas, J., Luhmann, N. (1990): Theorie der Gesellschaft oder Sozialtechnologie. Suhrkamp Frankfurt am Main

Hauer, F., Küttler, W. (1989): Max Weber. Rationalisierung und entzauberte Welt. Schriften zu Geschichte und Soziologie. Reclam Leipzig

Heidegger, M., Rickert, H (2002): Briefe 1912 bis 1933 und andere Dokumente. In: Denker, A. (Hrsg.), Klostermann Frankfurt

Heilbronner, K., Kirchhof, P., Schmalz-Jacobsen, C. und weitere (2000): Multikulturelle Gesellschaft und Wertegesellschaft. Müller Heidelberg

Hemperl, A. (2019): Ethische Unternehmenskultur – warum gelebte Werte die Zukunft sichern, in Buchenau, P. (2019): Chefsache Zukunft, Springer Berlin, S. 185–207

Hennig, W., Friedrich, W. (1991): Jugend in der DDR. Daten und Ergebnisse der Jugendforschung vor der Wende. Juventa Weinheim

Heuser-Keßler, M.-L. (1986): Die Produktivität der Natur.: Schellings Naturphilosophie und das neue Paradigma der Selbstorganisation in den Naturwissenschaften. Duncker & Humblot Berlin

Hobe, K. (o.J.): Zwischen Rickert und Heidegger. Versuch über eine Perspektive des Denkens von Emil Lask, abgerufen unter http://philosophisches-jahrbuch.de/wp-content/uploads/2019/03/PJ78_S360-376_Hobe_Zwischen-Rickert-und-Heidegger.pdf am 16.11.2019

Höhne, V., Reimann, A. (2019): Gericht hält Pöbeleien gegen Künast für zulässig. Das Landgericht Berlin hat entschieden, dass Renate Künast wüste Beschimpfungen auf Facebook hinnehmen muss. Der Beschluss spiele Rechtsextremisten in die Hände, sagte die Grünen-Politikerin dem SPIEGEL 19.09.2019

Hörz, H.(1971): Der dialektische Determinismus in Natur und Gesellschaft. Verlag der Wissenschaften Berlin

Hörz, H. (1974): Marxistische Philosophie und Naturwissenschaften. Akademie Berlin

Hörz, H. (1994): Selbstorganisation sozialer Prozesse, Band I, LIT-Verlag Münster Hamburg

Holzkamp-Osterkamp (1975): Grundlagen der psychologischen Motivationsforschung 1. Campus Frankfurt am Main, New York

Hofert, S., Thonet, C. (2019): Der agile Kulturwandel. 33 Lösungen für Veränderungen in Organisationen. Springer Gabler Heidelberg

Hoffmann, D., Walker, M. (2006): Physiker zwischen Autonomie und Anpassung: Die Deutsche Physikalische Gesellschaft im Dritten Reich. Wiley VHC Berlin

Holzkamp-Osterkamp, U. (1981): Motivationsforschung. 2 Bde. Volk und Wissen Berlin

Hüther, G. (2016): Mit Freude Lernen ein Leben lang. Weshalb wir ein neues Verständnis vom Lernen brauchen. Vandenhoeck & Ruprecht Göttingen

Huntington, S. (2004): Streit um Werte. Goldmann München

Huntington, S. (2015): Kampf der Kulturen: Die Neugestaltung der Weltpolitik im 21. Jahrhundert. Goldmann München

Ibold, F., Kühl, S., & Matthiesen, K. (2018): Den Wandel richtig managen. Harvard Business Manager, März, 38–45

Industrie- und Handelskammer München und Oberbayern (2017): Die UN-Nachhaltigkeitsziele aus Sicht der Wirtschaft. Umfrageergebnisse, abgerufen unter https://www.bihk.de/bihk/downloads/bihk/die-un-nachhaltigkeitsziele-aus-sicht-der-wirtschaft.pdf am 12.12.2019

Institut der deutschen Wirtschaft (2019): 18 Prozent Umsatzverlust, https://www.iwkoeln.de/studien/iw-kurzberichte/beitrag/dominik-h-enste-18-prozent-umsatzverluste-433986.html, abgerufen am 12.01.2020

Iwin, A. (1975): Grundlagen der Logik von Wertungen. Akademie Berlin

Janke, K. (2015): Kommunikation von Unternehmenswerten. Modell, Konzept und Praxisbeispiel Bayer AG, Springer Wiesbaden

Janich, P. (2000): Was ist Erkenntnis? Eine philosophische Einführung. Beck München
Jensen, U. (2017): Zornpolitik. Suhrkamp Berlin
Jokisch, R. (1996): Logik der Distinktionen. Zur Protologik einer Theorie der Gesellschaft. Westdeutscher Verlag Opladen
Jünger, E. (2019): In Stahlgewittern. Aus dem Tagebuch eines Stoßtruppführers. Klett-Cotta Stuttgart
Jung, M. (5. Aufl. 2018): Hermeneutik zur Einführung. Junius Hamburg
Kämpf, A. (1948): Die Revolte der Instinkte. Verlag Volk und Welt Berlin
Kant, I. (1913): Kritik der Urteilskraft. In: ders. Sämtliche Werke, 2. Bd.: Meiner Berlin. S. 425 ff
Kant, I. (2019): Beantwortung der Frage: Was ist Aufklärung? (German Edition), Liwi Göttingen
Kaube, J. (2014): Max Weber: Ein Leben zwischen den Epochen. Rowohlt Berlin
Kazim, H. (6. Aufl. 2018): Post von Karlheinz. Wütende Mails von richtigen Deutschen – und was ich Ihnen antworte. Penguin Verlag München S. 31 f. und S. 266
Krebs, D.(2001): „Die Welt im Jahre 2000. Der Prophet von Oberlößnitz und die Gesellschafts-Utopien der Lebensreform", in: Buchholz, K., Latocha, R., Peckmann, H. et. al. (Hrsg.): Die Lebensreform. Entwürfe zur Neugestaltung von Leben und Kunst um 1900, Bd. 1, Institut Mathildenhöhe Darmstadt, S. 61–66
Keuth, H. (1989): Wissenschaft und Werturteil. Mohr Siebeck Tübingen
Kirchhöfer, D. (2015): Wider die Rationalität! Für eine anthropologische Öffnung der Pädagogik. Frank & Timme Berlin
Kiyak, M. (2019): Armut made in Germany, in Die Zeit vom 23. Oktober 2019, abgerufen unter https://www.zeit.de/kultur/2019-10/fair-fashion-nachhaltige-mode-textilindustrie-bekleidung am 27.10.2019
Kobi, J.-M. (2005): Unternehmenskultur: Weiche Dimension – harte Tatsachen. HRM-Dossier Nr. 27, SPEKTRAmedia und jobindex media ag Zürich

Köhler, W. (1966): The place of value in a world of facts. The New American Library New York

Köhler, W. (1968): Werte und Tatsachen. Springer Heidelberg

Kosellek, R. (1979): Vergangene Zukunft. Suhrkamp Frankfurt am Main

Kreutzer, R., Neugebauer, T., Pattloch, A. (2016): Digital Business Leadership. Digitale Transformation – Geschäftsmodell-Innovation – agile Organisation – Change-Management, Springer Berlin

Kroeber, A. L., Kluckhohn, C. (1952): Culture: A critical review of concepts and definition. In: Papers of the Peabody Museum, 47 (1), S. 1–23. S. 189

Koch, U. (1992): Sozialwissenschaften in der DDR und in den neuen Bundesländern – Ein Vademecum. Informationszentrum Sozialwissenschaften. Bonn, Berlin

Köhler, W. (1938): The place of value in a world of facts. Liveright Publishing Corporation New York

Kohlberg, L. (1996): Die Psychologie der Moralentwicklung. Suhrkamp Frankfurt am Main

Koppetsch, K. (2019): Die Gesellschaft des Zorns. Rechtspopulismus im globalen Zeitalter. Transscript Bielefeld

Kruse, W.(1991): Die Kriegsbegeisterung im Deutschen Reich. In: van der Linden, M., Mergner, G. (Hrsg.): Kriegsbegeisterung und mentale Kriegsvorbereitung. Interdisziplinäre Studien. Duncker & Humblot, Berlin

Kuchenbrod, M. (2019): Die Funktion des Idealtypus nach Max Weber, unter http://www.matkuch1.de/tutideal.htm abgerufen am 26.02.2020

Kubalica, T. (2011): Wahrheit, Geltung und Wert. Die Wahrheitstheorie der Badischen Schule des Neukantianismus. Königshausen & Neumann Würzburg

Künast, R. (2019): Interview mit dem SPIEGEL 19.09.2019. S. 37

Küppers, B.-O. (2008): Nur Wissen kann Wissen beherrschen. Macht und Verantwortung der Wissenschaft. Fackelträger Köln

Kunze, T., Vogel, T. (2013): Oh Du, geliebter Führer. Personenkult im 20. und 21. Jahrhundert. Links Berlin

Latour, B. (2018): Das terrestrische Manifest. Suhrkamp Berlin

Lehmann, K., Kardinal (2008): Einleitender Vortrag. In: Köppen, M.: Wertegesellschaft als ökonomischer Faktor. Nomos Berlin

Lessing, T. (1983): Geschichte als Sinngebung des Sinnlosen. Matthes & Seitz München

Lessing, T. (2018) Geschichte als Sinngebung des Sinnlosen (Classic Reprint), FB&C LTD London

Lewis, M., Vogel, S. (2018): Rebellen des Denkens: Wie Daniel Kahneman und Amos Tversky die Psychologie revolutionierten. Goldmann Berlin

Lipp-Heinrich, A. (2019): Personalentwicklung in der digitalisierten Arbeitswelt, Springer Berlin

Lübbe, H. (1987): Politischer Moralismus. Der Triumph der Gesinnung über die Urteilskraft. Berlin Siedler

Lübbe, H (2019): Politischer Moralismus: Der Triumph der Gesinnung über die Urteilskraft, LIT Berlin, Münster, Wien, Zürich, London

Luhmann, N. (1987): Soziale Systeme: Grundriss einer allgemeinen Theorie. Suhrkamp Frankfurt am Main

Luhmann, N. (1990): Paradigm lost: Über die ethische Reflexion der Moral. Suhrkamp Frankfurt am Main

Lukacs (1954): Die Zerstörung der Vernunft. Aufbau Berlin

Lumer, C. (1999): Stichworte Geltung, Gültigkeit. In: Sandkühler, H.J. (Hrsg.): Enzyklopädie Philosophie. Bd. 1. Meiner Hamburg

Ma, Jack (2019): Die Aufgaben der Bildung, abgerufen unter https://www.alemannenschule-wutoeschingen.de/2018/02/22/alibaba-gruender-jack-ma-ueber-die-aufgabe-von-bildung/ am 27.09.2019

Malik, G. (2015): Navigieren in Zeiten des Umbruchs. Die Welt neu denken und gestalten. Campus Frankfurt am Main

Malik, F. (2019): Führen Leisten Leben: Wirksames Management für eine neue Welt. Campus Frankfurt am Main

Marietta, M., Barker, D. (2019): One nation, two realities: Dueling facts in american democracy. Oxford University Press Oxford

Marquard, O. (1984): Inkompetenzkompensationskompetenz? Über Kompetenz und Inkompetenz der Philosophie. In. Ders.: Abschied vom Prinzipiellen. Reclam Stuttgart 1984. S. 23–38

Martin, A. (2012): Fehlentscheidungen: Warum wir tun, was wir später bereuen. Wissenschaftliche Buchgesellschaft (WBG) Darmstadt

Marx, K. (1987): Der achtzehnte Brumaire des Lois Bonaparte, dritte Auflage Hamburg 1885. In: MEW Bd 21, Berlin S. 248–249

Marx, K., Engels, F. (1848): Manifest der Kommunistischen Partei. Office der „Bildungsgesellschaft für Arbeiter" von J.E. Burghard London

Martz-Irngartinger, A. (2010): Lernkulturen verstehen – erfassen – vergleichen. Theoretische Entwicklung eines Konzepts zur Operationalisierung von Lernkultur und dessen praktischer Umsetzung anhand der Gegenüberstellung studentischer Lernkulturen in Deutschland, Finnland und Rumänien. Dissertation, Ludwig-Maximilians Universität München

Mast, C. (7. Aufl. 2019): Unternehmenskommunikation, UVK München

Maturana, H., Varela, F. (1990): Der Baum der Erkenntnis: Die biologischen Wurzeln menschlichen Erkennens. Goldmann Berlin

Mayer, V. (2009): Edmund Husserl. Beck München

McCoy, B., Tau Tsun, W. (2014): The two-dimensional Ising model. Dover Publications Dover

Mehring, R. (2009): Carl Schmitt. Aufstieg und Fall – eine Biografie. Beck München

Merkel, W. (2016): Bruchlinien Kosmopolitismus, Kommunitarismus und die Demokratie. In: WZB Mitteilungen Heft 154

Mertins, K. et al. (2016): Wissensmanagement im Mittelstand: Grundlagen – Lösungen – Praxisbeispiele. Springer Heidelberg

Messer, A. (1926): Deutsche Wertphilosophie der Gegenwart. Reinicke Leipzig

Metzlers Lexikon Philosophie (online 2019): Stichwort Naturalismus. Abgerufen unter https://www.spektrum.de/lexikon/philosophie/naturalismus/1391 am 12.01.2020

Meyer, R., Dietz, S. (2019): Unternehmenskultur: wertebasiertes Employer Branding, in: Busold, M (Hrsg.) (2019): War for Talents, Springer Berlin, S. 65

Meynhardt, T. (2011): Anstand – ein zeitloser Wert. In: Metelmann, J., Beyes, T. (Hrg.): Anstand. University Press Berlin

Meynhardt, T; Gomez, P. (2015): Was dient der Allgemeinheit? Und wer?, in: Wirtschaftswoche, 30.10.2015; www.gemeinwohl.ch bzw. www.gemeinwohlatlas.de, abgerufen am 02.02.2020

Miles, R. (2018): Rassismus: Einführung in die Geschichte und Theorie eines Begriffs. Argument Hamburg

Mitchell, S. (2008): Komplexitäten. Warum wir erst anfangen, die Welt zu verstehen. Unseld Frankfurt am Main

Mittelstraß, J. (1978): Die Idee einer Mathesis universalis bei Descartes. Perspektiven der Philosophie: Neues Jahrbuch 1978/4. Suhrkamp Frankfurt

Morgan Marietta, David C. Baker (2019): One Nation, Two Realities. Dueling Facts in American Democracy. Oxford, Oxford University Press. S. 45

Müller, S. (2011): Die Nation als Waffe und Vorstellung. Nationalismus in Deutschland und Großbritannien im Ersten Weltkrieg. Vandenhoeck & Ruprecht Göttingen

Münkler, H. (3. Aufl. 2009): Die Deutschen und ihre Mythen. Rowohlt Berlin

Münkler, H. (2. Aufl. 2019): Der Dreißigjährige Krieg. Europäische Katastrophe, deutsches Trauma 1618–1648. Rowohlt Hamburg

Münkler, H. (2019): Es wird keine Welt ohne Krieg geben. Tagesspiegel 1.9.S.12; vgl. https://www.tagesspiegel.de/politik/herfried-muenkler-im-interview-es-wird-keine-welt-ohne-krieg-geben/24960882.html

Mundlos, S. (2019): Interview, in Max Planck Forschung Heft 4, S. 7

Nachtigall, C. (1997): Selbstorganisation und Gewalt. Waxmann Münster, New York, München, Berlin

Nationales CSR Forum der Bundesregierung (2018): BERLINER CSR-KONSENS zur Unternehmensverantwortung in Liefer- und Wertschöpfungsketten, abgerufen unter https://

www.bmas.de/SharedDocs/Downloads/DE/Thema-Arbeitsrecht/csr-konsens-liefer-wertschoepfungsketten.pdf?__blob=publicationFile&v=2 am 11.01.2020

Neuberger, O. (2002): Führen und führen lassen, Ergebnisse und Kritik der Führungsforschung. UTB Stuttgart

Nieschmidt, P. (2011): Mitarbeiterführung auf dem Prüfstand – Führungshandeln statt Führungstechniken, abgerufen unter https://www.youtube.com/watch?v=Qqmq4Zgybfo am 12.12.2019

Nielsen (2014): Doing well by doing good. Increasingly, consumers care about corporate social responsibility, but does concern convert to consumption? abgerufen unter https://www.nielsen.com/wp-content/uploads/sites/3/2019/04/global-corporate-social-responsibility-report-june-2014.pdf am 13.11.2019

Nietzsche, F. (1980): Aus dem Nachlass der Achtzigerjahre. In: ders.: Werke in sechs Bänden, Bd. 6, Hanser München, Wien

Nietzsche, F. (2013): Aus dem Nachlass der Achtzigerjahre. In: ders.: Philosophische Werke in sechs Bänden (Philosophische Bibliothek), Bd. 6. Verlag F.Meiner Hamburg

Oakes, G. (1990): Die Grenzen kulturwissenschaftlicher Begriffsbildung. Suhrkamp Frankfurt am Main. S. 102

Odermatt, C. (Hrg.) (2014): ‚Dieser Krieg ist uns zum Heil': 1914 – Wortgefechte in Texten der Zeit. Limmat Zürich

Oermann, N.O.; Hauser, T. (2020): Nachhaltige Investments. Die Hoffnung auf doppelten Gewinn, in: Wirtschaftswoche vom 05. Januar 2020

Osterhammel, J., Jansen, J. (2017): Kolonialismus: Geschichte, Formen, Folgen. Beck München

Paffrath, H. (2017): Einführung in die Erlebnispädagogik. Ziel Augsburg

Parsons, T. (1986): Aktor, Situation und normative Muster. Ein Essay zur Theorie sozialen Handelns. Suhrkamp Frankfurt am Main

Parsons, T., Shils, E. A. (Eds.). (1951). Toward a general theory of action. Harvard University Press New York

Parsons, T.: The Social System. The Major Exposition oft he Author's Conceptual Scheme fort he Analysis oft he Dynamics of the Social System, S. 58–67. New York (1951)

Pätzold, K. (2017): Gefolgschaft hinterm Hakenkreuz: Zwanzig Kapitel zu zwölf Jahren deutscher Geschichte. Berlin Verlag am Park. S. 5

Paul, A. T., Schwalb, B. (Hrsg.) (2015): Gewaltmassen. Über Eigendynamik und Selbstorganisation kollektiver Gewalt. Hamburger Edition Hamburg

Philipp Lenard, P. (1936): Deutsche Physik. 4 Bände. Lehmann München

Piaget, J., Kohler, R. (2019): Das moralische Urteil des Kindes: Schlüsseltexte Band 3. Klett-Cotta, Stuttgart

Pieper, R., Krainz, E. (1991): Personalmanagement. Von der Plan- zur Marktwirtschaft. Gabler Wiesbaden

Poltermann, A. (2013): Wissensgesellschaft – eine Idee im Realitätscheck, abgerufen unter https://www.bpb.de/gesellschaft/bildung/zukunft-bildung/146199/wissensgesellschaft am 20.01.2020

Probst, G., Raub, S. et al. (2013): Wissen managen: Wie Unternehmen ihre wertvollste Ressource optimal nutzen. Gabler Wiesbaden

Prokopenko, M., (Hrsg.) (2014): Guided self-organization: Inception. Springer Berlin Heidelberg

Radatz, S. (2011). Wie Organisationen das Lernen lernen. Entwurf eines epistemologischen Theoriemodells „organisationalen" Lernens aus relationaler Sicht. Schneider Hohengehren

Ramming, G.(1948): Karl Jaspers und Heinrich Rickert. Existenzialismus und Wertphilosophie. Francke Bern

Rappaport, A. (1986): Creating shareholder value: The new standard for business performance, The Free Press, New York

Rauchensteiner, M. (2014): 17.000.000 Tote später war alles anders. In: Die Presse. Spectrum, 13. Juni 2014

Reese-Schäfer, W. (1999): Niklas Luhmann zur Einführung. Junius Hamburg

Renn, O. (2019): Gefühlte Wahrheiten: Orientierung in Zeiten postfaktischer Verunsicherung. Leverkusen Budrich

Reinmann, G. (2017). Lehren und Lernen mit Digital Natives an Hochschulen. Fünf Fragen zur Zukunft akademischen Lehrens und Lernens mit digitalen Medien. In J. Erpenbeck, & W. Sauter (Hrsg.), Handbuch Kompetenzentwicklung im Netz. Bausteine einer neuen Bildungswelt. Schäffer Poeschel Stuttgart

Rescher, N. (2018): Geleitwort. In Erpenbeck, J.: Wertungen, Werte – Das Buch der Grundlagen für Bildung und Organisationsentwicklung. Springer Berlin

Rickert, H. (1888): Zur Lehre von der Definition. Mohr Freiburg

Rickert, H. (1892): Der Gegenstand der Erkenntniss. Ein Beitrag zum Problem der philosophischen Transcendenz. Mohr Freiburg

Rickert, H. (1899): Kulturwissenschaft und Naturwissenschaft. Ein Vortrag. Mohr Freiburg

Rickert, H. (1900): Fichtes Atheismusstreit und die Kantische Philosophie, aus: Kant Studien Band 4, Heft 1–3, Berlin. S. 137–166

Rickert, H. (1902): Die Grenzen der naturwissenschaftlichen Begriffsbildung. Eine logische Einleitung in die historischen Wissenschaften. Mohr Tübingen und Leipzig

Rickert, H. (2. Aufl. 1904): Der Gegenstand der Erkenntnis. Einführung in die Transcendentalphilosophie. J.C.B. Mohr Tübingen

Rickert, H. (1905): Geschichtsphilosophie. In: Windelband, W. (Hrsg.): Die Philosophie im Beginn des zwanzigsten Jahrhunderts. Festschrift für Kuno Fischer; S. 51–135. Carl Winter's Universitätsbuchhandlung Heidelberg

Rickert, H. (1909): Zwei Wege der Erkenntnistheorie. Transcendentalpsychologie und Transcendentallogik. In: Kant Studien Heft 14 Berlin; S. 169–228

Rickert, H. (1911): Das Eine, die Einheit und die Eins. Bemerkungen zur Logik des Zahlbegriffs. In: Logos. Internationale Zeitschrift für Philosophie der Kultur II. S. 26–78

Rickert, H. (1913): Vom System der Werte. In: Logos. Internationale Zeitschrift für Philosophie der Kultur IV; S. 295–327

Rickert, H. (1915): Gegenstand der Erkenntnis. Mohr Tübingen

Rickert, H. (1920): Die Philosophie des Lebens. Darstellung und Kritik der philosophischen Modeströmungen unserer Zeit. Mohr Tübingen

Rickert, H. (1921): Die Grenzen der naturwissenschaftlichen Begriffsbildung. Eine logische Einleitung in die historischen Wissenschaften. 3. und 4. Auflage. Mohr Tübingen

Rickert, H. (1921): System der Philosophie. Erster Teil: Allgemeine Grundlegung der Philosophie. Mohr Tübingen

Rickert, H. (1924): Das Eine, die Einheit und die Eins. Bemerkungen zur Logik des Zahlbegriffs. Mohr Tübingen

Rickert, H. (1924): Kant als Philosoph der modernen Kultur. Ein geschichtsphilosophischer Versuch. Mohr Tübingen

Rickert, H. (1926): Max Weber und seine Stellung zur Wissenschaft. In: Logos. Internationale Zeitschrift für Philosophie der Kultur XV. S. 222–237

Rickert, H. (6. Aufl.1928): Der Gegenstand der Erkenntnis. S. 6–8. In: Rickert, H., (2018) Historisch-kritische Ausgabe (Hrsg. Bast, R.A.) Band 2 de Gruyter Berlin, Boston

Rickert, H. (5. Aufl. 1929): Die Grenzen der naturwissenschaftlichen Begriffsbildung. Eine logische Einleitung in die historischen Wissenschaften. Mohr Tübingen

Rickert, H. (1934): Grundprobleme der Philosophie, Mohr Tübingen 1934

Rickert, H. (1997): Unmittelbarkeit undSinndeutung, in: Adorno, T. (1997): Vermischte Schriften (2 Bd.) in: Gesammelte Schriften in 20 Bänden, Band 20. Suhrkamp Frankfurt am Main

Rickert, H. (1999): Philosophische Aufsätze, Herausgebervorwort von Bast, R., UTB Tübingen

Rickert, H. (beginnend 2018): Gesamtausgabe. Bisher 3 Bde. Hrsg. von Bast, R., De Gruyter Berlin

Röseberg, D. (2019) Vortrag am 11. September vor der Leibniz Society, Leibniz Society Berlin

Rohkrämer, T. (2001): Natur und Leben als Maßstäbe für die Reform der Industriegesellschaft. In: Buchholz, K., Latocha, R., Peckmann, H., Wolbert, K.: Die Lebensreform. Entwürfe zur Neugestaltung von Leben und Kunst um 1900. Häusser Darmstadt. S. 79

Rosenfeld, G. (1965): Theorie und Praxis der Lernmotivation. Deutscher Verlag der Wissenschaften Berlin

Roth, G. (2003): Fühlen, Denken, Handeln. Wie das Gehirn unser Verhalten steuert. Suhrkamp Frankfurt am Main

Roth, G. (2014): Warum es so schwer ist, sich und andere zu ändern. In: Lehhofer, M., Roth, G., Schmidt, G. (Hrsg.) Warum es so schwer ist, sich und andere zu ändern. Original Vorträge Jokers hörsaal (DVD). Auditorium Netzwerk, Müllheim

Roth, G. (4. Aufl. 2019): Bildung braucht Persönlichkeit. Wie Lernen gelingt. Klett-Cotta Stuttgart

Sandkühler, H.-J., de la Vega, R. (Hrsg.) (1974): Marxismus und Ethik. Texte zum neukantianischen Sozialismus. Suhrkamp Frankfurt am Main

Sandkühler, H.J. (1998): Die Wirklichkeit des Wissens. Geschichtliche Einführung in die Epistemologie und Theorie der Erkenntnis, Suhrkamp:Frankfurt am Main

Sauer, F. (2018): Das große Buch der Werte. Enzyklopädie der Wertvorstellungen. INTUISTIK Köln

Sauter, W.; Sauter, R.; Wolfig, R. (2018): Agile Werte- und Kompetenzentwicklung. Wege in eine neue Arbeitswelt. Springer Heidelberg, Berlin

Sauter, W. (2019): Kollaborationsfähigkeit, in: Kompetenz Entwicklungs Programm, KODE GmbH München

Schein, E. (2010): Organisationskultur. „The Ed Schein Corporate Culture Survival Guide". EHP Bergisch-Gladbach

Scheler, M. (2008): Der Formalismus in der Ethik und die materiale Wertethik: Neuer Versuch zur Grundlegung eines ethischen Personalismus. Bouvier Bonn

Schmidt, N. (1995): Philosophie und Psychologie. Trennungsgeschichte, Dogmen und Perspektiven. Rowohlt Reinbeck

Schmitt, C. (3. Aufl. 2011): Die Tyrannei der Werte. Duncker & Humblot Berlin. S. 41, 44, 54

Schmitt, C. (4. Aufl. 2020): Die Tyrannei der Werte. Duncker & Humblot Berlin

Schnädelbach, H. (1974): Geschichtsphilosophie nach Hegel. Alber Freiburg, München

Schopenhauer, Parerga und Paralipomena, 2 Bde., 1851. Erster Band. Aphorismen zur Lebensweisheit. Kapitel 4: Von dem, was einer vorstellt

Schönpflug, W., Lüer, G. (2011): Psychologie in der Deutschen Demokratischen Republik: Wissenschaft zwischen Ideologie und Pragmatismus. VS Wiesbaden

Schopenhauer, A. (1977): Werke in zehn Bänden. Bd. VI: Über die Freiheit des menschlichen Willens. Diogenes Zürich

Schott, H. (2000): Die naturwissenschaftliche Medizin um 1900 im Kampf gegen den „Okkultismus". Scientiarum Historia Olms Weidmann Hildesheim 26 (2000)

Schultz, E., Jünger, F.G. (1931): Das Gesicht der Demokratie. Ein Bildwerk mit Texten zur Geschichte der deutschen Demokratie nach dem Ersten Weltkrieg. Breitkopf & Härtel Leipzig

Schwab, J. (2007): Die „Westliche Wertegemeinschaft". Abrechnung, Alternativen. Hohenrain Tübingen

Schulz von Thun, F. (aufgenommen 2020): Das 4-Ohren-Modell. Das Kommunikationsmodell nach Friedemann Schulz von Thun. http://www.stetzuhn.eu/pdf/4-ohren.pdf, abgerufen am 27.02.2020

Schupp, F. (2003): Geschichte der Philosophie im Überblick III, Band 3, Neuzeit, Meiner Hamburg

Schweiger, W. (2017): Der (des)informierte Bürger im Netz: Wie soziale Medien die Meinungsbildung verändern. Springer Berlin

Serebryakova, K. (2016): Zur Geschichte von Heuristiken: Ein asymmetrischer Vergleich zentriert um Altschuller und TRIZ (Stuttgarter Beiträge zur Wissenschafts- und Technikgeschichte). Logos Berlin

Seufert, S.; Meier, C.; Schneider, C.; Schuchmann, D.; Krapf, J. (2017): Geschäftsmodelle für inner- und überbetriebliche Bildungsanbieter in einer zunehmend digitalisierten Welt., in: Erpenbeck, J., Sauter, W. (Hrsg.) (2017): Handbuch Kompetenzentwicklung im Netz. Bausteine einer neuen Lernwelt. Schäffer Poeschel Stuttgart

Sharot, T. (2017): Die Meinung der Anderen. Wie Sie unser Denken und Handeln bestimmt – und wie wir sie beeinflussen. Siedler München

Simon, F. (2015): Einführung in Systemtheorie und Konstruktivismus. Auer Heidelberg

Snow, C. P. (1967): Die zwei Kulturen. Literarische und naturwissenschaftliche Intelligenz. Klett-Cotta Stuttgart

Soerensen, L. R. (2015): Zur Arbeit gehen und Leben retten. Interview. In: Harvard Business Manager 11/2015 S. 22 ff

Sommer, A. (2016): Werte. Warum man sie braucht, obwohl es sie nicht gibt. Metzler Stuttgart

Sommer, A. (2018): Wertegesellschaft – Werte in Gesellschaft?, abgerufen unter https://www.romanherzoginstitut.de/fileadmin/user_upload/Publikationen/PDFs-Publikationen/RHI_Buch_Werte/RHI_Buch_Werte_2-2_Sommer.pdf. S. 105 am 27.02.2020

Speigner, W. (1980): Vom Motiv zum Handeln. Gedanken zur soziologischen Motivationsanalyse. Dietz Berlin

Spranger, E. (1921): Lebensformen. Geisteswissenschaftliche Psychologie und Ethik der Persönlichkeit, Niemeyer Halle

Stanke, K. (2011): Handlungsorientierte Kreativitätstechniken – Für Junge, Einsteiger und Profis mit BONSAI-System der Kreativitätstechniken. trafo-Verlagsgruppe Berlin

Stegbauer, C. (2018): Shitstorms. Der Zusammenprall digitaler Kulturen. Heidelberg Springer. S.15Storch, M. (2011): Das Geheimnis kluger Entscheidungen: Von Bauchgefühl und Körpersignalen. Piper München

Stiefel, R. T. (1999): Personalentwicklung in Klein- und Mittelbetrieben. GRIN Leonberg

Storch, M. (2011): Das Geheimnis kluger Entscheidungen: Von Bauchgefühl und Körpersignalen. Piper Verlag München

Storch, M., Krause, F. (2017): Selbstmanagement – ressourcenorientiert: Grundlagen und Trainingsmanual für die Arbeit mit dem Zürcher Ressourcen Modell (ZRM). Hogrefe Verlag Göttingen, Bern

Thaler, R.H., Sunstein, C.R. (7. Aufl. 2010): Nudge. Wie man kluge Entscheidungen anstößt. Ullstein Berlin

Thommen, J.P. (2020), in: Gabler Wirtschaftslexikon. Springer Berlin

Trawny, P. (2015): Technik. Kapital. Medium – Das Universale und die Freiheit. Matthes & Seitz Berlin

Trawny, P. (2016): Heidegger und der Mythos der jüdischen Weltverschwörung. Klostermann Frankfurt am Main
Uznadze, D.N. (1976): Einstellungspsychologie. Untersuchungen der Georgischen Schule. In: Vorwerg, M. (Hrsg.), Volk und Wissen Berlin
Vaihinger, H. (1911): Die Philosophie des Als Ob. Reuther & Reichard Berlin
Villani, C. (2013): Das lebendige Theorem. Fischer Frankfurt am Main
von Schirach, B. (1938): Des Daseins Sinn. In: Gille, H. (Hrsg.): Das Neue Deutschland im Gedicht. Eine Auswahl. Velhagen & Klasing Bielefeld, Leipzig
Vlach, M. (1926): H. Vaihinger's „Philosophe des Als-Ob". Geschichte und Darstellung der Weltanschauung eines idealistischen Positivismus. Paetel Berlin Leipzig. S. 135, 138
Vollmer, G. (1998): Woran scheitern Theorien? Zum Gewicht von Erfolgsargumenten. In: Weingartner, P., Schurz, G., Dorn, G. (Hrsg.): The role of pragmatics in contemporary philosophy. Proc. 20th Int. Wittgenstein Symposium Kirchberg. Wien. S. 301–319
Vollmer, G. (2013): Gretchenfragen an den Naturalisten. Schriftenreihe der Giordano-Bruno-Stiftung. Aschaffenburg
Wallerstein, I., Balibar, É. (2018): Rasse, Klasse, Nation: Ambivalente Identitäten. Argument Hamburg
Wandschneider, D. (1987): Die Stellung der Natur im Gesamtentwurf der hegelschen Philosophie. In: Petry, M.J. (Hrsg.), Sonderdruck aus: Hegel und die Naturwissenschaften. Frommann Holzboog Stuttgart-Bad Cannstadt. S. 36–37
WBGU-Gutachten (2011): https://www.wbgu.de/de/publikationen/archiv, abgerufen am 27.01.2020
Weber, M. (1921): Die rationalen und soziologischen Grundlagen der Musik. In: http://www.zeno.org/Soziologie/M/Weber,+Max/Schriften+zur+Musiksoziologie/Die+rationalen+und+soziologischen+Grundlagen+der+Musik, abgerufen am 15.01.2020
Weber, M. (1968): Die „Objektivität" Aufsätze zur Wissenschaftslehre. UTB Tübingen. S. 68

Weber, M. (1988): Gesammelte Aufsätze zur Wissenschaftslehre. UTB Tübingen

Weber, M. (2017): Die protestantische Ethik und der „Geist" des Kapitalismus: Stuttgart, Beck München

Weber, M. (2019): Die „Objektivität" sozialwissenschaftlicher und sozialpolitischer Erkenntnis. In: ders.: Gesammelte Aufsätze zur Wissenschaftslehre (German Edition). UTB Tübingen

Weber, M. (1991, 1998, 2008): Max Weber Gesamtausgabe. Studienausgabe/Schriften und Reden/Die Wirtschaftsethik der Weltreligionen. Konfuzianismus und Taoismus; Hinduismus und Buddhismus; das Antike Judentum. Hrg. Schmidt-Glintzer, H., Golzio, K.H. Otto, E., Offermann, J. et al. Mohr Siebeck Tübingen

Wehler, H.-U. (2019): Nationalismus: Geschichte, Formen, Folgen. Beck Hamburg

Weidlich, W. (2000): Sociodynamics. A systematic approach to mathematical modelling in the social sciences. Mineola New York

Weidlich, W., Haag, G.(1983): Concepts and models of a quantitative sociology: The dynamics of interacting populations (Springer Series in Synergetics (14). Springer Heidelberg

Weiß, J. (2010): Der Begriff der Kultur ist ein Wertbegriff. Über einen problematischen Grundsatz Max Webers. In: Wohlrab-Sahr, M. (Hrsg.): Kultursoziologie. Paradigmen – Methoden – Fragestellungen. VS Wiesbaden. S. 53–71

Weizsäcker, C. F. (1989): Worte für eine neues Bewußtsein. Herder Freiburg

Wessel, K.-F. (2015): Der ganze Mensch. Eine Einführung in die Humanontogenetik oder die biopsychosoziale Einheit Mensch von der Konzeption bis zum Tode. Logos Berlin

Widmann, A. (2018): Interview mit O. Renn: Hydraulik, Hysterie und Homo Sapiens. In: Berliner Zeitung Nr. 47, 24./25.Februar

Wilhelm II (1914): An das deutsche Volk, abgerufen unter https://www.wilhelm-der-weite.de/dokumente/redekriegsbeginn.php am 20. 02. 2020

Windelband, W. (1872): Zwei Novellen von Turgenjew. Hirzel Leipzig

Windelband, W. (1924): „Geschichte und Naturwissenschaft" In: ders.: Präludien. Aufsätze und Reden zur Philosophie und ihrer Geschichte, Bd. 2, 9. Aufl., Mohr Tübingen

Wöhlert, S. (2001): Das heterologische Denkprinzip Heinrich Rickerts und seine Bedeutung für das Werk Max Webers. Die Einheit der modernen Kultur als Einheit der Mannigfaltigkeit. Dissertation Herford

Wolf, C. (1976): Kindheitsmuster. Aufbau Berlin. S. 1

Zimmermann, A., Hermann, C., Probst, G., Ferreira, P. (2015): Die grüne Hoffnung, in: Harvard Business Manager Juni 2016, S. 3 ff

Zürn, M. (2016): Jenseits der Klassenfrage. Neue Konfliktlinien zeigen sich in Europa, der Türkei und Amerika. In: WZB Mitteilungen, Heft 154, S. 8–9

Zweig, S. (orig. 1944, 2017): Die Welt von gestern. Erinnerungen eines Europäers. Fischer Frankfurt

GPSR Compliance
The European Union's (EU) General Product Safety Regulation (GPSR) is a set of rules that requires consumer products to be safe and our obligations to ensure this.

If you have any concerns about our products, you can contact us on

ProductSafety@springernature.com

In case Publisher is established outside the EU, the EU authorized representative is:

Springer Nature Customer Service Center GmbH
Europaplatz 3
69115 Heidelberg, Germany

www.ingramcontent.com/pod-product-compliance
Lightning Source LLC
LaVergne TN
LVHW020340260326
834688LV00045B/1466